自然辩证法
新时代教学案例

主　编　贺　苗　山　磊
副主编　陈诚平　陈亚丽
　　　　马　军　杨冰郁

西北工业大学出版社
西　安

【内容简介】 为全面贯彻习近平总书记在学校思想政治理论课教师座谈会上的重要讲话精神,针对自然辩证法概论课程学习中缺乏较为系统化与针对性案例的这一实际情况,在紧扣自然辩证法概论课程的教学内容与教学大纲的基础上,编写组精选 50 个有思想、有温度、有情怀的典型案例,编写出这本《自然辩证法新时代教学案例》。

本教材主题鲜明,内容详实,重点突出,既为学生提供相关的科学知识、扩大其信息量,又为培养学生逻辑性思维、批判性思维与创新性思维提供了平台,同时也有利于促进教师教学水平的提升,集中体现了课程的导向性、层次性与时效性。全书内容鲜活充实,适合自然辩证法课程的教师与研究生参考使用。

图书在版编目(CIP)数据

自然辩证法新时代教学案例/贺苗,山磊主编. ——西安:西北工业大学出版社,2023.6
ISBN 978-7-5612-8803-0

Ⅰ. ①自⋯ Ⅱ. ①贺⋯ ②山⋯ Ⅲ. ①高等学校-思想政治教育-研究-中国 Ⅳ. ①G641

中国国家版本馆 CIP 数据核字(2023)第 126224 号

ZIRAN BIANZHENGFA XINSHIDAI JIAOXUE ANLI

自然辩证法新时代教学案例
贺苗 山磊 主编

责任编辑:杨 军 张 炜	策划编辑:杨 军
责任校对:陈 瑶	装帧设计:李 飞

出版发行:西北工业大学出版社
通信地址:西安市友谊西路 127 号　　邮编:710072
电　　话:(029)88491757,88493844
网　　址:www.nwpup.com
印　刷　者:陕西向阳印务有限公司
开　　本:720 mm×1 020 mm　　1/16
印　　张:12
字　　数:228 千字
版　　次:2023 年 6 月第 1 版　　2023 年 6 月第 1 次印刷
书　　号:ISBN 978-7-5612-8803-0
定　　价:48.00 元

如有印装问题请与出版社联系调换

前　言

《自然辩证法新时代教学案例》是依据教育部社会科学司组织编写的教育部马克思主义理论研究和建设工程重点教材、硕士研究生思想政治理论课教学大纲《自然辩证法概论》编写而成的。

党的十八大以来，习近平总书记针对科技创新提出了一系列新思想、新论断、新要求，立意高远，内涵深刻。本教学案例紧扣新时代科技创新发展趋势，以马克思主义自然辩证法理论的教育为主线，通过案例形式帮助研究生掌握马克思主义自然观、科学技术观、科学技术方法论、科学技术社会论，了解自然界发展和科学发展的一般规律，理解科学技术在社会发展中的作用，认识中国马克思主义科学技术观与创新型国家建设的重大意义。

参加本教学案例编写的都是在教学一线工作的中青年骨干教师，以教学案例分析的载体形式，运用马克思主义的立场与观点，深入挖掘本课程的理论内涵，以期提高本课程教学的针对性、吸引力与感染力，实现知识传授与价值引领的同频共振。相信本教学案例集的出版，将对广大研究生学习自然辩证法概论课程发挥有益的作用。

本教学案例共分为五章，编写分工为：第一章，杨冰郁、马军、陈诚平、山磊、陈亚丽；第二章，贺苗、杨冰郁、陈诚平、山磊、陈亚丽；第三章，贺苗、马军、陈诚平、山磊、陈亚丽；第四章，杨冰郁、马军、陈诚平、山磊、陈亚丽；第五章，贺苗、杨冰郁、山磊、陈亚丽；全书由贺苗和山磊统稿。

在编写本教材的过程中，编写组参阅了相关专业教材、专著、论文等最新研究成果，书中引用了部分资料，未能及时与原作者取得联系，在此向原作者表示感谢！

由于时间和编者能力有限，书中可能有不少疏漏之处，我们恳切希望使用本书的教师与学生提出宝贵意见，以便再版时修订。

编　者
2023 年 1 月

目　　录

第一章　马克思主义自然观 ························· 1
案例一:发扬塞罕坝精神,在新征程上再建功立业 ············ 1
案例二:奔赴永续发展美好未来 ························· 4
案例三:中国古代的科学技术 ··························· 7
案例四:中国古代人文主义的自然观 ···················· 10
案例五:中国古代关于水的哲学思想 ···················· 13
案例六:"天人合一"的有机宇宙观 ······················ 16
案例七:桑基鱼塘:生态农业的典范 ····················· 19
案例八:千年古建筑里的系统思想:都江堰水利工程 ········ 21
案例九:人工自然的追问与反思 ························ 26
案例十:"两山理论":人与自然关系的再思考 ············· 30

第二章　马克思主义科学技术观 ······················ 36
案例一:人民科学家钱学森的初心使命 ·················· 36
案例二:释放创造力解决"卡脖子"与"卡脑子"问题 ········ 39
案例三:科幻小说《流浪地球》 ·························· 45
案例四:近代中国科学主义思潮的历史嬗变 ··············· 47
案例五:马克思生态思想的理论渊源 ···················· 52
案例六:科学对待"元宇宙" ···························· 56
案例七:歼20换装中国"心" ··························· 60
案例八:四种科学发展模式之比较 ······················ 62
案例九:古代工程师职业 ······························ 66
案例十:四类科学问题属性的资助导向 ·················· 69

第三章　马克思主义科学技术方法论 ·················· 73
案例一:系统观念是重要思想和工作方法 ················ 73

案例二：超导研究突破的方法论启示 ··········· 77
案例三：21世纪是发扬光大自然国学的世纪 ······· 85
案例四：中国传统科学技术思想在现代社会还有无价值 ··· 88
案例五：墨家科学思想的发展对中国古代科学发展的影响 ·· 91
案例六：周易、老庄、墨家科技思想比较 ········· 93
案例七：新时代系统科学应用的生动实践：火神山医院建设 · 96
案例八：科研选题三原则 ················ 99
案例九：无人作战力量怎样影响作战体系 ········· 104
案例十：什么是假说演绎法 ··············· 107

第四章　马克思主义科学技术社会论 ············ 110
案例一：青蒿素——中医药献给世界的一份礼物 ····· 110
案例二：科技伦理治理三论 ··············· 113
案例三：科技创新应守好伦理"大门" ··········· 118
案例四：科学无国界，科学家有祖国 ··········· 121
案例五：文学作品中的科学家形象 ············ 125
案例六：中国传统科技的人文精神 ············ 128
案例七：魏晋南北朝时期中国古代天文学的发展 ····· 131
案例八：科技与冬奥 一起向未来 ············ 134
案例九：科技创新引发人的社会交往异化 ········· 140
案例十：科学的社会功能——历史上的重大变革 ····· 143

第五章　中国马克思主义科学技术观 ············· 147
案例一：中国共产党百年科技政策思想的"十个坚持" ·· 147
案例二：共和国初期自然观 ··············· 153
案例三：20世纪中国红色文化中的自然观 ········ 155
案例四：新中国早期的"大科学"体制 ··········· 158
案例五：毛泽东与科技界"三钱" ············· 160
案例六："科学技术是第一生产力"的提出 ········· 163
案例七：科教兴国战略：推动科技与教育跨越式发展 ··· 167
案例八：建设创新型国家 ················ 171
案例九：习近平的科技情怀 ··············· 174
案例十：技术预见的实践与思考 ············· 178

参考文献 ··························· 185

第一章　马克思主义自然观

自然观是人们在实践中形成的关于自然界及其与人类关系的总的观点。它是人们认识和改造自然界的本体论基础和方法论前提。马克思主义自然观是自然辩证法的重要理论基础。朴素唯物主义自然观、机械唯物主义自然观是马克思主义自然观形成的思想渊源,辩证唯物主义自然观是自然观的高级形态,是马克思主义自然观的核心。系统自然观、人工自然观和生态自然观是马克思主义自然观的当代形态。

马克思主义自然观是自然辩证法的重要理论基础。学习马克思主义自然观,有助于理解和掌握马克思主义生态文明观,"坚定不移贯彻新发展理念"①,推进绿色发展,促进生态文明建设,建设美丽中国。

案例一:发扬塞罕坝精神,在新征程上再建功立业②

【知识点】生态自然观

"塞罕坝",意为"美丽的高岭("。万里蓝天白云游,绿野繁花无尽头,八月的塞罕坝,林海苍翠连绵。近60年来,一代又一代塞罕坝人以"敢教日月换新天"的气魄与毅力,把"黄沙遮天日,飞鸟无栖树"的荒漠,创造成世界面积最大的人工林。2021年8月23日,习近平总书记来到河北省塞罕坝机械林场考察调研并发表重要讲话,他强调塞罕坝林场建设史是一部可歌可泣的艰苦奋斗史;林场工人用实际行动铸就了牢记使命、艰苦创业、绿色发展的塞罕坝精神,这对全国生态文明建设具有重要示范意义;抓生态文明建设,既要靠物质,也要靠精神;要传承好塞罕坝精神,深刻理解和落实生态文明理念,再接再厉、二次创业,在实现

---

① 中共中央研究室.习近平谈治国理政:第2卷[M].北京:外文出版社,2017:60.
② 罗琼,赵万明.发扬塞罕坝精神　在新征程上再建功立业[EB/OL].[2021-12-14]. https://baijiahao.baidu.com/s?id=1719105129542615840&wfr=spider&for=pc.

第二个百年奋斗目标新征程上再建功立业。早在2017年8月,习近平总书记就对河北塞罕坝林场建设者的感人事迹作出重要指示,称赞他们用实际行动诠释了"绿水青山就是金山银山"的理念,铸就了牢记使命、艰苦创业、绿色发展的塞罕坝精神,是推进生态文明建设的一个生动范例,并要求全党全社会要坚持绿色发展理念,弘扬塞罕坝精神,持之以恒推进生态文明建设。在塞罕坝精神指引下,中国绿色发展道路必将越走越宽广。

塞罕坝精神的内涵阐释

牢记使命是塞罕坝精神的灵魂支撑。中华人民共和国成立后,面对"风沙紧逼北京城"的严峻形势,国家赋予塞罕坝机械林场庄严使命:为首都阻沙源、为京津涵水源,积累高寒地区荒地造林育林和大型国有机械林场管理的经验。塞罕坝人听从党的召唤,勇担使命、忠实履责、不畏艰辛、不避劳苦,在沙漠上用心血浇灌绿洲,用生命呵护绿色。三代塞罕坝人历经几十年的艰苦奋斗与传承坚守,在昔日"黄沙遮天日,飞鸟无栖树"的荒漠沙地上成功建造了世界上最大的人工林生态系统,创造出举世瞩目的从荒漠到林海的绿色奇迹。如今中国开启了全面建设社会主义现代化国家新征程,实现中华民族伟大复兴是近代以来中华民族最伟大的梦想,也是当代中国共产党人的历史使命。要将理想变为现实,需要弘扬牢记使命的塞罕坝精神,忠于使命,承担起实现美丽中国的责任。

艰苦创业是塞罕坝精神的重要内涵。塞罕坝机械林场的建设史,就是一部艰苦创业史、接续奋斗史。半个多世纪以来,几代塞罕坝人"渴饮沟河水,饥食黑莜面;白天忙作业,夜宿草窝间",勇敢与风沙、严寒、雨淞、干旱等困难作斗争。从"六女上坝"的无悔选择,到望火楼夫妻几十年如一日的漫长守望,从爬冰卧雪在石头缝里栽种树苗,到起早贪黑顶风冒雨修枝防虫,塞罕坝人在极其艰苦的条件下建成了世界上最大的人工林,彰显了苦干实干、艰苦创业的精神。当今世界国际竞争日益激烈,全球单边主义抬头,贸易保护主义盛行,要想尽快突破关键核心技术"卡脖子"等问题,就要依靠艰苦创业的精神,像塞罕坝人那样不畏艰辛,勇于创新创业,奋力在国际竞争中处于优势地位。

绿色发展是塞罕坝精神的出发点与落脚点。几代塞罕坝人始终坚持走绿色发展之路,实现了从"一棵松"到百万亩人工林海的历史跨越,将荒山秃岭修复成绿水青山的同时,让绿水青山变成了金山银山。良好生态资源带动了周边乡村游、农家乐、土特产品加工等产业迅速发展,有力推动了周边乡村脱贫致富。建设生态文明是中华民族永续发展的根本大计,实现绿色转型是时代赋予中国共产党人的重任,全党全社会必须坚持绿色发展理念,弘扬塞罕坝精神,把绿色经济和生态文明发展好,推动形成人与自然和谐发展现代化建设新格局。

第一章 马克思主义自然观

塞罕坝精神的时代意义

塞罕坝精神是对中华民族精神的丰富发展。塞罕坝精神是在中华民族精神滋养下产生的,同时又为中华民族精神赋予了新的时代内涵。塞罕坝精神中的"牢记使命"体现了对党和人民永远忠诚的民族精神,这种精神力量促使建设者们忠于自己的职责,为建设美丽中国作贡献;塞罕坝精神中的"艰苦创业",是中华民族一直坚守的民族精神,是中国共产党领导革命建设和进行改革开放能够取得胜利的重要精神,塞罕坝人始终将艰苦奋斗作为自己的精神追求,在塞罕坝的高寒荒漠地区实现了生态复建的奇迹;塞罕坝精神中的"绿色发展"是对中国传统自然观的传承发展,同时,绿色发展又赋予中国传统自然观新内涵,是对传统自然观的继承与弘扬。

塞罕坝精神推动了马克思主义生态观中国化的发展。马克思主义生态观为中国特色社会主义生态文明建设提供了强有力的理论依据。但同时,我国生态文明建设必须结合自身实际情况。新形势下我国生态文明建设必须牢记和自觉践行马克思主义关于人与自然和谐统一的自然辩证法思想,在开展具体工作时应结合我国实际情况进行生态建设。塞罕坝林场的建设既以马克思主义生态观为指导,同时又探寻出适合塞罕坝生态建设的实际方案,提升了马克思主义生态观中国化的实践价值。

塞罕坝精神是建设美丽中国的精神动力。塞罕坝从一片荒漠到广袤林海,从治理黄沙到科学育林,从修复生态到林业惠民,成功走出一条生态与经济紧密结合、互惠互利的新型绿色发展道路,成为建设美丽中国、实现中华民族可持续发展的精神动力与思想保证。在取得绿化成功后,塞罕坝林场在保护好生态环境前提下,围绕生态资源做文章,大力开发生态旅游业等,源源不断产生经济效益。在新时代,需要用这样的塞罕坝精神来帮助和引领绿色发展与生态文明建设,坚定不移地走绿色发展之路,使人民生活更加富裕,生态更加美好,加快中华民族伟大复兴中国梦的实现。

【思考讨论】

1. 塞罕坝林场建设所蕴含的习近平生态文明思想有哪些?
2. 弘扬塞罕坝精神对美丽中国建设有什么启示?

【案例分析】

1. 生态文明建设是关系中华民族永续发展的千年大计。习近平生态文明思想为推进美丽中国建设、实现人与自然和谐共生的社会主义现代化提供了根本遵循。塞罕坝林场的建设体现了习近平生态文明思想中的人与自然和谐共生的生态伦理观、良好生态环境是最普惠民生福祉的基本民生观、绿水青山就是金山银山的长远发展观、山水林田湖草是生命共同体的系统自然观等。

2.塞罕坝林场建设的成功实践深刻昭示着,坚定不移走生态优先、绿色发展之路是实现高质量发展的必然要求和必由之路。传承和实践塞罕坝精神,就要践行新发展理念,坚决打好污染防治攻坚战,积极推进生态环境治理体系和治理能力现代化,科学高效、求真务实,全面加强党对生态文明建设的领导等。

案例二:奔赴永续发展美好未来[①]

【知识点】生态自然观

2021年,全国地级及以上城市空气质量优良天数比例为87.5%,同比上升0.5个百分点;细颗粒物($PM_{2.5}$)浓度为30 $\mu g/m^3$,同比下降9.1%;地表水Ⅰ~Ⅲ类水质断面比例为84.9%,同比上升1.5个百分点;单位国内生产总值二氧化碳排放降低指标预计达到"十四五"序时进度要求……来自生态环境部的数据显示,2021年国民经济和社会发展计划确定的生态环境领域8项约束性指标顺利完成,"十四五"生态环境保护实现良好开局。

进入中国特色社会主义新时代,以习近平同志为核心的党中央以前所未有的力度抓生态文明建设,将其摆在党和国家工作全局的重要位置。在"五位一体"总体布局中,生态文明建设是其中一"位";在新时代坚持和发展中国特色社会主义的基本方略中,坚持人与自然和谐共生是其中一条;在新发展理念中,绿色是其中一项;在三大攻坚战中,污染防治是其中一"战";在到21世纪中叶建成社会主义现代化强国目标中,美丽中国是其中一个。

"在党中央坚强领导下,在习近平生态文明思想的科学指引下,全党全国推动绿色发展的自觉性和主动性显著增强,美丽中国建设迈出重大步伐,我国生态环境保护发生历史性、转折性、全局性变化,主要体现在三个'前所未有'。"生态环境部党组书记孙金龙如此概括。

措施之实前所未有:全方位、全地域、全过程加强生态环境保护

环境就是民生,青山就是美丽,蓝天也是幸福。河北省空气质量的变化正是

[①] 张蕾.奔赴永续发展美好未来:我国生态环境保护发生历史性、转折性、全局性变化[N].光明日报,2022-03-01(3).

党中央坚定不移走生态优先、绿色发展新道路的生动体现。

"我们要积极回应人民群众所想、所盼、所急,大力推进生态文明建设,提供更多优质生态产品,不断满足人民群众日益增长的优美生态环境需要。"习近平总书记的话语回响在耳畔。

坚决向污染宣战!为此,我国动员各方力量,突出精准、科学、依法、系统治污,集中力量攻克老百姓身边的突出生态环境问题。

——坚决打赢蓝天保卫战。编制实施打赢蓝天保卫战三年行动计划,以京津冀及周边、长三角、汾渭平原等重点区域为主战场,调整优化产业、能源、运输、用地结构。

——着力打好碧水保卫战。深入实施水污染防治行动计划,扎实推进河湖长制,持续打好长江保护修复、渤海综合治理、水源地保护等标志性战役。

——扎实推进净土保卫战。全面实施土壤污染防治行动计划,突出重点区域、行业和污染物,有效管控农用地和城市建设用地土壤环境风险。

通过建立健全生态文明建设目标评价考核制度和责任追究制度、环境保护"党政同责"和"一岗双责"等制度,生态文明"四梁八柱"性质的制度体系基本形成;制定修订30多部生态环境与资源保护相关法律,让生态环境法律体系日趋完善……从思想、法律、体制、组织、作风上全面发力,全方位、全地域、全过程加强生态环境保护,我国开展了一系列根本性、开创性、长远性工作。

力度之大前所未有:推动解决了一大批生态环境"老大难"问题

2021年5月6日,中央第八生态环境保护督察组曝光"云南昆明晋宁长腰山过度开发严重影响滇池生态系统完整性"。在云南省委统一安排部署下,云南省纪委省监委深挖细查违规违建背后的责任、作风、腐败等问题,并通报了追责、问责情况。

"十四五"开局以来,第二轮第三批、第四批、第五批中央生态环保督察陆续启动。过度开发及生态修复缓慢,基础设施建设存在短板,盲目上马"两高"项目……截至目前,中央生态环保督察已集中曝光山西、云南、宁夏等17个省(自治区)和中国有色矿业集团、中国黄金集团两家央企共91个典型案例。

"典型案例是警钟,是信号。分析这些案例,有助于地方各级党委、政府以及相关部门,汲取教训,引以为鉴,切实传导压力,倒逼责任落实。"中央生态环保督察办公室有关负责人表示。

作为习近平总书记亲自倡导、亲自部署的重大改革举措和重大制度安排,中央生态环保督察推动解决了一大批长期想解决而没有解决的生态环境"老大难"问题,已成为推动落实生态环境保护"党政同责""一岗双责"的硬招实招。

除了中央生态环保督察,党的十八大以来,我国还将绿色发展作为新发展理念重要内容,推动形成节约资源和保护环境的空间格局、产业结构、生产方式和生活方式;建立严格的管控体系,实现一条生态保护红线管控重要生态空间,确保生态功能不降低、面积不减少、性质不改变;优化国土空间开发保护格局,建立以国家公园为主体的自然保护地体系,持续开展大规模国土绿化行动,加强大江大河和重要湖泊湿地及海岸带生态保护和系统治理,加大生态系统保护和修复力度等。

不只是在国内,空前的环境治理力度还表现为积极参与全球环境与气候治理。"我国做出力争2030年前实现碳达峰、2060年前实现碳中和的庄严承诺;成功举办《生物多样性公约》第十五次缔约方大会(COP15)第一阶段会议,推动建立'一带一路'绿色发展国际联盟,体现了负责任大国的担当。"孙金龙强调。

成效之显著前所未有:人民群众身边的蓝天白云、清水绿岸大大增多

草木葳蕤,流水潺潺……在重庆市沙坪坝区磁器口古镇的清水溪畔,几只白鹭翱翔其间,两岸打太极拳、散步休闲的市民随处可见。据沙坪坝区住房和城乡建设委员会副主任严斌介绍,清水溪的发源地歌乐山曾有不少"散乱污"企业,中下游流经区域大部分是老城区,治理涉及企业拆迁、地下管网建设、河道整治等,难度较大。

要实现城市精管善治,河流环境整治势在必行。2018年,经前期治理,清水溪基本消除了黑臭现象。为了还河于民,2019年沙坪坝区启动"清水绿岸"提升工程。"下一步,我们将与第三方企业签订'清水绿岸'PPP(政府和社会资本合作)项目,融入'海绵城市''智慧水务'等理念,力争使水质达到流域水功能要求,让群众共享生态红利。"严斌说。

清水溪环境整治案例只是"美丽中国"建设行动的一个缩影。党的十八大以来,我国生态文明建设进入力度最大、举措最实、推进最快、成效最好的时期,生态环境质量明显改善,人民群众身边的蓝天白云、清水绿岸大大增多。与此同时,我国改善生态环境质量的有力举措也获得国际社会认可:2017年,联合国环境署发布《中国库布其生态财富评估报告》,中国治沙经验成为样板;在第三届联合国环境大会上,塞罕坝林场建设者荣获联合国环保最高荣誉"地球卫士奖";2018年,浙江省"千村示范、万村整治"工程被联合国授予"地球卫士奖"。

如今,一幅关于生态文明建设的美好图景,正在神州大地铺展;一场关乎亿万人民福祉的绿色变革,已经踏上征程。在以习近平同志为核心的党中央坚强领导下,还老百姓"蓝天白云、繁星闪烁、清水绿岸、鱼翔浅底"的梦想不再遥远,伟大的中华民族一定能赢得永续发展的美好未来。

第一章 马克思主义自然观

【思考讨论】

1. 简述辩证唯物主义自然观的作用。
2. 简述人与自然协调发展的途径。

【案例分析】

1.第一,实现了自然观发展史上的革命性变革;第二,为马克思主义自然观的形成奠定了理论基础;第三,为自然科学的发展提供了方法论基础;第四,为自然科学和社会科学的融合奠定了理论基础;第五,为解决生态环境问题提供了世界观和方法论;第六,成为系统自然观、人工自然观和生态自然观形成的思想渊源。

2.第一,树立人和自然是相互依存的有机统一体的观念;第二,通过高度发展的科学技术来完善人类自身的认识能力和实践能力;第三,调整社会关系,建立起合理的社会制度,在社会规模、国家规模乃至全球规模上合理地组织人类改造自然的实践活动。

案例三:中国古代的科学技术[1][2]

【知识点】中国朴素唯物主义自然观

中国古代科学技术在世界科技发展史上有着重要的历史地位。纵观整个发展历程,16世纪以前的中国科学技术长期处于世界领先地位。中国传统科学思想和科学技术的突出成就,造就了中国传统科技观。它闪耀着中华民族智慧的光辉,并对世界文明作出了巨大的贡献,但同时也存在诸多阻碍科技进一步发展的因素。

中国古代喜欢把一切科学发明归功于远古时代的圣人,历来传说"神农尝百草"而有医药学,"伏羲画八卦"而有数学,黄帝造舟车、制弓箭、立甲子、定历法等,这些实际就是古代医学起源论、数学起源论、科学技术起源论。其共同点是发明者是人而不是神,有个别的,即使在传说中被添上了神化色彩,但仍然是在历史上确实存在过的真实人物。古代的诸多创造发明,实际上是无数劳动者在

---

[1] 万里.卓越的朴素唯物主义自然哲学观——论中国古代本体论、宇宙论与人类进化史观的成就[J].长沙电力学院学报:社会科学版,2000,15(2):21-27.

[2] 蔡原野.中国传统医学中的朴素哲学理念[J].中国民族博览,2015,0(11):20-21.

生产实践中的智慧结晶,传说中出现的圣人,只是表明了所处的时代与族属。

中国人的祖先在与自然万物打交道的过程中,逐渐形成了人与自然是一个和谐有机整体的观念,强调人与自然的整体联系性,同时喜欢把自然界人格化,认为自然的变化和发展都与人类息息相通。"天人合一""天人感应"正是用拟人化的眼光对自然、社会的认识在哲学层面的概括和总结。"天人合一"是中国传统文化的核心,也是中国传统科学的指导思想及科技思想中最核心的东西。这种整体自然科技观特别强调从整个世界的统一性和各事物之间的内在联系性的角度来思考和解决问题。例如,中医学总是着眼于整体和相互联系性,将人体中的脏腑、经络、气血、精津、表里等视为不可分割的整体,而且广泛地思考自然和社会环境对人体精、气、神的影响,把人体置于宇宙大系统中来认识和研究,形成人与自然、人与社会、精神与机体等密切相关的统一整体观念。

中国古代学者在整体自然观的基础上,采取辩证以穷理的方法,创造出了具有无限包容性的理论体系,它既可以解释自然现象也可以解释社会现象,而且还能够容纳不断出现的新问题。这种具有无限涵容性的理论,具有非常强的应变能力。人们无论遇到什么新问题,都可以从中去寻求解释和依据。久而久之,就形成一种包容并蓄的应变传统,使中国传统文化具有很强的包容性和凝聚力。

秦统一中国后,出现了"焚书坑儒"事件,"所不去者,医药、卜筮、种树之书"。封建社会绵延了2000多年,中国科技在秦汉时期形成的这种特点也就被进一步固化,几乎成为一种固有模式。这种特点,不仅在数学、物理学、天文学、化学、生物学、地学等自然科学各分支中表现出来,在工程技术、农学、医药学等方面也更突出地显示出来了。

中国古代创造了极其辉煌的数学成就,不少项目领先西方几百年甚至上千年。如西汉时期关于联合一次方程组的解法,就比西方同类算法早出1500年。但中国历史上丰富的数学成果基本上都在应用方面,这些成果是数学家在解决实际问题过程中的智慧结晶,他们仅仅把数学看作解决数量问题的工具,而不注重纯粹数学理论的研究。

在物理学方面,中国的学者往往局限在应用的圈子里认识和研究物理学,尤其在力学现象、流体力学现象、热学现象及机械运作现象等方面。很多学者关心的是已有的物理学成果的功用,即它们在政治、军事、经济等领域所能产生的实际成果和作用。

中国的天文学的诞生主要满足于农业生产和星占等的需要。中国天文学的实用性除了服务于农业生产外,还服务于统治阶级,统治者制定历法等,至于其中高深的道理,并不主张用心去探索。

中国古代社会一贯倡导以农立国,十分强调农业生产,注重农业科技的发

第一章 马克思主义自然观

展。在重农思想的价值导向下,社会和官府都比较注重与农业有关的技术开发和成果的运用,所以中国历史上有不少与农业有关的技术成就和技术成果书籍。

中国古代科学技术的发展特别是技术的发展主要来源于生产实践和生活需要,流传下来的大量科技著作,大多是对某一时代科技状况的直接记载,不太重视理论探索。中国的许多著作,如《考工记》《天工开物》等,始终局限于对实际操作程序的记录,基本上没有超出经验的层次,没有升华到系统的理论体系,也没有对规律性现象的分析、研究,用理论形式将其概括和总结。

【思考讨论】

1. 古代中国朴素唯物主义自然观的主要观点有哪些?
2. 如何解释李约瑟难题"尽管中国古代对人类科技发展作出了很多重要贡献,但为什么科学和工业革命没有在近代的中国发生?"
3. 试比较古代中国和古希腊朴素唯物主义自然观。

【案例分析】

1. 古代中国朴素唯物主义自然观的主要观点包括:自然是指事物自己如此的状态,并以此肯定其存在的价值;它要求从事物内部寻找其存在的依据,并从事物自身肯定其如此存在的合理性。元气、"五行"等物质是自然界的本原。自然界的生成和发展来自物质的矛盾运动。自然界是物质、运动、时间和空间的统一。人类运用"阴阳""五行"和"气"等哲学思想和归纳、抽象等方法认识自然界,人类利用自然规律改造自然界。人来源于自然界,人和自然界的关系是"天人合一"。

2. 古希腊朴素唯物主义自然观的主要观点包括:(1)自然是事物运动和变化的本原,是决定事物运动和变化并赋予其特定秩序的内在原因,是自然物(包括人类)的本性,是它们运动变化的原因和依据的原则。(2)自然界的本原存在于"某种具有固定形体的东西中"或"某种特殊的东西中"。(3)自然界在其内部各要素间的矛盾作用下,无限和永恒地变化和发展着。(4)宇宙是有形的、有限的和运动的;生物是进化的,并在其中分化出了人。(5)人类通过归纳和演绎等方法认识自然界。

3. 将古代中国和古希腊朴素唯物主义自然观进行比较得出如下结论:在认识"自然"的概念方面,古代中国人理解的"自己如此"和古希腊人理解的本原、本性有相通之处。古代中国人以"无为"对待"自然",未能从作为内在性的"自然"开辟出外在性的"自然物"的存在领域,也未孕育出自然科学;古希腊人却能通过与人造物对比,从内在性"自然"开辟出外在性的"自然物"的存在领域,从而孕育出了自然科学。在认识自然界的本原方面,它们都持有一元论或多元论的观点。在认识自然界的方法方面,中国人善于运用直觉、顿悟等方法,多采取名言隽语、比喻论证等形式;希腊人善于运用归纳、演绎等方法,多采用论辩、推理和证明等方式。在认识人类与自然界的关系方面,它们都主张人类来源于自然界。

案例四:中国古代人文主义的自然观[①]

【知识点】中国朴素唯物主义自然观

中国古代哲学主要是以人文的眼光看待自然,而不是以科学的眼光看待自然。自然的意义主要不在科学认知方面,而在人伦政治等精神价值方面。中国古代思想家侧重从人文价值方面发现自然的意义。从本质上说,中国古代的自然观是人文主义的,中国古代思想家主要在伦理、政治、审美超越等方面开掘出自然的价值和意义。

以人文之眼看自然

中国古代人文文化的哲学基础是"天人合一",以人文的眼光看待自然。不过,中国古代"天人合一"的含义并不就是西方哲学中天人对峙的反面。在科技的负面效应日益凸显的当代语境下,时下一些学者对古代"天人合一"的解释多有望文生义的误解,以为古代的"天人合一"说的就是人与自然和谐相处。的确,古代"天人合一"思想中有着人与自然相和谐的理想,但这不是主要的。确切地说,古代"天人合一"思想的核心是天人同构,是关于"天道"与"人道"相统一的政治伦理学说,即自然现象、自然规律与人间政治、人伦道德、人性相统一。中国古代思想家阐发"天道",其旨在论证"人道",而阐发"人道"必推源于"天道"。天道自然的意义不在认知方面而在精神价值方面。中国古代虽然也有以荀子为代表的"制天命而用之"的自然观,但这并非中国古代哲学思想的主流。西方哲学强调天人对峙,征服自然。要征服自然必先了解认识自然,他们以科学主义的态度对待自然,强调对自然及其规律本身的探讨,并由此导向自然哲学、知识体系、认识论的建构。在中国古代哲学中,自然始终没有成为科学意义上的独立的认知对象,自然对于人的意义不在科学认识方面而在人文意义方面。中国古代哲学

[①] 黄文贵.自然的意义:论中国古代人文主义的自然观[J].自然辩证法研究,2002(5):8-10。

家的思维旨趣不在建构自然哲学和知识体系,而在于借天地自然以建构政治人伦学说。因此在中国古代哲学思想中,自然对于人的意义本质上是人文主义的或谓人学的。与西方哲学以科学之眼看待自然不同,中国古代哲学倾向于以人文之眼看待自然。具体说来,在中国古代,自然对于人的意义主要在伦理道德、社会政治、审美超越等精神方面。

自然的人伦道德意义

在具有伦理精神气质的中国古代思想家那里,天地自然万物莫不具有人伦道德价值和意义。他们习惯于以道德主义的眼光看待天地自然。在儒家那里,自然的意义只意味着天赋的道德人伦关系。讨论自然物旨在说明人间伦理道德,而不是探求自然的奥秘。自然始终不能成为科学意义上的认知对象。

据赵纪彬《论语新探》统计,《论语》一书中涉及自然现象的内容多达54处,但"无一则结论不是在政治道德等方面导出其意义与价值",其内容都是"利用自然知识以说明政治、道德方面的主张,而不以自然本身的研究为目的"。荀子虽有"明天人之分""制天命而用之"的思想,但《荀子》中对"蓬生麻中,不扶自直"的自然现象的描述最终也归结到道德意义上的"君子居必择乡,游必就土,所以防邪僻而就中正"。汉朝大儒董仲舒也主张"君子察物之异以求天意"(《春秋繁露·天地之行》),在他的"天人相应"的思维模式下,考察天地万物都是为了说明"人事",而不是探求自然本身的奥秘。《易经》中本有认识利用自然的"观象制器"思想,《易经》中的卦象本是对自然现象观察的原始反映,但《易传》作者却把它变成了人的道德特征的理论依据。

自然的社会政治意义

在中国古代,对于人间政治秩序的合理性论证,也是通过"天人合一"从天道自然寻找依据的。"天人合一"的思想最初是用于对政治秩序的论证。夏商周三代是"天""神"的时代,其时之天是主宰之天。天既是自然界众神之首,也是社会政治的最高立法者。它不一定具有人格,但是宇宙秩序、万物生长、人间王朝更替都决定于天命。商周时期的天人合一及天命观具有浓厚的宗教色彩。这里的天不是自然之天而是意志之天。强调天人合一即说明天命与人事相通,也即说明君权神授,从而论证王权的合理性和神圣性。

老子认为,道是世界的本源,天与人都由道衍化而生,天与人是贯通的,天道与人事也是相通的。天道自然无为,人道也应自然无为。而现实的人道却常常违背天道,如老子所说:"天之道,损有余而补不足。人之道则不然,损不足以奉有余。"(《道德经》七十七章)还有社会的各种礼、仁义、利器、伎巧、法令,甚至智慧、多欲、强梁等,在老子看来都是人道违背天道的表现,即违背了天道无为的原则。董仲舒的"天人合一"是以"天人感应"的方式出现的。董仲舒构筑了一个哲理化的宗天神学体系,他恢复了被道家所消除的天的神灵性,使天重新成为有意志、有目的、有道德的最高主宰。天高踞于自然和社会之上,自然和社会的一切变化都是天命的体现。同时董仲舒也强调人对天的影响力,在董仲舒的体系里,天与人的联系是靠人间君王法天而立道沟通起来的,同样君王与圣人也靠"道"来影响天,因为"道之大原出于天"(《汉书·董仲舒传》),"王道之三纲,可求于天"(《春秋繁露》卷十二)。

自然的审美超越意义

西方文化传统过于强调人与自然的对峙,强调人对自然的统驭、主宰。对人而言,自然往往是引起痛感的,因而是丑的。但在中国古代文化中,基于"天人合一"的思想观念,人在自然面前既不会产生自卑渺小之感,也不会感到不愉快。自然不是作为恐惧的对象来看待的,人与自然是亲和的。庄子说:"天地与我并生,而万物与我为一。"(《庄子·齐物论》)人不仅从自然获得物质给养,也可在与自然的亲和中获得精神的自由和愉悦。自然也是精神的安顿之所。

道家从人与自然同一的思想出发,其超越方式倾向于从自然获得精神的慰藉与解放。庄子表现出从人生的桎梏中获得解放的强烈愿望,但这种解放不可能求诸现世,也不可能求诸宗教。与道家思想相联系,魏晋玄学把对自然山水的亲近观赏看作实现自由超脱的重要手段。魏晋以后,特别是唐朝禅宗盛行之后,禅学与庄学合流,皈依自然,寄情山水,成了隐逸者及失意文人士大夫的精神寄托。在此,自然就具有了一种特殊的意义——精神的安顿。魏晋以降,包括山水诗和山水游记在内的独立的山林文学十分发达。陶渊明、王维、孟浩然等隐逸诗人在山水田园风光中找到了精神的慰藉;谢灵运、柳宗元、欧阳修、苏轼等在仕途失意时,也往往投入自然的怀抱,寄情于山水,从中获得精神的解脱。即使对于仕途亨通、居庙堂之高的士大夫来说,具有审美超越意义的自然仍然是具有无穷魅力的。

【思考讨论】

1. 中国传统自然观与西方哲学自然观有何区别?

第一章 马克思主义自然观

2. 中国古人以人文视角看待自然表现在哪些方面？

【案例分析】

1. 中国传统自然观的内涵可以概括为：自然是指事物自己如此的状态，并以此肯定其存在的价值；它要求从事物内部寻找其存在的依据，并从事物自身肯定其如此存在的合理性；元气、"五行"等物质是自然界的本原；自然界的生成和发展来自物质的矛盾运动；自然界是物质、运动、时间和空间的统一；人类运用"阴阳""五行"和"气"等哲学思想和归纳、抽象等方法认识自然界；人类利用自然规律改造自然界；人来源于自然界；人和自然界的关系是"天人合一"。

2. 自然观是人们对自然的总的看法。在历史上，人们曾经从不同的角度、以不同的态度看待自然，因而有不同特点的自然观和自然哲学。与西方哲学中以科学认知的态度看待自然不同，中国古代哲学倾向于以人文之眼看待自然，因而形成人文主义的自然观，进而形成总体上以人文为特征的中国古代文化。

案例五：中国古代关于水的哲学思想①

【知识点】古代中国和古希腊朴素唯物主义自然观的比较

中国古代关于水的哲学思想是中国古代自然哲学的精华。中国古代关于水的哲学思想无论是在理论论述方面之丰，还是在实践影响方面之久，都是其他自然科学所不能比的；中国古代关于水的哲学思想之丰富，把水上升到哲学高度加以概括，此方面论述之丰，是古代对其他任何自然现象的论述都不能比拟的。

世界的本原与水

中国古代的思想家也提出了水是万物之本原的朴素唯物主义思想。《淮南子·原道训》里认为，水"上天则为雨露，下地则为润泽；万物弗得不生，百事不得不成；大包群生，而无好憎；泽及蚑蛲，而不求报；富赡天下而不既；德施百姓而不费"。中国古代的五行说，认为"金、木、水、火、土"是世界的本原。在《管子·水地》中，管仲认为水构成万物，万物靠水生长，人也是由水生成的，水"凝蹇而为人，而九窍五虑出焉"。

中国古代辩证法十分丰富，同样对水的辩证思考也十分丰富，这大多体现在

---

① 李云峰. 水的哲学思想：中国古代自然哲学之精华[J]. 江汉论坛，2001(3)：63-67.

对水的辩证特性的认识上。《孙子兵法》里有"兵无常势,水无常形"之说。这种说法虽是就军事战争而论,但这种概括已上升到了哲学的高度,可以说是中国古代朴素辩证法最有代表性的经典论述,既精辟又通俗。中国古代的思想家很早就从水的温度和状态变化中发现了质与量关系的变化。如荀子在《劝学》中说"冰,水为之,而寒于水",即冰是温度低时由水变化而来的。

宇宙秩序原理与水

中国古代有关宇宙秩序原理的阐释主要是以"道"为中心展开的。水的特征之一就是流有道而趋下。在《论语》中,道的概念是以渠道和河道为原型的,"道"的思想就是要达到这样一种状态:天地万物皆各行其道,顺其自然。在老子那里,不仅有天之"道"、地之"道"、君子之"道"和君王之"道",而且还有大道——像水一样,柔弱而不争,养育万物,容汇百川。中国古代哲学中,不仅"道""气"以水为原型,而且"五行"说、"阴阳"说,其产生都与水有关。

中国古代不管是唯物主义还是唯心主义,无论是儒家、道家还是"气"一元论、"五行"说、"阴阳"说,都有学者用水的运动变化说明万物的产生,说明本原与具体事物之间的关系。王充说:"夫天覆於上,地偃於下,下气烝上,上气降下,万物自生其中间矣。"(《论衡·自然》)在庄子那里,气是产生万物的材料,"至阴肃肃,至阳赫赫;肃肃出乎天,赫赫出乎地,两者交通成和而物生焉"(《庄子·田子方》)。王廷相认为,气的运动,使宇宙万物得以产生,万物产生有一个过程,先生出水、火、土。张载用水和冰的关系说明太虚和气的关系:"水凝则为冰,冰释为水;太虚聚则为气,气散则为太虚。"

伦理道德与水

中国古代的学者常常用水之辩证特性来论述、说明问题。在中国古代,许多著名的政治家、思想家和教育家,都曾以水为喻规劝帝王,教化国民,教育学生。

在《孔子家语》中已有"载舟覆舟"之说,到了唐太宗李世民那里,君民关系被概括为舟与水的关系,提出了"水可载舟,亦可覆舟"的八字箴言。张载说:"天性在人,正犹水性之在冰,凝释虽异,为物一也。"水性一旦成为人的本性,便具有了道德属性,成为人性中善的来源。中国古代哲学家还认为一些伦理道德来自水,管仲认为水是"九德出焉","美恶、贤不肖、愚俊之所产也"。老子对水更是颂扬备至。老子曾说:"上善若水。水善利万物而不争,处众人之所恶,故几于道。居善地,心善渊,与善仁,言善信,正善治,事善能,动善时。夫唯不争,故无尤。"这就是说:水,只对万物有利而不要求什么。水,处于人们不相争之地,心地要像水渊那样深广,对人要像水那样无私仁爱,说话要像水那样守信,为政要像水那样公正,为事要像水那样无所不能,行动要像水那样待时而动。只有像水那样与世无争,才不会有大的过失。

人和自然的关系与水

在中国古代关于人与自然关系的阐述中,水占有十分突出的位置。一方面,我们的先人看到了人类对水的依赖、水对人类社会的影响;另一方面,又看到了水对人类社会的危害。管仲在《管仲·水地》中历数各地水质与当地居民性格的关系后指出:"是以圣人之治于世也,不人告也,不户说也,其枢在水。"也就是说治理国家的关键在于掌握水。在另一篇《管子·度地》中又说:"故善为国者,必先除其五害。"关于人与自然关系和对水的阐述在中国古代的水利思想,特别是治河思想中得到了集中体现。

"水利"一词是中国所特有的。司马迁在《史记》中已使用了"水利"一词。所谓水利,"水之为利害也",即兴水之利、除水之害。中国古代的水利思想,特别是治河思想中同样蕴涵着丰富的辩证思想。中国古代在治河中碰到分与合、障与疏、清与浊、修筑与防守、河流与泥沙等矛盾时,为解决这些矛盾需要进行辩证的思考。中国古代的治河思想中已包含了系统论的思想。系统方法的提出是20世纪人类认识的成果,但系统方法的自发运用则很早就开始了。也正是在这些思想的基础上,我国古代组织了许多著名的水利活动(如大禹治水),修筑了许多著名的水利工程(如都江堰、灵渠等),成为中国古代最佳决策的代表。

【思考讨论】

1. 中国传统哲学如何认识水?
2. 中国传统哲学如何用水解释人与世界的关系?
3. 中国传统哲学关于水的思想有何当代价值?

【案例分析】

中国古代关于水的哲学思想无论是在理论论述方面之丰,还是在实践影响方面时间之久,范围之广,规模之大,都是其他自然科学所不能比拟的;中国古代关于水的哲学思想之丰富,把水上升到哲学高度的概括,此方面论述之丰,是其他任何自然现象都不能比拟的。挖掘其中的精华,对于继承古代文化遗产,丰富我国思想文化宝库有着重要意义。

案例六:"天人合一"的有机宇宙观[①]

【知识点】古代系统自然观思想/系统自然观的渊源

中国古代哲学观的一个重要思想是"天人合一",尽管对这一思想的解释不尽相同,但有一点可以确认,即古人习惯以整体的视野来看待天地与人的联系,试图将二者纳入一个有机的框架下,并以此来看待和解释所发生的各种现象与伦理道德,由此逐步形成了中国古代有机自然观。纵观人类文明早期,当希腊人和印度人发展机械原子论的时候,中国人则发展了有机宇宙哲学观。"天人合一"的宇宙系统论渗透在古人的心理结构中,不仅仅影响了中国的传统文化,更重要的是影响了中国古代科学技术的发展方式和方向。

重视人与自然的有机整体

中国古代的有机宇宙观认为"天地人,万物之本也。天生之,地养之,人成之。天生之以孝悌,地养之以衣食,人成之以礼乐。三者相为手足,合以成体,不可一无也。"(《春秋繁露·立元神》)可见在中国古人的视野里,"天人合一"思想其基本内涵就是肯定人与自然是一个不可分割的统一体,人源于自然界,是构成自然系统的要素之一。在"天地人"体系之中,人作为一种自然过程的参与者可以在符合自然规律的前提下,能动地改造自然。而人与自然界的关系更多的是协调,是使自然界的发展在一定层面上符合人的意志和目标。

中国古代学者对这一思想进行了阐发,如《周易》指出人为天地所生,人的生命和利益离不开自然环境的协调,这为春秋时期以来的"天人协调"思想的形成和发展提供了基础和动力。儒家从"天人合一"思想出发,将这种有机整体思想运用于家庭伦理之上,主张"求和"并要求人们从伦理道德方面看待人和自然的关系。道家提出了天和人协调发展的"万物一体"思想,"道"的抽象概念就被视作自然界普遍存在、支配人的社会实践行动的总规律。所有这些思想都表明中国的古代自然观从一开始就将天地人三者有机地纳入一个整体框架中,主张人虽是自然的产物并具有独特的能动作用,但是人的这一能动性必须受到大自然

[①] 曲秀全.从"天人合一"透视中国古代科学技术[J].科学技术哲学研究,2010(8):94-97.

环境的制约,违反自然规律而任意行动,就会受到自然的惩罚,这一点倒是与现代生态伦理学的指导思想不谋而合。

强调万物要素的系统思想

"天人合一"的思想体现在科学技术发展上的另一个重要特点就是强调了万物要素是一个自组织系统。关于这个问题,中国古代学者使用了"机发"理论这种类似现代混沌理论的观点来解释宇宙的有序演化问题。大致来看,这种"机发"理论认为:"在事物的运动演变过程中,(某种事物)影响并决定着整个事物的运动变化。这种东西既是事物形成互动的原因,也贯穿于事物发展的整个过程之中。从而构成认识自然、改变自然的完整框架。""机发"思想也从最初的解释宇宙起源问题,逐渐发展到解释自然界一般的演化问题。当然,"机发"理论并不能等同于现代混沌理论,我们最多将其看作一种强调系统的整体论思想,缺少了对细节和局部的理论支持,更多的是用理想的、幻想的联系来代替尚未知道的现实的联系,但是由此中国古代科学技术自然观就呈现为:

(1)反对将人与自然界严格区分、绝对割裂。中国古代科学无法像西方那样将自然作为人的研究对象,甚至进行一系列的定量分析,而只能采取直观的、经验的累积方式来推动中国的科学技术发展。(2)反对将宇宙与自然秩序化为一种严格的机械秩序。正如李约瑟博士所说,经典的西方自然观与中国的自然观是格格不入的,"希腊人与印度人仔细地思考形式逻辑的时候,中国人一直在专注于发展辩证逻辑……如果说辩证逻辑对中国古代科技的发展起了十分巨大的指导作用,那么形式逻辑的缺乏则影响了中国古代科学体系的建立"。西方自然观强调理性思维,把人自身等同于理性思维实体而不是整个有机体,导致了精神与物质的分离,进而把自然观看作由单个物质所组成的一个机械系统。"而在中国哲学中,哪怕是解释最寻常可见的物质现象都永远没有忘记精神永远存在于其中",也由此在人与自然的关系问题上呈现出有机而非机械秩序。

重视直觉与体悟的直观作用

"天人合一"思想影响在科学技术发展方式上的一个重要之处就在于,更多地强调了直觉与体悟在科学研究中的作用,而不是逻辑与实证的作用。"天人合一"观在汉代被改造为"天人感应"说,主张通过直觉体悟,通过神秘的"玄览""内省"达到认识事物本质,进而沟通天地。这一科学研究方法论更多地强调了经验的重要性,强调了思维直觉性和悟性,与西方科学技术发展所强调的重视逻辑不同，中国科学技术是沿着领悟事物本质的这样一种思维途径发展的。这种直觉的内省、顿悟主张对事物的认识从内心直觉顿悟，达到心理合一、天人合一的整体认识。很显然这种思维方式相对易于为人们接受，靠灵感而非逻辑，重直觉而轻实证，属于非理性与创造性的思维范畴，也因此较少地形成研究学派和研究范式，具有相对的研究偶然性和神秘性。

事实上直觉思维在现代科学研究中早已证明了其价值。纵观科学史，诸多重大的科学发现往往建立在直觉思维的基础上，因而这样一种思维方式与逻辑思维方式对于科学研究来说应该是同等重要的，或者可以认为是一体两面，科学研究既需要逻辑思维也需要直觉思维。当然我们必须看到"天人合一"的思想在带来直觉思维的同时，也不可避免地具有部分神秘主义的色彩，表现在中国古代科学发展上，许多问题往往借用晦涩的言语来论证，或者主张"道可道，非常道"这类思维观念。

值得注意的是，"天人合一"的有机整体宇宙观绝对不会孕育出近现代科学，但"天人合一"的有机整体宇宙观自有其价值，特别是在面对当代的生态自然困境之时。现代社会人类对科学技术的恣意运用，在生产力提升和物质财富得以增长的同时，人与自然的和谐状态遭到彻底破坏，环境污染、资源匮乏、物种绝灭、生态失衡等各类生态危机频繁出现，这就迫使人们开始冷静反思人类与自然的关系与共处之道。

【思考讨论】

1. 中国古代"天人合一"思想对于人与自然和谐关系构建有何当代价值？
2. 中国古代"天人合一"思想对中国人的思维方式有何影响？
3. 中国古代"天人合一"思想与西方文化的自然观有何区别？

【案例分析】

1. 中国古代发展出"天人合一"的有机宇宙观，其本源、演进与功能均体现出一种有机的特点。
2. "天人合一"的思想影响了中国古代科学技术的发展方式和方向。具体来看，表现为重视人与自然的有机整体，强调万物的系统思想，重视直觉与体悟的直观作用。
3. "天人合一"的思想阻碍了近代科学技术在中国的发展，但其有助于解决当代的生态伦理困境。

案例七:桑基鱼塘:生态农业的典范①②

【知识点】系统自然观/人工自然观/生态自然观

2014年6月中旬,"浙江湖州桑基鱼塘系统"入选第二批中国重要农业文化遗产。2017年,"浙江湖州桑基鱼塘系统"被联合国粮农组织认定为全球重要农业文化遗产。2018年4月19日,在意大利罗马举行的全球重要农业文化遗产国际论坛上,"浙江湖州桑基鱼塘系统"正式被联合国粮农组织授予全球重要农业文化遗产证书。

桑基鱼塘是我国长三角、珠三角地区常见的农业生产模式,是为充分利用土地而创造的一种"塘基种桑、桑叶喂蚕、蚕沙养鱼、鱼粪肥塘、塘泥壅桑"高效人工生态系统。种桑养蚕的收益比种粮食高很多,而且能保护生态环境,是世界传统循环生态农业的典范。

长三角、珠三角两地地势低洼,常闹洪涝灾害,严重威胁着人民的生活和生产活动。当地人民根据地区特点,因地制宜地在一些低洼的地方,把低洼的土地挖深为塘,饲养淡水鱼;将泥土堆砌在鱼塘四周成塘基,可减轻水患,这种塘基的修筑可谓一举两得。久而久之,"塘基种桑、桑叶喂蚕、蚕沙养鱼、鱼粪肥塘、塘泥壅桑"的桑基鱼塘生态模式延续了下来。

据史料记载,珠三角早在汉代已有种桑、饲蚕、丝织的活动。公元7世纪初,唐代各地商人和外国人都相继来广州贸易,贩运绢丝。12世纪初,北宋徽宗期间,在南海和顺德两县相邻的西江沿岸,修筑了著名的"桑园围",说明当时南海、顺德一带已是重要种桑养蚕地区了。15世纪初明永乐四年(1406年),顺德的龙江、龙山两地已出现土丝买卖市场,蚕丝生产已成为商品。1522年(明嘉靖元年)明朝封闭了福建泉州和浙江宁波两港,广州成为生丝对外贸易重要港口,各地生丝经由广州输出。其后,1553年葡萄牙侵占澳门,外国商船陆续进入,从而澳门又成为对外贸易的转运港口,促使广东生丝对外更加畅销。

当时生丝畅销,促进了蚕桑业的迅速发展。南海县的九江,顺德县的龙山、

---

① 李永杰.桑基鱼塘:农业生态文明的典范[N].中国社会科学报,2018-03-09(2).
② 中国农业博物馆.桑基鱼塘[EB/OL].[2018-03-09]. http://www.ciae.com.cn/detail/zh/36272.html/.

龙江,高鹤县的坡山乡(今古劳)等地,蚕桑业急剧兴旺起来,著名的桑园围和古劳围就在这一带。这一带农民有着长期种桑养蚕的经验,迅速发现养蚕的蚕沙(蚕粪)可以养鱼,逐渐认识到蚕沙是塘鱼很好的饲料。当时因需要生丝多,种桑养蚕亦多,蚕沙量日多,塘鱼的饲料也多,于是大量发展养蚕的同时,淡水鱼业也迅速发展起来。桑多,蚕多,蚕沙多,塘鱼也多。由此桑基鱼塘这种特殊生产方式经过长期生产实践,逐渐形成,并很快传到三角洲各地。

  清朝闭关锁国的政策,封闭了福建漳州、浙江定海、江苏云台山等对外贸易港口,广州又成为全国生丝唯一的对外输出港口,外国商人都集中到广州来购买生丝和丝织品。粤丝对外销路日广,需要生丝及丝织品大量增加,从而促进了蚕桑业的发展,也促进了三角洲各地桑基鱼塘的发展。很快在三角洲西北部的南海县九江乡、顺德县的龙山乡、龙江乡,高鹤县的坡山乡(今古劳镇)一带,构成了一个广阔的桑基鱼塘区域。其中以南海县九江为中心,各地纷纷"弃田筑塘、废稻树桑",掀起了三角洲桑基鱼塘发展的第一次高潮。

  鸦片战争以后,缫丝新式技术逐渐输入。1866年,中国近代民族企业家陈启沅引进国外缫丝新技术,在南海县蔺村建立三角洲第一个现代缫丝厂。不久,新式缫丝业的风由南海县逐渐向三角洲各地吹去。顺德在大良北关建立了一个500~600名女工的怡和昌机器缫丝厂,这是顺德县缫丝业大发展的开始,此后,顺德缫丝业逐渐取代了南海县而居三角洲首位。新式缫丝工业迅速的发展,推动了蚕桑业的发展,再次掀起"弃田筑塘、废稻树桑"之风,桑基鱼塘面积再次扩大,形成了三角洲桑基鱼塘发展第二次高潮。

  桑基鱼塘自17世纪明末清初兴起,到20世纪初,一直在发展。特别在第一次世界大战后,由于欧洲各国忙于战后恢复工作,我国生丝在国际市场获得畅销,促使本地蚕桑业快速发展,三角洲到处是桑基鱼塘,桑基鱼塘面积估计约有120万亩(800 km^2),达到历史最高水平。这是三角洲桑基鱼塘发展的第三个高潮。

  桑基鱼塘是池中养鱼、池埂种桑的一种综合养鱼方式。从种桑开始,通过养蚕而结束于养鱼的生产循环,构成了桑、蚕、鱼三者之间密切的关系,形成池埂种桑—桑叶养蚕—蚕茧缫—蚕沙、蚕蛹、缫丝废水养鱼—鱼粪等泥肥肥桑的比较完整的能量流系统。在这个系统里,蚕丝为中间产品,不再进入物质循环。鲜鱼才是终级产品,提供人们食用。系统中任何一个生产环节的好坏,都将影响其他生产环节。

  长三角有句渔谚说"桑茂、蚕壮、鱼肥大、塘肥、基好、蚕茧多",充分说明了桑基鱼塘循环生产过程中各环节之间的联系。桑、蚕、鱼、泥互相依存、互相促进的良性循环,避免了水涝,营造了十分理想的生态环境,收到了理想的经济效益,同时减少了环境污染。桑基鱼塘的发展,既促进了种桑、养蚕及养鱼事业的发展,又带动了缫丝等加工工业的前进,已然发展成一种完整的、科学化的人工生态系统。

【思考讨论】

1. 运用系统自然观的观点分析桑基鱼塘模式。
2. 运用人工自然观的观点分析桑基鱼塘模式。
3. 运用生态自然观的观点分析桑基鱼塘模式。

【案例分析】

1. 桑基鱼塘的生产方式是:蚕沙喂鱼,塘泥肥桑,栽桑、养蚕、养鱼三者结合,形成桑、蚕、鱼、泥互相依存、互相促进的良性循环,避免了水涝,营造了十分理想的生态环境,收到了理想的经济效益,同时减少了环境污染。

2. 桑基鱼塘模式中桑、蚕、鱼、泥互相依存、互相促进,体现了系统自然观中各个要素相互联系的关系,形成了良性循环。

3. 桑基鱼塘的发展,既促进了种桑、养蚕及养鱼事业的发展,又带动了缫丝等加工工业的前进,已然发展成一种完整的、科学化的人工生态系统;桑基鱼塘模式是一个历史悠久的生态农业模式,与生态自然观的观点是一致的。

案例八:千年古建筑里的系统思想: 都江堰水利工程[①]

【知识点】系统自然观

系统自然观是关于自然界的存在及其演化的观点,是以系统科学等为基础,对自然界系统的存在方式和演化规律的概括和总结,是马克思主义自然观发展的当代形态之一。其核心思想便是系统性,把"系统"的概念提升到哲学的层面,

---

[①] 李可可,黎沛虹.都江堰:我国传统治水文化中的璀璨明珠[J].中国水利,2004(18): 75-78.

既注重整体不可分性,又注重细节中的普遍联系。这一思想的产生可以追溯到古希腊与古代中国。相较于古希腊先贤哲人的系统思想火花、近代西方系统自然观的逐步递进及系统科学理论的集大成者,始终秉持中国传统文化中"阴阳"、"五行"概念的中国人,更侧重在实践层面应用系统思想,其中最引人注目的莫过于都江堰水利工程。

都江堰水利工程的修筑及其历史效应

号称"天府之国"的成都平原,在古代是水旱频仍之处。《蜀道难》中所描绘的"蚕丛及鱼凫,开国何茫然"的感叹,就是那个时代的真实写照。这种状况是由岷江和成都平原"恶劣"的自然条件造成的。

岷江是长江上游的一大支流,流经的四川盆地西部是中国多雨地区。发源于四川与甘肃交界的岷山南麓,分为东源和西源,东源出自弓杠岭,西源出自郎架岭。两源在松潘境内漳腊的无坝汇合。向南流经四川省的松潘县、都江堰市、乐山市,在宜宾市汇入长江。岷江出岷山山脉,从成都平原西侧向南流去,对整个成都平原来说是地上悬江,而且悬得十分厉害。成都平原的整个地势从岷江出山口玉垒山,向东南倾斜,坡度很大。每当岷江洪水泛滥,成都平原就是一片汪洋;一遇旱灾,又是赤地千里,颗粒无收。岷江水患长期祸及西川,鲸吞良田,侵扰民生,成为古蜀国生存发展的一大障碍。远在都江堰修成之前,古蜀国已有水利工程建设,但水害依然是困扰成都平原发展的首要因素。秦昭襄王五十一年(公元前256年),李冰为蜀郡守。李冰在前人治水的基础上,依靠当地人民群众,在岷江出山流入平原的灌县建成了都江堰。

都江堰在修建过程中坚持系统思想,针对岷江与成都平原的悬江特点与矛盾,利用当地西北高、东南低的地理条件,根据江河出山口处特殊的地形、水脉、水势,充分发挥水体自调、避高就下、弯道环流特性,"乘势利导、因时制宜",正确处理鱼嘴分水堤、飞沙堰泄洪道、宝瓶口引水口等主体工程的关系,使其相互依赖,功能互补,巧妙配合,浑然一体,形成布局合理的系统工程,联合发挥分流分沙、泄洪排沙、引水疏沙的重要作用,使其枯水不缺,洪水不淹,保证了防洪、灌溉、水运和社会用水综合效益的充分发挥。

都江堰建成后引发了强烈的社会历史效应。《史记·河渠书》记载:"蜀守冰凿离碓,辟沫水之害;穿二江成都之中,此渠皆可行舟。有余,则用溉浸,百姓飨其利。至于所过,往往引其水益用,溉田畴之渠以万亿计,然莫足数也。"此后,晋人常璩在《华阳国志·蜀志》中记载:"冰乃壅江作堋,穿郫江、检江别枝流,双过郡下,以行舟船……又溉灌三郡,开稻田。于是蜀沃野千里,号为陆海,旱则引水浸润,雨则杜塞水门。故记曰:水旱从人,不知饥馑,时无荒年,天下谓之'天府'也"。

都江堰水利工程的结构布局

以鱼嘴、飞沙堰、宝瓶口为主的都江堰各组成部分,相互配合,相互作用,结成一个有机的整体,共同达到自动引水、自动分水、自动泄洪、自动排沙、定点沉沙等目的,完成该工程的多目标任务。它能有效而巧妙地把自然规律中的一些因素控制和调动起来,为我所用,达到最佳的工程效果。其中蕴涵着的科学与哲理的丰富与精深,令人叹为观止。

鱼嘴分水堤又称"鱼嘴",是都江堰的分水工程,因其形如鱼嘴而得名,它昂头于岷江江心,包括百丈堤、杩槎、金刚堤等一整套相互配合的设施。其主要作用是把汹涌的岷江分成内外二江,西边叫外江,是岷江正流,主要用于排洪;东边沿山脚的叫内江,是人工引水渠道,主要用于灌溉。在古代,鱼嘴是以竹笼装卵石垒砌。鱼嘴与其上游的百丈堤及其下游的内、外金刚堤联合作用,可自动将岷江上游的水流,按照丰水期"内四外六"、枯水期"外四内六"的比例,引入灌区,其工作的原理,满足弯道水流"大水走直、小水走弯"的规律;而鱼嘴的位置,便是处于水流中泓线左右偏转的一个临界点上,这也是历史上鱼嘴位置屡有变迁的原因之一,目的就是要适应不同时期上游来水条件的变化。通过利用地形,完美地解决了内江灌区冬春季枯水期农田用水和人民生活用水的需要以及夏秋季洪水期的洪涝问题。据新中国成立后的观测,当岷江来水量小于 500 m^3 时,内外江分流比约为 6∶4;当岷江来水量大于 5 000 m^3 时,内外江的水量分流比变成 4∶6。

飞沙堰溢洪道又称"泄洪道",具有泄洪、排沙和调节水量的显著功能,故又叫它"飞沙堰"。飞沙堰是都江堰三大主体之一,看上去十分平凡,其实它的功用非常之大,可以说是确保成都平原不受水灾的关键。飞沙堰位于内金刚堤与人字堤之间,其堰顶高程较这两堤为低,当内江水量超过需要时,水便会从堰顶溢入外江;同时,飞沙堰筑成微弯的形状,与其上游的内江河段形成一微弯的河道形态,水流挟带的泥沙在弯道环流作用下,从凸岸的飞沙堰顶上翻出,进入外江,这样便不会淤塞内江和宝瓶口水道。值得提出的是,飞沙堰的分洪飞沙效果,愈是在内江水量大时,愈是明显;当内江水量超过某个最大值时,水流就会直冲飞沙堰,将由竹笼垒砌而成的飞沙堰冲毁,于是几乎全部的上游来水都由此进入外江,从而保证了灌区的防洪安全。据中华人民共和国成立后的观测资料,当内江流量大于 300 m³ 时,飞沙堰开始翻水;当内江水量大于 500 m³ 时,飞沙堰开始飞沙;当内江流量大于 1 000 m³ 时,飞沙堰的分流比超过 40%,分沙比可达 80% 以上。飞沙堰的工作原理符合弯道环流中凹冲凸淤的水沙运动规律,飞沙堰与宝瓶口的布局满足"凹岸引水,凸岸排沙"的条件。古时飞沙堰是用竹笼卵石堆砌的临时工程,如今已改用混凝土浇筑,可以一劳永逸了。

宝瓶口是湔山伸向岷江的长脊上凿开的一个口子,它是人工凿成控制内江进水的咽喉,因它形似瓶口而功能奇特,故名宝瓶口。宝瓶口是都江堰灌区的总取水口,也是都江堰枢纽中起控制引水量作用的工程,它与鱼嘴、飞沙堰巧妙配合,能自动使进入灌区的水量稳定,以达到枯水期或枯水年保证成都平原的灌溉用水,丰水期或丰水年不致使灌区水量过多、泛滥成灾的目的。宝瓶口主要起着束水壅水的作用,当上游来水不大时,其壅水作用不明显,进入宝瓶口的水流接近明渠水流,其过流量取决于上下两端的水头差值,因而进入灌区的水量与上游的来水量成正相关;当上游来水过大时,宝瓶口的壅水作用加强,一方面会抬高上游水位,使多余水量溢出飞沙堰,同时促进泥沙在宝瓶口上游处沉积;另一方面,从水力学的角度看,这时进入宝瓶口的水流已属宽顶堰淹没出流的性质,其过流量不再与上游来量成正相关,从而控制了进入灌区的水量,达到稳定引水量的目的。内江水流进宝瓶口后,顺应西北高、东南低的地势沿大小各支引水渠不断分流,形成自流灌溉渠系,灌溉成都平原上一千余万亩农田。

都江堰水利工程的现代意义

都江堰水利工程的科学奥妙之处,集中反映在由三大工程组成了一个完整的大系统,形成无坝限量引水并且在岷江不同水量情况下的分洪除沙、引水灌溉的功能,使成都平原"水旱从人、不知饥馑",适应了当时社会经济发展的需要。中华人民共和国成立后,又增加了蓄水、暗渠供水功能,使都江堰工程的科技经济内涵得到了充分的拓展,适应了现代经济发展的需要。

与之形成鲜明对比的是埃及的阿斯旺水坝。它是为发电和灌溉的目的而兴建的,可是由于设计者没有考虑到尼罗河谷中的诸多环境因素与生态关系,工程建成后,导致被灌溉农田的盐碱化和土地贫瘠;河口三角洲海岸被侵蚀;纳塞尔湖的水面蒸发造成水资源的严重损失;库尾河段泥沙淤积;水库诱发地震;下游水草问题及由此引起的血吸虫病的传播;甚至东地中海的整个生态都受到了它的影响,如沙丁鱼数量的骤然下降等。

都江堰的创建,以不破坏自然资源,充分利用自然资源为人类服务为前提,变害为利,使人、地、水三者高度协和统一,是全世界迄今为止仅存的一项伟大的"生态工程",开创了中国古代水利史上的新纪元,标志着中国水利史进入了一个新阶段,在世界水利史上写下了光辉的一章。都江堰水利工程,是中国古代人民智慧的结晶,是中华文化划时代的杰作,更是古代水利工程沿用至今、"古为今用"、硕果仅存的奇观。与之兴建时间大致相同的古埃及和古巴比伦的灌溉系统,以及中国陕西的郑国渠和广西的灵渠,都因沧海变迁和时间的推移,或湮没或失效,唯有都江堰至今还滋润着天府之国的万顷良田。

两千多年前,都江堰取得这样伟大的科学成就,世界绝无仅有,至今仍是世界水利工程的最佳作品。1872年,德国地理学家李希霍芬(Richthofen,1833—1905)赞道"都江堰灌溉方法之完善,世界各地无与伦比。"1986年,国际灌排委员会秘书长弗朗杰姆和国际河流泥沙学术会的各国专家参观都江堰后,对都江堰科学的灌溉和排沙功能给予高度评价。1999年3月,联合国人居中心官员参观都江堰后,建议都江堰水利工程参评2000年联合国"最佳水资源利用和处理奖"。2000年,都江堰水利工程被联合国教科文组织列入《世界文化遗产名录》。2018年,都江堰水利工程入选"世界灌溉工程遗产"名单。

【思考讨论】

1. 都江堰水利工程的系统思想从何而来?又是如何实施的?
2. 请简述古代中国系统思想运用的其他工程案例。

【案例分析】

本案例主要介绍了都江堰水利工程建设的地理环境、历史背景及主体工程。其三大主体工程的作用各异,但三者有机配合、相互制约、协调运行,组成了一个完整的大系统,将成都平原从水旱频仍之处,转变成沃野千里的天府之国,是中国古代系统思想的生动展现,是中国古代劳动人民勤劳、勇敢、智慧的结晶。

1. 都江堰水利工程的系统思想主要源自于《周易》《老子》等传统典籍,既有朴素唯物主义的世界观,也有事物之间普遍联系、相互依存、相互转化的辩证法,在建造过程中更是生动地运用了五行学说的相生相克与阴阳变化的和谐有序、因势利导,以及整体与局部的协调统一,充分展示了中国人的哲学智慧。

2. 在中国古代的工程中,基本都遵循着传统系统思想,注重整体规划,讲求道法自然,遵从阴阳五行,除了运用系统工程法创建的都江堰工程,还有明代运用"群炉汇流法"和"连续浇铸法"铸造的大钟、北宋运用"一举而三役济"方法修建的皇宫,以及遵循因势利导、天人合一思想而修建的故宫及其排水系统等。案例运用时,教师可组织学生进一步列举其他工程案例,分享自身对中国古代系统思想的认识。

案例九:人工自然的追问与反思[①]

【知识点】人工自然观

随着科学技术的高速发展,人类活动涉及的范围和深度在不断拓展,人工自然与天然自然的冲突日益显现,人与自然的矛盾逐渐激化。因此,我们必须厘清人工自然的概念,构建合乎规律和伦理的自然观,促进人与自然界和谐、可持续相处。

概念:人工自然界抑或人化自然界

人工自然的概念最早可以追溯到古代。古希腊哲学家柏拉图在《理想国》中所提到的"床"的概念(包括理念之床、工匠制造的床和画家画的床)、亚里士多德在《物理学》中所提到的"人工产物"(如床、衣服)等都与它相关;古代中国先秦文献《尚书·皋陶谟》中的"天工人其代之"(简称"天工人代")、《考工记》中的"百工"("审曲面势,以饬五材,以辨民器")、宋应星在《天工开物》中所说的"百货"(农业和手工业产品)、宋代诗人黄庭坚的诗句:"天工戏剪百花房,夺尽人工更有香"中的"人工"等也都涉及了这个概念。

人工自然的概念在马克思的论著中也有所体现。例如,马克思在《德意志意识形态》中所说的"感性世界"("工业和社会状况的产物"),在《1844年经济学哲学手稿》中所说的"人化的自然界""人的现实的自然界""人类学的自然界"和"人再生产整个自然界"等都与其相关。此外,日本学者提出的"有为自然"概念(与"无为自然"相对应)也与其有关。

人工自然的概念最早是于光远在1961年提出的,此外,他还提出了"社会的自然"的概念。之后,学者们在研究过程中产生了以下分歧:(1)有的学者主张用"人化自然"表述马克思提出的"人化的自然界";有的学者主张用"人工自然"表述,并把它作为技术哲学的基本范畴。(2)于光远主张"人工的自然"是"社会的

[①] 张明国.人工自然的追问与反思[J].自然辩证法研究,2007(12):11-15.

第一章 马克思主义自然观

自然"中的一部分;陈昌曙则认为,它们"没有什么原则的不同,甚至没有宽窄的区别"。分歧至今仍然存在着,人化自然与人工自然的概念被并列使用着,于光远虽然"比较多地使用'社会的自然'"的概念,但它并未被广泛使用。

要充分理解人工自然的概念,必须注意以下几点:

第一,马克思没有把"人化的自然界"简单地说成"人化的自然"(或"人化自然"),这是因为"自然"与"自然界"虽然互相联系但彼此更有本质的不同:自然是"事物运动变化的本性或本原",是生成、演化自然界的本原;自然界则是自然运动、生成和演化的无限、多样的产物中的"以银河最外端的星环为界限的我们的宇宙岛"。

第二,马克思不仅提出了"人化的自然界"的概念,而且他还提出了"人的现实的自然界""人类学的自然界"等概念。"人化的自然界"是产生"人的感觉"的人的对象的自然界;"人的现实的自然界""人类学的自然界"则是人类在技术劳动过程中(即"生产过程中"),通过工程技术(即"工业")创建的自然界。

第三,"社会的自然"的概念与苏联学者关于"经过了人的某种程度的改造,纳入了社会关系系统的自然界"的观点有关。不论社会自然界是包括人工自然界还是等同于它,它都与人化自然界有相同之处。况且"离开人,离开人的活动,就不存在社会","社会与人及其活动是内在地同一的"。因此,社会自然界与人化自然界基本上是相同的。

第四,人工自然界和人化自然界各有不同的存在域。人工自然界的存在域取决于人类的技术活动域,如人类获取农、林、渔及煤炭、石油和天然气等自然物、控制自然物、改变自然物和创造自然物等。人化自然界的存在域取决于人类的科学活动域及其他特殊活动域,如人类设想、推测自然物、感知自然物、观测自然物及破坏自然物、人体治疗等。

第五,人化自然界是天然自然界与人类社会的互渗区。(1)人化自然界中的非人工自然界部分与天然自然界的界线不甚清晰。人类设想、推测、感知和观测等科学认识对象本身就属于天然自然界;人类攀登山峰,赴地球两极地区乃至太空考察等活动虽然属于人类的实践活动,但这些地域或空间并未因此受到实质性影响。可见,在人化自然界中,有的以后可能成为人工自然界,有的可能最后又退化或还原为天然自然界。(2)人化自然界与人类社会间的区别主要取决于对"人类社会"的界定。如果把"人类社会"理解为"结成社会的人类",那么它就属于人化自然界;如果把"人类社会"理解成"人类所结成的社会关系",那么它就不属于人化自然界,而属于真正意义上的人类社会。

创建:遵循规律与合乎伦理

人工自然界是人化自然界的核心,也是人类社会生存和发展的基础。因此,创建人工自然界有重要意义。

人工自然界的创建要遵循如下规律:(1)自然规律。例如,人类在运输过程中必须遵循牛顿力学定律,在研制蒸汽机和内燃机的过程中必须遵循热力学定律,在冶炼过程中必须遵循氧化与还原反应规律,在实施基因重组创造新品种的过程中必须遵循脱氧核糖核酸的转录和复制规律等。(2)社会规律。主要包括生产力和生产关系、经济基础和上层建筑、经济核算和劳动心理等规律,以及社会道德规范、经济体制、资金和法律等。(3)自身的规律。例如,在修建水坝,研制内燃机、电磁波接收机和特种合金,建造炼钢炉,采选矿物及人工育种等领域中所要遵守的特殊规律。

遵循规律使人工自然界的创建成为可能,而合乎伦理则能够使其与自然、社会相和谐。创建人工自然界主要依靠工程技术来完成,因此对它的伦理诉求就要求工程技术及其活动符合伦理。为此,需要研究以下伦理问题:(1)特殊性伦理问题。例如,人工授精、体外受精和无性繁殖等生殖技术冲击传统的婚姻、生育、夫妻和代际的伦理;网络技术会产生虚无主义和无政府主义的伦理观,可能对个人隐私、信任与责任构成伦理威胁;污染环境的技术则引发生态伦理、环境伦理等问题。(2)一般性伦理问题。例如,技术是为人类的整体福利和进步服务,还是为了一部分人或集团的私利服务;人类能否减少及如何减少技术的负面价值;技术所追求的最高伦理是什么;技术工作者应遵循的一般道德规范为何;技术伦理与技术立法有何关系;技术伦理与社会道德有何关系等问题。

仅就实践而言,我们可以培养和提高技术发明家、技术使用者(如公众等)和技术观察者(如技术评估和评论家等)的伦理素质;通过对公众开展工程和技术的伦理教育、制定技术发明及其应用规范和准则,建立由公众参与工程和技术评估或评价的机制;通过政府实施工程、技术立法、行政执法,规范工程师和企业的技术行为,畅通公众和企业、政府之间的协商渠道,建立尊重人权和可持续利用资源的企业伦理秩序;通过联合国及其所属各种国际组织,建立旨在解决自然生态危机问题和南北差距问题的国际社会伦理新秩序,构建适合现代技术发展和创建人工自然界的伦理体系,努力使人类创建人工自然界的思维和行为方式尽量合乎伦理规范。

第一章 马克思主义自然观

反思:在理性与合理性之间

认识和解决人类在创建人工自然界,促进人类社会文明发展的过程中所带来的环境危机、人的异化和伦理危机等问题,需要对迄今指导人类认识和行为的、根源于近代主体性哲学和传统人道主义的、具有超情境性和根本性等特点的理性进行反思,并在此基础上用具有情境性、相对性和生活性等特点的合理性弥补其不足,实现人与自然界的和谐与可持续发展。

人类必须清楚自己的自然本质和理性的自然局限,必须意识到"未能预见的作用、未能控制的力量"的存在作用,认识到"我们最普通的生产行为的较远的自然后果"和"我们的生产活动的间接的、比较远的社会方面的影响"。否则,自然就以报复的形式迫使人类反省和调整自己的意识和行为,这也是自然的意识和目的的体现。

自然不仅赋予人类思维和行为的正反馈本领,即创建人工自然界乃至破坏自然界的本领,而且也赋予人类负反馈本领,即反思自己的思维和行为,并调整自己思维行为方式的本领。只是正如自然生成和演化出多样化的其他自然物一样,人类也是多种多样的,人类的意识和能力也是千差万别的,自然给予人类的本领或能力并不意味着人类都能够意识到并将其全面地发挥出来。即使有些天才的哲人或伟人能够做到这一点,能够创造超越他们所处时代的伟大作品,当时的人乃至后人也未必能够理解他们并有效地遵照执行。

但是,人类应该相信自己的智慧和能力,牢记自然赋予自己的使命,不能因为生存和发展的艰难而使自己思想和探索停滞或停止。只要自然允许人类存在,这种思想和探索就会一直持续着。既然人类能够在反思和批判神性的历程中追寻到理性并能够摆脱和超越了神性的束缚,那么,人类就能够在反思和批判理性的历程中追求到合理性并能够摆脱和超越理性的桎梏,并在创建人工自然界的过程中认识和处理理性与合理性的关系,调整自己的思维和行为方式。

就目前整个自然世界而言,理性和合理性对人类都是必要和必须的。关键是人类要自觉地明确其各自存在和支配的条件和界限,在其间保持必要的认识和实践的张力。就人工自然界而言,"通过评价、规范和约束人类的活动,把他们的活动限制在自然生态系统的自我修复的限度以内,以保持自然生态系统的稳定和平衡",实现人工自然界的可持续发展,才是我们所要做的。人类正在反思中觉醒,并从对抗的自发文明向自觉的生态文明迈进。人工自然界将在其中有一个美好的未来。

【思考讨论】

1. 如何理解人化自然界与人工自然界的关系？
2. 如何建构理性的人工自然观？

【案例分析】

本案例集中探讨了人工自然的元理论问题。第一部分梳理了历史文献中的"人工""人工自然""人工自然界""人化自然界"等基础概念，重点阐述了马克思主义对人工自然的理解。第二部分指出了人工自然界的创建应始终遵循三类规律及两种伦理。第三部分指出人工自然界的发展要始终抱有敬畏之心，以自省的态度，认识和处理理性与合理性的关系，实现人与自然界的和谐与可持续发展。

1. 人化自然界与人工自然界曾因概念的模糊而被混淆使用，两者既有深厚的内在联系，又有一定的区别。人工自然界是人化自然界的核心，两者因技术与科学活动的作用领域不同而产生显著区别，但也会在一定条件下相互作用，相互转化。因此，必须引导学生准确理解各个自然界的含义，为进一步开展问题分析奠定基础。

2. 人工自然观是关于改造自然界的总的观点，是以现代科学技术成果为基础，对人工自然界的存在、创造与发展规律及其与天然自然界的关系进行概括与总结，人类必须遵循其发展规律及伦理，以合理性的原则为指导，构建人与自然和谐相处的关系。教师可从历史上的哲思变迁引领学生反思人工自然观。

案例十："两山理论"：人与自然关系的再思考[1][2][3]

【知识点】生态自然观

自改革开放以来，我国经济得到快速发展，人民对物质资料的需求也得到了

---

[1] 丁雅雪."两山"理论的哲学基础及践行路径[J].沈阳农业大学:社会科学版,2019(1):110-113.

[2] 杨莉,刘海燕.习近平"两山理论"的科学内涵及思维能力的分析[J].自然辩证法研究,2019(10):107-111.

[3] 游祖勇.从"卖石头"到"卖风景":浙江余村生动诠释"两山"理念[J].当代县域经济,2020(8):58-65.

很大的满足,但随之而来的还有生态环境的破坏,习近平"两山理论"就是在面对我国愈来愈严重的生态问题亟须解决的背景下提出来的。"两山理论"主要是从人与自然的关系问题出发,寻求我国经济的发展和生态环境的保护协同并进的发展方式,并最终实现"绿水青山就是金山银山"的生态发展理念,为新时代我国生态文明建设提供重要的理论基础。

"两山理论"的形成过程

"两山理论"是在改革开放以来经济发展与生态环境问题矛盾日益凸显的历史背景下逐步形成的,是习近平总书记对我国生态文明建设的进一步丰富和发展。

1997年4月,习近平总书记时任福建省委副书记,在三明市常口村调研时指出:"青山绿水长远看是无价之宝,将来的价值更是无法估量。"强调要牢固树立保护生态环境就是保护生产力、改善生态环境就是发展生产力的理念,将环境质量纳入民生福祉的重要内容。

2005年8月15日,习近平总书记时任浙江省委书记,到浙江省安吉县余村开展视察工作。在调研过程中,村干部介绍了余村的发展之路:通过炸山开矿、办水泥厂,实现了物质财富的丰富,但带来了环境的严重污染和安全事故的频发。后来,村民选择关停了矿山与水泥厂,探索新的绿色发展模式,实现了"景美、户富、人和"。习近平称赞余村人这一选择是"高明之举",肯定了他们的做法,并首次提出了"绿水青山就是金山银山"的科学论断。在余村调研9天后,习近平总书记在《浙江日报》"之江新语"专栏发表的《绿水青山也是金山银山》一文指出:"如果能够把这些生态环境优势转化为生态农业、生态工业、生态旅游等生态经济的优势,那么绿水青山也就变成了金山银山。"

2006年3月,习近平总书记又在"之江新语"专栏撰文,完整地表述了"两山理论"的内容。他总结指出,人们对于绿水青山与金山银山之间关系的认识,经过了三个阶段:第一个阶段是用绿水青山去换金山银山;第二个阶段是既要金山银山,但是也要保住绿水青山;第三个阶段是绿水青山本身就是金山银山。

2013年9月8日,国家主席习近平在哈萨克斯坦纳扎尔巴耶夫大学发表演讲并回答学生提出的问题。在谈到环境保护问题时他指出:"我们既要绿水青山,也要金山银山。宁要绿水青山,不要金山银山,而且绿水青山就是金山银山"。

2015年3月24日,习近平总书记主持召开中央政治局会议,通过了《关于加快推进生态文明建设的意见》,正式把"坚持绿水青山就是金山银山"的理念写进中央文件,成为指导我国加快推进生态文明建设的重要指导思想。

2017年10月,党的十九大报告强调:坚持人与自然和谐共生。建设生态文明是中华民族永续发展的千年大计。必须树立和践行绿水青山就是金山银山的理念,坚持节约资源和保护环境的基本国策,像对待生命一样对待生态环境,统筹山水林田湖草系统治理,实行最严格的生态环境保护制度,形成绿色发展方式和生活方式,坚定走生产发展、生活富裕、生态良好的文明发展道路,建设美丽中国,为人民创造舒适的生产生活环境,为全球生态安全作出贡献。"两山理论"成为新时代中国特色社会主义思想和基本方略中不可或缺的重要内容。

"两山理论"的科学内涵

纵观习近平"两山理论"的提出,其有着科学的理论内涵。

首先,"两山理论"充分体现了人与自然和谐统一的辩证关系。人是自然的一部分,人在生存发展的过程中离不开自然,人类在改造自然的过程中一定要遵循自然规律,使自己的行为符合自然发展规律。习近平总书记提出的"两山理论"中蕴含着人与自然和谐统一的科学内涵。人与自然的和谐相处是确保人类生存发展的重要保障。正如恩格斯在《自然辩证法》中指出:"我们不要过分陶醉于我们人类对自然界的胜利。对于每一次这样的胜利,自然界都对我们进行报复。"人类改造自然的过程,必须要遵循自然的客观规律,不以自身的利益为标准,否则就会受到自然界的惩罚。习近平总书记提出的"两山理论"中"绿水青山"在一定程度上反映的是人类在发展过程中对于生态环境的追求,"金山银山"并不单单指经济成果,而是人类在发展过程中的所有成果。人类在生产发展过程中,既依赖于自然界,又在不断地改造自然界,是一种既相互融合又相互制约的辩证关系。人类在改造自然的过程中必然要遵循自然的发展规律,做到顺应自然、尊重自然、保护自然。

其次,"两山理论"旨在解决经济发展与生态环境保护之间的关系问题。我国自改革开放以来,经济发展一直处于主要位置,一切以经济建设为中心,人民的物质需求也得到了很大的满足,但伴随而来的是一系列的环境问题。"两山理论"反映了经济发展与生态环境保护之间的关系,明确指出我国的经济发展不能以牺牲生态环境为代价。在经济发展的过程中必须要正确处理好经济发展同自然保护的关系,正确认识到保护生态环境就是保护生产力,有了良好的生态环境,我国的经济才能良性发展,人民的生活水平才有保障。过去传统的盲目追求国内生产总值增长的发展观应该加以修正,我们应该倡导绿色发展、循环发展、低碳发展、可持续发展。经济发展与生态环境保护之间不能零和博弈,而是要形成相互发展、相互促进的关系。

最后,"两山理论"集中彰显了以人民为中心的生态价值追求。党的十九大报告明确提出:"中国特色社会主义进入新时代,我国社会主要矛盾已经转化为人民日益增长的美好生活需要和不平衡不充分的发展之间的矛盾。"美好生活不但包含经济、政治、文化、社会等方面的改善,更内在包含了生态环境的改善。因此,"两山理论"就集中彰显了以人民为中心的生态价值追求:一方面,以建设绿水青山为目标,让人民吃无污染的粮食、喝干净的水、呼吸新鲜的空气,还人民大众一片蓝天白云,享受到食品安全、环境优美带来的精神愉悦;另一方面,还要将以"绿水青山"为卖点的自然资源转化为"金山银山"的物质财富,促使人民经济收入的不断增加,为全面实现美好生活奠定坚实基础。

"两山理论"的生动实践

2020年3月30日下午,习近平总书记时隔15年再次来到浙江省湖州市安吉县余村考察,看望余村的乡亲们。15年来,余村深入践行"两山理论",持续推进绿色发展,把美丽乡村变成现实,成为生动诠释"两山理论"的典型样本。

余村属于典型的"八山一水一分田"农村地貌,全村总面积4.86平方公里,山林面积4平方公里,水田面积约0.39平方公里。村民们靠山吃山,从20世纪80年代起,村民利用优质的石灰岩资源,先后开办了石灰窑、砖厂、水泥厂等十几家资源型经济实体,解决了一半以上的村民就业。到了90年代,村里工人月收入就达到八九百元,村民人均年收入超过7 000元,村集体经济年收入保持在200多万元左右,最多时达到300多万元,成为安吉县名副其实的"首富村"。但是,未加节制地发展"石头经济",导致村里整日炮声隆隆、粉尘蔽日、污水横流、垃圾遍地,不少村民还患上了叫"石肺"的呼吸道疾病,深受其害。因此,关停高污染企业,寻求新的发展之路,成为村民的必然选择。

2005年3月,时任村党支部书记鲍新民向村民宣布,全村关闭所有矿山企业,彻底停止"靠山吃山",调整发展模式,还小山村绿水青山。时年8月15日,时任浙江省委书记的习近平来到转型发展过渡期的余村考察,对余村关闭污染环境的矿山、准备恢复生态搞旅游的做法给予充分肯定,他说:"刚才你们讲了,下决心关停一些矿山,这个是高明之举,绿水青山就是金山银山,过去我们讲既要绿水青山,又要金山银山,实际上绿水青山就是金山银山。"他还指导当地发展休闲经济。

村干部在"两山理论"的指导下,认真分析客观形势和自身的资源特点,对村庄发展规划进行重新调整,合理布局了"生态旅游区、美丽宜居区、田园观光区"3

个区块。余村人借力美丽乡村建设、生态文明创建及世行贷款项目,有序推进厂区改造、道路三化、河道整治、污水处理、垃圾分类、农地复垦"六大行动",挤出所剩不多的集体资金,先后投资近2 000万元,拓宽了村道,修复了冷水洞水库,拆除了余村溪边的所有违法建筑,加快旧村改造、基础设施建设和环境提升,村庄面貌焕然一新。从过去的"卖石头"到后来的"卖风景""卖文化",从以前的"石头经济"到如今的"生态经济",从曾经的"靠山吃山"到现在的"养山富山",余村人经过15年的不懈坚持和努力,完成了"破茧成蝶"的完美蜕变,生动地践行了"两山理论"。

截至2019年,全村农村经济总收入2.796亿元,农民人均收入49598元,村集体经济收入521万元。余村从事旅游休闲产业的农户发展到了42家,而从事工业的农户从48家减少到8家。依托毛竹、白茶和林下经济,先后建立了生态农业观光园、竹海景区、荷花山漂流景区,投资入股九龙峡度假村和九龙峡景区。每年到余村观光的游客基本上都在四五十万人次,2019年更是达到100万人次,旅游总收入超过3000万元。余村先后被评为全国文明村、全国美丽宜居示范村、全国民主法治示范村、全国生态示范村、全国乡村治理示范村、国家4A级景区和全国农村优秀学习型村居。

【思考讨论】

1. 从人与自然关系的角度,谈谈如何理解"绿水青山就是金山银山"。
2. 谈谈你所在的专业能在落实"两山理论"中发挥怎样的作用。

【案例分析】

本案例主要讲述了生态文明建设的最新理论成果"绿水青山就是金山银山"的科学论断。案例第一部分,较为全面地回顾了"两山理论"形成的历史进程。第二部分从三个方面分析了"两山理论"的科学内涵。第三部分以余村为例,展现了"两山理论"的生动实践,彰显了其理论价值。

1. "两山理论"的产生既是对经济发展模式的反思,更是对人与自然关系的再思考。单纯追求国内生产总值增长的目标,不仅会带来各类社会问题,更容易造成自然环境的破坏问题。从人类工业化的宏观历史来看,先污染后治理的发展道路带来的危害是沉重的、持久的,为了避免重蹈覆辙,我们必须结合国家、地方实际,贯彻落实新发展理念,深刻理解人类是自然界的一部分,保护自然是人类发展的必然基础。教师可结合中外工业化发展道路的差异,阐明"两山理论"的积极意义。

第一章 马克思主义自然观

2."两山理论"的实质是倡导绿色发展,它既是对地方发展提出的新要求,也是对个人生活的新指引。每一位公民都有责任践行这一理论,要结合自身专业、工作、生活推动绿色环保理念的普及。教师应引导学生通过讨论,涵养并落实绿色环保理念。

第二章 马克思主义科学技术观

马克思主义科学技术观是基于马克思、恩格斯的科学技术思想,对科学技术及其发展规律的概括和总结,是马克思主义关于科学技术的本体论和认识论。

马克思主义科学技术观在总结马克思、恩格斯科学技术思想的历史形成和基本内容上,分析科学技术的本质特征和体系结构,揭示科学技术的发展模式和动力,进而概括科学技术及其发展规律。它是马克思主义关于科学技术的本体论和认识论,是马克思主义科学技术论的重要组成部分。

案例一:人民科学家钱学森的初心使命[①]

【知识点】科学技术的本质与结构/科学技术与社会发展

2019年是人民科学家钱学森同志逝世10周年。在全社会大力弘扬科学家精神之际,从钱学森光辉灿烂的科学人生中,我们可以重温他作为一名优秀共产党员对党和人民无限忠诚的炽热情怀。他的使命担当及其身上体现的党性光芒,为新时期全面加强党的建设,推进国家治理体系和治理能力现代化提供了理论支撑与现实镜鉴。

心怀科学报国梦,决心为党和人民事业奋斗终身

习近平总书记指出:"只有理想信念坚定的人,才能始终不渝、百折不挠,不论风吹雨打,不怕千难万险,坚定不移为实现既定目标而奋斗。"

钱学森堪称信念坚定、为党和人民事业奋斗终身的共产党员的典范。在上海交通大学求学期间,他通过参加党的外围组织及其开展的进步活动,接受科学社会主义思潮的洗礼,引发了自身对中国革命前途问题的关注和思考。

---

① 姜斯宪.人民科学家钱学森的初心使命[N].光明日报,2020-01-09(5).

第二章 马克思主义科学技术观

1935年,钱学森怀着"将最先进的科学技术学到手,为中国人争气,为祖国争光"的远大理想赴美留学。正是因为有这种坚定的爱国情怀、家国梦想作支撑,钱学森硕士毕业后即深感"一名技术科学家对于祖国的帮助远大于一名工程师"。针对振兴祖国航空工业的现实需要,钱学森从航空工程转向航空理论研究。

当得知中华人民共和国即将诞生,他即辞去各种重要职务,毅然决定回国服务。在回国受阻时,钱学森这位在万里之外的海外赤子,孤身一人面对强大的美国反动势力,不仅没有屈服,而且表现出一位中国科学家在美国国家力量打压面前毫不畏惧、有理有节的大气魄、大智慧,充分体现了大义凛然的民族气概和义无反顾的赤子豪情。

1959年11月12日,钱学森正式成为一名中国共产党党员。在他看来,成为一名党员代表着自己真正融入了广大劳动人民。钱学森将一生深深融入了中国共产党人"为中国人民谋幸福,为中华民族谋复兴"的初心和使命之中。

充分发挥社会主义制度优势,开创中国航天伟业

一个国家、一个民族要自立于世界民族之林,既要有坚实的物质基础,又要有强大的精神力量,更要有科学的制度保障。中国特色社会主义最本质的特征是中国共产党领导。中国特色社会主义制度的最大优势是中国共产党领导。

钱学森作为中国航天事业奠基人,在"两弹一星"工程研制过程中,他始终站在世界科技前沿,以自己的卓越智慧和远见卓识,带领新中国第一代航天人自力更生、艰苦创业,攻破了一系列重大技术难关,解决了一大批关键技术难题,在艰苦卓绝的环境中开创了举世瞩目的航天事业;他从战略高度思考、谋划我国科学技术发展特别是国防科技发展的重大问题,提出了许多富有创造性、富有前瞻性的重要学术思想和有重大价值的建议,为我国导弹航天事业发展作出了许多具有里程碑意义的贡献。

在党中央的坚强领导下,广大航天科技人员自力更生、大力协同、尊重科学、严谨务实、献身事业、勇于攀登,铸就了伟大的航天精神。钱学森认为,导弹航天是一项成千上万人的事业,没有党的领导、没有集体的努力是谁也干不成的。他自己只是恰逢其时,回到祖国,做了他该做的工作。1989年,他在致聂荣臻元帅的信中,对"两弹一星"成功经验所体现的社会主义制度优势进行了科学总结。

开创中国航天事业,钱学森肩负着特殊的历史使命,承担着独特的时代角色。他既是规划者,又是实施者;既是事业上的领导,又是技术上的导师。他一方面开创了中国航天实现跨越式发展的"中国模式"和"中国经验";另一方面也

促进了他系统工程思想的形成和发展,为构建系统工程中国学派奠定了坚实基础。

探索国家治理体系和治理能力现代化的理论良方

进入晚年,钱学森从国防科研战线技术领导人岗位上退居二线,但他退而不休、老而弥坚,将主要时间和精力用于思考关乎国家长远发展、长治久安的系统性、前瞻性、战略性重大问题,试图找到科学地建设社会主义的理论和方法,为国家和人民继续贡献自己的光和热。

钱学森以辩证唯物主义认识论为指导,运用博大精深的思想和敏锐的洞察力,广泛吸收现代科学技术各领域的知识,融会贯通、高屋建瓴,构建了从基础学科、技术科学到工程技术三个层次的现代科学技术体系,并将马克思主义哲学置于最高位置作为人类对客观世界认识的最高概括。他在跨学科、跨领域和跨层次的研究中,特别是在不同学科、不同领域的相互交叉、结合与融合的综合集成研究方面,作出了许多开创性的贡献,并将其融入现代科学技术体系总体框架之中。

1979年,钱学森发表《组织管理社会主义建设的技术——社会工程》一文。该文是钱学森将系统工程从工程系统工程上升为社会系统工程、从工程管理上升为国家管理,在认识论和方法论层面的重要成果。这一成果具有鲜明的马克思主义理论特质和中国特色社会主义现实指向,为我国新时期全面深化改革扩大对外开放提供思想助力,与党中央治国理政强调系统思维、统筹规划及全面深化改革强调系统性、整体性、协同性高度契合。

党的十九届四中全会指出,要"尊重知识、尊重人才,加快人才制度和政策创新,支持各类人才为推进国家治理体系和治理能力现代化贡献智慧和力量"。钱学森自改革开放伊始即投入大量时间和精力思考与我国社会主义现代化建设密切相关的重大理论和现实问题。尤其在晚年,他在理论层面对提高国家治理体系和治理能力现代化提出了一系列真知灼见。他提出,研究和创立社会主义现代化建设的科学、领导社会主义现代化建设要讲究决策的科学化、强调社会主义文明的协调发展要加强社会主义政治文明建设、要重视我国社会主义建设的大战略问题等前瞻性观点,直面我国社会主义建设中的重大理论和现实问题。

理想信念是共产党人的"总开关"。我们每一位党员都应自觉学习、宣传和弘扬钱学森作为一名党员的崇高精神品质和人格魅力,用榜样的力量自我感召,在新时代建功立业。高等教育应自觉践行立德树人根本任务,切实贯彻习近平总书记在全国教育大会上所强调的"要在坚定理想信念上下功夫,教育引导学生树立共产主义远大理想和中国特色社会主义共同理想,增强学生的中国特色社会主义道路自信、理论自信、制度自信、文化自信,立志肩负起民族复兴的时代重任"的重要讲话精神,以理想信念塑造挺拔灵魂,努力培养一代代钱学森式具有崇高理想和坚定信念的社会主义建设者和接班人,为办好人民满意的教育不懈奋斗。

【思考讨论】

1. 人民科学家钱学森的事迹体现了马克思主义科学技术观的哪些内容?
2. 马克思主义科学技术观对研究生科研工作有何启示?

【案例分析】

1. 钱学森的事迹体现了马克思主义科学技术观中的对科学技术的理解、科学的分类、科学技术与哲学的关系、科学技术是生产力、科学技术的社会功能、科学技术与社会制度、科学技术与知识人才的关系等相关内容,具有深刻性、哲理性、启发性。

2. 马克思主义科学技术观具有很强的思想政治教育功能价值,有助于培养研究生辩证的思维能力、全面整体的科研眼光、感性与理性相结合的科研原则、面向未来的科研能力、批判的科研态度、创新的科研品格和爱党爱国的科研情怀等。

案例二:释放创造力解决"卡脖子"与"卡脑子"问题[①]

【知识点】科学技术的本质与结构/创新型国家建设

《中国科学院院刊》(以下简称《院刊》):党的十八大以来,习近平总书记在各种场合强调"创新创业创造"的重要性。今年全国"两会",习近平总书记强调,要向改革开放要动力,最大限度释放全社会创新创业创造动能,不断增强我国在世界大变局中的影响力、竞争力。

高福:习近平总书记的讲话,从"双创"(大众创业,万众创新)到"三创"(创

[①] 杨柳春,赵军,刘天星.高福:释放创造力解决"卡脖子"与"卡脑子"问题[J].中国科学院院刊,2019(5):597-602.

新、创业、创造),我认为体现了我们已经从侧重理念的创新、侧重实践的创业,上升到了强调精神的"创造"阶段。"三创"不是个别领域和某一方面的创新创业创造,而是全面创新创业创造,涉及上层建筑与经济基础、生产关系与生产力的全要素、全系统、全方位的改革创新,是涉及伟大民族精神内核的创新重塑。

当前,全球科技竞争不断加剧,科技创新环境日益复杂。世界主要发达国家和新兴经济体围绕创造的竞争已经成为国际竞争的新焦点。这表现为各国纷纷将创新提升为国家战略,围绕科技人才、资金投入、科研产出质量、评价体系和科学文化建设等展开角逐。

然而,受人类认知水平的限制,当前人们对科学的认知在某些领域已经达到了极限。在世界科技竞争大格局中,我们自身不仅遇到了"卡脖子"问题,全人类还共同面临着制约科技发展和社会进步的"卡脑子"问题。通俗地讲,"卡脖子"问题是我们跟世界科技强国相比,遇到的关键核心技术瓶颈;而"卡脑子"问题,则是包括发达国家在内的、需要全人类共同面对的、对颠覆性科技变革的欠缺。中国科技快速发展,也面临"卡脖子"技术甚至"卡脑子"问题,迫切需要提升科技界的创造力,也存在"创造"与"谨慎"的平衡问题,以重构科学生态系统从而恢复谨慎与创造的平衡。

《院刊》:您刚才提到科技界需要平衡"创造"与"谨慎",请问应如何实现两者的良性合理平衡?科技界"必须坚持的谨慎"和"不受约束的创造"又该如何区分呢?

高福:这首先要从理解"创造"与"谨慎"的内涵开始。"创造"意味着漫长而艰难的探索,常常是"从0到1"的突破,过程往往不是一帆风顺的,结果其实往往是难以预料的。过去我们在科技发展过程中之所以会遇到很多"卡脖子"问题,往往是这个问题没有搞清楚。人们常常热衷于"1+N"的技术应用和提升,用技术集成回避关键技术问题的研发创造,有时候更是回避这些"卡脖子"技术问题背后的科学问题,不敢"碰硬"。现在看来,没有"从0到1"的突破是不行的,没有关键技术的突破是不行的。颠覆性的创造常常是对现有规范或者秩序的一种破坏性挑战,会让人感到不舒服,甚至还有危险。

至于"谨慎",我们常常说的"创新"一词的定义是"有使用价值的创造",这里的"有使用价值"其实说的就是"谨慎"。谨慎是必需的,因为能保证对事物的实用性,但也会令人因循守旧,甚至让人坚决反对一切可能带来损失和伤害的事情。例如,转基因等遗传学领域的一些进展被贴上"生物风险标签",汽车的发明在引发人类社会交通方式变革的同时加剧了空气污染。同样,科技界"创造"的步伐可能受到"谨慎"因素的阻力。诺贝尔经济学奖获得者罗伯特·索洛曾经说过,在发达国家,科技进步是刺激经济发展最好的也是唯一的因素。而这则导致了一个问题的发生:进行下游应用研究的人往往会比最初的研究者得到更多的利益和回报,研究经费对科学基础研究的投入往往变得更加"谨慎",进而导致了源头"创造力"的不足。

在理解了"创造"与"谨慎"的内涵以后,我来回答第二个问题。科技界"必须坚持的谨慎"往往是跟伦理有关的谨慎,科学研究也可能造成巨大伤害。比如最近备受科学共同体抵制的"基因编辑婴儿"事件,便是对谨慎的科学伦理底线的突破,因此,科学研究接受约束是必要的。"不受约束的创造"是相对于谨慎而言的,科学创造需要减少甚至消除没有必要的约束,才能实现最大的创造力。

这两端都不可偏废,我们必须巧妙地加以调节,限制或废除那些阻碍创造力而不是那些可以减少伤害或抑制破坏的规则和规定。而要实现两者的平衡,一方面,科研主管部门要适度运用监管的"大棒",秉承"创造优先"的原则,让科学家能够自主选择研究的问题及其解决方法,最大限度地发挥创造力;另一方面,科学界与社会公众开展对话交流,开放并公开那些触及伦理范畴的研究工作,这样会提高政府和社会公众对科研可能触犯"安全最优化"和"做好事"戒律的容忍度。

《院刊》:这些限制创造力的规则和规定,可否理解为科技体制机制的问题?当前科技体制机制中主要有哪些限制创造力发挥的文化或规则?在新的形势下应该如何有效破局?

高福:科技体制机制是个老生常谈的话题,同时也是一个复杂的问题,我举几个例子可能更容易让大家加深对这一问题的理解。例如,科研评价体系中的官本位思想,使得科研项目的管理被按照行政思维来对待,在时间节点、科研产出成果上做硬性要求,没有完全尊重科学的本身规律;科研经费管理部门的分散、多头管理,对科研缺乏稳定持续支持,造成了科研经费投入使用效率不高,科研人员难坐"冷板凳";各类"人才帽子"与后续支持和投入资源挂钩过于紧密,使得追名逐利风气日盛,进而造成新的不公。这些都使得人们开始认真思考现行科技体制机制的科学性,促使大家思考那些限制创造力发挥的规则和规定,即实现科技体制机制的平衡和正向激励作用。

要实现这种平衡和正向激励,首先需要科技界有更加开放和合作的文化,包括公开讨论、辩论甚至是质疑,让科学家自由地交流阐述科学思想,这非常有利于创造力的提升。其次,要鼓励新的科研模式,比如"众包"、加强合作、交叉研究,打破科学界的等级制和学科的孤立性。另外,全社会包括大学科研机构把科学家当作社会的重要财富的同时,要跟上大科学时代的节奏,不断完善相应的机制。

对科技体制机制改革,有四个措施非常迫切:一是要采取切实有效的措施给科研人员减负以鼓励创造,过于严格的规定和行政程序减少了科学家本可以花在研究新颖科学解决方案上的时间,对于极少数不遵守规则触犯底线的人可以采取零容忍甚至一票否决的方式来保证必要的谨慎。二是在科学研究的产出上,社会期待或考核的目标也许可以适当调整一下,不应该是短期内社会生产力和利益的最大化,而应该是基于长期效果和目标的最优化。三是努力创造能够让科学家获得稳定科研资助的现代科学生态系统,让科学家能够追逐其自由解决科学问题的梦想。科技界只有理顺这些有碍科学创造的体制机制和科研管理体系,才有可能重建科学系统以实现全部创造的潜力。四是打通创新创业创造链接的关节,疏通创新创业创造的链条。今天的基础研究,往往与应用研究甚至产品都是"零距离",习近平总书记强调,要最大限度释放全社会创新创业创造动能。这其中最关键的是实现链条通融中发挥至关重要作用的人才。习近平总书记强调,人才是第一资源。如何利用好这个资源,是我们要深入研究、认真落实的关键。这里就是要有宏观政策策略,有具体的落地"文件",让创新创造的人才有机会、有动力去创业。对于科学家的想法与成果,不要去限制他们的"所有权",真正允许他们去拥有创业的所得,保护好知识产权,不要担心"资产流失",这是重中之重。

《院刊》:政府、社会、科研机构、科学家个体等不同主体在科学的"创造"和"谨慎"方面各自扮演了什么样的角色?如何形成一个更好的互动机制来重塑科学释放创新潜能?

高福:政府、社会、科研机构及科学家个人就要在促进颠覆性创造中共同发挥作用。这包括广泛地提供和挖掘经费资源,建立透明的优先资助规则,以及为真正有天赋的科学家从事颠覆性研究提供充分空间,科学家获得认可或荣誉后重新出发的"清零"思想等,因为获得了足够声誉并有相当影响力的科学家往往容易故步自封,不愿去"创造"新思想、开拓新领域。还要聚焦社会最为关切的研究问题,从总体上营造出一种既鼓励自由探索,又高度包容科研失败的良好环境。

另外,我在这里提出一个"4C理念"来帮助大家更好地理解这种互动机制。"4C",即 Competition(竞争意识)、Cooperation(合作意识)、Communication(沟通意识)和 Coordination(协调意识)。社会要发展,科技要进步,就是要最大限度地发挥个体能动性,也就是要有竞争意识;然而,个体的争夺不休又会对科技进步产生阻碍,这就要求要有合作意识;当竞争和合作同时存在,就必然少不了

第二章 马克思主义科学技术观

沟通的帮忙;而如果双方的沟通不能调和,那第三方的协调就变得十分有必要。

《院刊》:如何培育我国科技界勇于创造而不是过于谨慎甚至墨守成规的科学文化氛围?科技界如何进一步释放创造力,从而强有力地支撑世界科技强国建设的宏伟目标?

高福:文化的变革从来不是简单的事情,更不可能一蹴而就,科学文化氛围的培育更是如此。众所周知,"冷战"期间人类第一颗人造近地卫星——苏联"斯普特尼克"的成功发射,激发了美国人的"爱国热情",为美国政府在科研上加大投入和后来成功实现"阿波罗登月计划"点燃了"创造力"的火花。在这一点上,中国知识分子历来怀抱着深厚的家国情怀,怀揣赤子报国之心。2019年是中华人民共和国成立70周年和中国科学院建院70周年。70年来,我们党带领老一辈科技工作者从"饿着肚子"搞出"两弹一星",到召开被誉为"科学的春天"的全国科学大会,吹响向科学技术现代化进军的号角,我国的科技创新能力和产业技术水平不断提高。特别是党的十八大以来,我国大力实施创新驱动发展战略,"天宫"、中微子振荡、"墨子号"等重大科技成果捷报频传,创新型国家建设成果丰硕。

可以说,中华人民共和国成立70多年来,我们已经形成了不怕吃苦、不甘落后、勇于创新的良好科学文化氛围。然而,对标新时代,我们也应清醒地看到,在科技创新支撑经济社会发展取得显著成效的同时,我们与世界科技强国的要求相比确实还存在很大差距,敢于"创造"的科学文化氛围仍然需要不断培育、不断完善。

首先,要有强大的定力和自信,在科技创新战略上坚持独立自主,兼容并蓄,广泛扩大开放合作交流,探索出适合自身发展的道路。这就要求创新不能一味模仿,更不能跟在一些西方科技强国的后面仅仅做些查漏补缺的工作。要增强科学理性,抢抓发展机遇,不断强化战略导向和目标引导,强化科技创新体系能力,加快构筑支撑高端引领的先发优势,加强对关系根本和全局的科学问题的研究部署,在关键领域、"卡脖子"的地方下大功夫,力争实现我国整体科技水平从"追跑、跟跑"向"并跑、领跑"的战略性转变。科学兴则国家强,自主创新能力强,国家发展就有后劲。我们必须从战略高度深刻理解创新是引领发展的第一动力,同时清醒地认识到自己的差距,补短板、强弱项,谦虚谨慎,认真学习,把创新、创造的认识深入人心,释放创新、创造新活力。科研人员在思考自己科学研究方向时必须头脑清醒、冷静,牢记目标导向、需求导向、问题导向。

其次,要培育鼓励原始创新的文化和土壤,重构科学创新生态系统。若要在重要科技领域成为领跑者、在新兴前沿交叉领域成为开拓者、取得标志性科技成就，我们就必须瞄准世界科技前沿，追求卓越科学，持续加强原始创新能力。基础研究是整个科学体系的源头，是所有技术问题的总机关。例如，通过加强顶层设计和注重统筹协调，把握好基础研究这个关乎源头创新能力和国际科技竞争力的创新之源，促进我国基础研究实现高质量发展；以关键共性技术、前沿引领技术、现代工程技术、颠覆性技术创新为突破口，努力实现关键核心技术自主可控；以前瞻性基础研究、引领性原创成果重大突破，夯实世界科技强国建设的根基。同时，要有支持原始创新的文化和土壤，理解科学是具有偶然性的过程，理解重大科学发现往往是不能提前规划和设计未来的客观现实，进而建立容错机制，建立宽松的创新文化环境，构建有利于原始创新的科研诚信体系。

最后，要根治严重影响科技创新的顽疾和瓶颈，建立与之相适应的体制机制。当前，科技体制改革进入全面深化期，要激发科技创新活力、解决"卡脖子"难题，就必须在市场机制、合作机制、激励机制、人才培养机制等方面狠下功夫，力促科技与经济紧密结合，倡导面向国家需求的新型创新合作机制，完善科技人员激励培养机制，推动《中华人民共和国科学技术进步法》等法律的修订，从管理等体制机制上切实为科研松绑。这种对创造的鼓励可以从不同层面来发起。例如，政府部门可以发起大项目来支持倡导，也可以通过科学界的内部调整来逐步实现。我们要对提升创造力产生共识，虽然目前这种共识可能仅仅在某些学科初露曙光，在大多数学科还没有形成，而这恰恰意味着，创造与谨慎的平衡在各个领域被接受的程度和难度是不一样的，科学文化氛围的培育需要循序渐进。

纵观历史，科学的创新从来没有像今天这样深刻影响着国家前途命运，也从来没有像今天这样深刻影响着人民生活福祉。创新与创造也早已不分彼此，共同成为社会进步的代名词。我相信，只要我们坚持以习近平新时代中国特色社会主义思想为指导，认真贯彻落实党中央加强新时代科技创新的战略部署，充分自信，保持理性，稳中求进，摆脱惯性，紧盯建成创新型国家和世界科技强国的目标，重构科学研究"谨慎与创造"的平衡链条，我们的科技创新就能不被任何力量打断，中华民族的科技强国梦也一定会实现！

【思考讨论】

1. 结合专业实际分析解决"卡脖子"技术问题与国家创新体系建设的关系。
2. 谈谈你对建设科技强国的看法。

【案例分析】

1. 从学生的专业领域分析所存在的"卡脖子"技术问题，寻找产生这些问题的深刻根源,充分理解新时代国家创新体系建设的作用与意义,引领重大关键领域的颠覆性技术突破与创新,加快建设科技强国。

2. 要点有:研判科技创新态势、把握时代科技脉搏;掌握关键核心技术、提升自主创新能力;突破体制机制藩篱、推动科技创新发展;加强科技人才培养、激发创新主体活力等。

案例三:科幻小说《流浪地球》[①②]

【知识点】科学技术的本质与结构

科幻小说是对未来科技的文学描述,既是当代科技发展的特定产物,又是对未来科技的大胆想象,具有其独特的科学和想象魅力。刘慈欣的小说《流浪地球》就是科幻小说的重要代表作品。

科幻小说是特定科技时代的产物。科幻小说是基于现存实践对未来的一种认识成果,它有其内在的实践逻辑,具有鲜明的时代性和现实性。在科幻小说《流浪地球》中,我们可以看到被广泛应用普及的全息技术,学生通过手腕上的全息显示器展示自己的家庭作业,人们可以在家中看全息星空和全息森林。科技的发展为认识和改造世界提供了新的维度,同样科学认识反作用于科学实践,即科幻小说为构建新的世界图式提供了思想动力,现存实践为其提供根基,两者相辅相成。科幻小说具有丰富的科学意识,是现实性和非现实性的统一。科幻小说具有非现实性,它包含对世界末日的构想,对科学真理的崇拜,以及对科技成就的想象,这也就为科学知识的普及增加了文学性。科幻小说通常将人类置身于世界末日之际,相信科技的力量能够让人类实现自救。《流浪地球》的故事就是构建在太阳老年期,人类依靠科技的力量,带着地球去寻找新的生存机会。地球的流浪计划并非是毫无科学基础的幻想,它蕴含了丰富的科学真理。《流浪地球》中地球能够搬离的动力是基于当地球靠近木星时,依靠引力弹弓效应和洛希极限原理,可以刚好借助木星的力量,产生逃离太阳系的速度。基于人类已经实现氢弹聚变释放能量的现实,小说中是将重核元素聚变并实现可控可利用,为地球流浪计划提供动力。

---

① 刘慈欣. 流浪地球[M]. 武汉:长江文艺出版社,2008:11.
② 吴岩,方晓庆. 刘慈欣与新古典主义科幻小说[J]. 湖南科技学院学报,2006,27(2):36-39.

科幻小说展现了对人与自然关系的反思,《流浪地球》开头就展现了有一部分人没有见过星星,只有白昼和夏天,无法体验四季的更替。太阳、星星、月亮,这些自然存在于我们身边的东西,在未来或将消失。人们再见到下雨,感受地球黑夜与白昼的更替都将变成一种奢侈;科幻小说展现了对人与社会道德关系的反思,科技发展应以社会道德为准绳,尊重社会的秩序,科技应该理性应用于社会生活之中,为社会服务。《流浪地球》中描述飞船派与地球派的政治斗争,飞船派利用核能电池将地球派的领袖残忍处死,这就是人类对科技的非理性应用。科幻小说还蕴含了大量的科技伦理问题,如科技战争问题、克隆人的人权问题、拥有自我意识的机器人的生存权问题等;科幻小说展现了对人与人关系的反思。科幻小说将人类情感注入科技理性之中,展现了科技的人文主义情怀。《流浪地球》中人们在生死危机的面前,对人与人之间的情感不屑一顾,无法体会爱情带来的温暖,婚姻已经发生了本质变化,即夫妻之间关系的纽带不再是爱,人与人的关系变得冷漠。科技的发展要以人为本,将感性情感与理性科技相结合,赋予了科技浓厚的人文价值。

科幻小说能够弘扬科学精神,而科学精神是求实的。在探寻科学真理的过程中,要求我们坚持实事求是的原则,尊重事物的客观规律,摒除主观偏见,敢于质疑权威,认真践行科技实践活动。科幻小说能够普及科学知识和方法。科学知识是人类实践经验积累的成果,是具有客观性的认识。科幻小说能够变革科学思想,科技的迅速发展可能引发严重的社会问题。科幻小说中对科技的反思,对传统道德规范和社会秩序发起挑战,有利于促进建立新的道德范式,完善科学体系。科幻小说能够引发对科技本质回归的思考。科幻小说对科技文化的批判,是为了彰显科技价值理性的意义,将工具理性规定在合理的范畴之中,防止工具理性的滥用,是科技文化实现了两者的融合。

【思考讨论】

1. 基于以上材料,如何看待科学与技术的关系?

2. 根据马克思、恩格斯关于科学本质特征的论述,说明《流浪地球》中体现了哪些科学本质特征?

3. 怎样认识技术发展的动力?

【案例分析】

在早期漫长的人类文明史进程中,科学与技术处于彼此相对独立的状态发展,这种状况在第一次技术革命前后发生改变,科学与技术开始彼此靠拢,相互促进,逐步融合。马克思、恩格斯不仅敏锐地关注到这种变化,而且深入考察了科学与技术的相互作用关系。"技术在很大程度上依赖于科学状况,那么,科学则在更大得多的程度上依赖于技术的状况和需要。"

马克思、恩格斯认为,科学在本质上体现了"人对自然界的理论关系",是一般生产力。第一,关于科学的内涵方面,马克思提出科学是"真正实证的科学",是"真正的知识"。第二,关于科学的基础方面,马克思认为,感性是一切科学的基础。"科学只有从感性意识和感性需要这两种形式的感性出发,因而,只有从自然界出发,才是现实的科学"。第三,关于科学的社会作用,马克思认为,科学是"一种在历史上起推动作用的、革命的力量"。科学具有实践属性,是属于精神生产领域的活动。马克思明确指出,"生产力中也包括科学","生产过程成了科学的应用,而科学反过来成了生产过程的因素即所谓职能"。第四,在社会属性上,科学是一种特殊的社会意识形式。科学是对客观世界的反映,但它和资本结合起来,就成为资本家统治的工具而"迫使反叛的工人就范"。第五,科学具有双刃剑作用,它一方面推动了社会的发展,另一方面又成为一种控制人的力量。"随着人类愈益控制自然,个人却似乎愈益成为别人的奴隶或自身的卑劣行为的奴隶。甚至科学的纯洁光辉仿佛也只能在愚昧无知的黑暗背景上闪耀。我们的一切发现和进步,似乎结果是使物质力量成为有智慧的生命,而人的生命则化为愚钝的物质力量。"

案例四:近代中国科学主义思潮的历史嬗变[①][②]

【知识点】科学技术的本质与结构/科学技术运行的人文引导

在中国近代思想史上,科学作为实现救国理想的重要手段,一直受到近代爱国人士的重视,作为一种科学主义中国思潮经历了器物形态、制度形态和社会意识形态的演变和发展。1840年,鸦片战争的爆发,标志着近代史的开端,也标志着近代中国从主权独立的封建社会开始向半殖民地半封建社会转变。中国的有识之士和先进知识分子在抵抗外侮、挽救民族危亡的实践中,开眼看世界,渐渐地形成了"师夷长技以制夷"的观念。

---

① 李曼莉.近代中国科学主义思潮的历史嬗变与评述[J].长白学刊,2020(4):127-132
② 段治文.近代科学主义思潮对马克思主义传播及中国化的影响[J].嘉兴学院学报,2018,30(4):68-73

▶▶▶ **自然辩证法新时代教学案例**

魏源撰写的《海国图志》介绍了西方先进的军事装备，如船炮、地雷、水雷等，以 2/3 以上的篇幅介绍了世界各国的地理、历史、政治、经济、科学、文化及宗教、民俗等方面的情况。正是在向西方学习的过程中，"科学主义以粗糙的形式在中国逐渐站稳了脚跟"。而这个时期的"科学"就是"长技"，是指具体的"坚船利炮"等器物层面的技术。之后，晚清政府洋务派代表李鸿章、左宗棠等人以设备引进为主开始大办工业，由此推动了中国近代工业的发展。

洋务运动时期，在洋务派的推动下，中国近代工业产业不仅为晚清政府生产制造军事上的"坚船利炮"，而且逐渐向"民用器技"领域渗透，从而推动了政府和民间宣传研究"器技"的高潮，也为西方"坚船利炮"等器物层面的技术传入奠定了基础，甚至一些基础性的"科学知识"已经开始传入。从 19 世纪中期开始，京师同文馆、江南制造局、翻译局等译书机构翻译和出版了一大批数学、理学、化学、农学、医学等图书。这些译著对人们系统地了解近代各门学科的基础原理起到了重要作用。这些科学知识的传入，推动了先进分子对科学的认知，促进了先进分子"科学意识"的初步觉醒，逐渐摆脱了"器技"的束缚，逐步转向了"学理"的深层次探究，抛却"器技"层面向"制度"层面的转化已经在"学理"上初步成型。甲午一战宣告洋务运动破产的同时，为"科学"向更深层次转向奠定了基础。这从另一个侧面说明用洋务派的"器技"科学观来指导中国的实践，并不能达到"求强""求富"的目的。

19 世纪末 20 世纪初的维新思潮中，科学主义思潮开始萌芽。1907 年，吴稚晖和李石曾在巴黎创办《新世纪周刊》公开倡导"科学公理"。在这之前，严复的科学主义思想主要体现在《天演论》中。严复用达尔文的物竞天择、适者生存的生物进化论范式来论证中国社会救亡图存、自强保种的思路和观念。康有为的科学主义思想则体现在《实理公法全书》中，该书大量论述了"几何公理"。他在《总论人类门》中谈到人都有自主的权利，乃"几何公理所出之法，与人各分原质以为人，及各具一魂之实理全合，最有益于人道"。这里的"几何公理"，指的就是"科学公理"。在康有为看来"几何公理"是客观世界与主观世界、科学技术与人文心理的唯一评判标准。只要是符合"几何公理"都是正确的。如果说康有为是从方法论的运用上肇始了科学主义，严复则是从内容上奠定了科学主义的基础。因此"正是严复和康有为早在近代科学刚刚在中国产生之初，即已肇始了唯科学主义"。以严复和康有为为代表的先进知识分子在这一时期的关注点由"器技"转向了深层次的科学意识方面。维新变法虽很快失败，思想传播却越来越猛烈，同时也使开明的知识分子重新认识到，中国要真正实现救亡图存、富国强兵，就必须做到毫不妥协地改变中国旧文化，推翻封建专制统治。而此时，先进的知识

第二章 马克思主义科学技术观

分子所需要的恰恰就是能够唤醒大部分国人的"科学意识"。

辛亥革命的胜利是20世纪中国第一次历史性巨变,是中国人民为改变自己命运而奋起革命的一个伟大里程碑。它使得中国人在思想上得到一次大的解放,鼓舞和激励着中国先进知识分子为探寻救国救民的科学真理和道路而奋斗。然而,辛亥革命的硕果很快被北洋军阀的首领袁世凯所窃取,新生的资产阶级共和国只存在了几个月即告夭亡。袁世凯窃取政权之后,随即实施了一系列倒行逆施的活动:暗杀资产阶级革命派代表宋教仁,镇压了孙中山领导的"二次革命",为实行独裁统治解散了国民党。1915至1917年,袁世凯与张勋又罔顾历史发展规律与民意,以"尊孔保教"为他们复辟帝制的闹剧做宣传。袁世凯死后,军阀混战,天下一片混乱,使得一度兴起的资产阶级新思想面临夭折的窘境,在封建军阀的专制统治下,中国在半殖民地半封建社会的深渊中越陷越深了。在中国人民遭受的苦难进一步加深的同时,中国社会也在经历着深刻的变动。辛亥革命之后,中国的民族资本主义有了新的发展,与此同时,工人阶级与民族资产阶级也随之壮大起来。毛泽东曾经提出:"由于那个时期新的社会力量的生长和发展,使中国反帝反封建的资产阶级民主革命出现一个壮大了的阵营,这就是中国的工人阶级、学生群众和新兴的民族资产阶级所组成的阵营。"

1923年发生的"科玄论战"将科学主义推崇到了"无上尊严"的地步。"科玄论战"首先发轫于科学与人生观的探讨,随后又涉及社会文化的其他领域。当"科学派"主张传统儒学应被科学所替代时,"玄学派"捍卫传统文化大旗,拼死抵抗。"科玄论战"从本质上讲是新文化运动中新学内部的两种科学观的争论。这不是简单的科学与反科学的争论,其争论的焦点在于科学能不能决定人生观,能不能决定生命之意志。对于科学在当时的"无上至尊"地位,胡适认为:"近三十年来,有一个名词在国内几乎做到了无上尊严的地位,无论懂与不懂的人,无论守旧和维新的人,都不敢公然对它表示轻视或戏侮的态度,那个名词就是'科学'。"胡适将科学的地位抬得很高,已经是"无上尊严"和"万能的"。而"科学主义"也逐渐成为了一种普遍的信仰,一种普遍的"社会意识",一种绝对真理,一种评判、裁定一切学说的基本准则,并提供了对宇宙人生普遍有效的解释。至此,科学从器物形态、制度形态向价值(社会意识)形态的不断演进,经历了一个克服与保留、回归与超越的螺旋式上升、递进式演进的逻辑路向。从自发走向自觉,终于在五四新文化运动的前后时期,逐步被提升为一种主义,并开始多方面地渗入社会文化的知识学术、生活世界、社会领域等各个方面,并在相当程度上,已经演化为一种价值信仰体系。在"科玄论战"中,科学主义取得了较为成熟的理论形态,并在中国近代成为一种引人注目的时代思潮。

▶▶▶ 自然辩证法新时代教学案例

【扩展材料】"反科学主义"对中国现代化的危害[①]

"科学主义"(Scientism)一词最早出现于 1877 年。科学主义思潮的兴起是科学技术的发展及其应用的必然结果。科学通过技术所释放出来的自然力,充分展示了它的外在价值。人们开始认识到,科学比上帝更能解决自己的问题。他们对科学寄予厚望,并开始用科学观念来审视人自身及宇宙,从而逐渐创立了一种崭新的机械世界图景。应该承认,此时的科学主义所倡导的仍是一种科学意识、科学精神,反科学主义批判的也不是这种"科学主义"。

但随着科学技术的发展,特别是进入 20 世纪后,科学技术的应用所带来的负面效应、科学文化霸权的确立,以及科学理性对人文关怀的疏远,使得在西方社会兴起了一股反科学主义的思潮。他们认为现代社会的种种"疾病"正是科学主义、技术主义和工业主义等流行和统治的结果。反科学主义者从自己的学术主张出发,界定了各种不同表现形式的科学主义。著名的《韦伯斯特新国际英语词典》曾将科学主义定义为"认为自然科学方法应该用于一切研究领域(包括哲学、人文科学、社会科学)的主张","相信只有自然科学的方法方能有效地用来追求知识的信念"。显然这种界定已与科学主义的原意相去甚远,含有明显的贬义。当然,对当代"科学主义"概念的界定不仅限于此,它随着反科学主义者所持的基本观点和立场的不同而有所侧重,概括起来,主要体现出以下三点:主张科学范围无疆、科学方法万能、科学知识独尊。

反科学主义者认为,从近代自然科学中所提炼出来的机械的、还原的、分析的世界图景及其方法,一旦成为人们行动的准则,就必然会造成科学理性和技术理性对人类社会的全面统治,从而造成现代社会对人文关怀的疏远,使人产生异化。胡塞尔曾指出:"科学危机的直接后果是整个自然科学迷失了方向,从事于科学技术活动并享受其成果的现代欧洲人迷失了方向,不再清楚科学对于人生已经意味着什么,能意味着什么。现代人让自己的整个世界观受实证科学支配并迷惑于实证科学所造就的'繁荣'。只见事实的科学造成了只见事实的人。"胡塞尔的批评为欧洲人文主义对科学主义的批判定下了基调。他的学生海德格尔和马尔库塞都循着这条道路从不同的侧面对科学主义所造成的人文失落展开猛烈的批判。海德格尔指出,处于技术威胁中的现代人,失去了自己的本质,离开了存在的乐园,远离了真理的境域,处于"无限的"无家可归的状态。现代技术为

[①] 陈俊."反科学主义"对中国现代化的危害[J].科学技术与辩证法,2003,20(4):7-10.

第二章 马克思主义科学技术观

人提供了阳光充足、方便舒适的住房,而人仍然可能无家可归。马尔库塞则指出,工具理性在政治生活、思想、文化、语言等领域的统治,使现代工业社会压制了人们内心中的否定性、批判性、超越性的向度,使这个社会成为单向度的社会,而生活于其中的人成了单向度的人,这种人丧失了自由和创造力,不再想象或追求与现实生活不同的另一种生活。

从对西方反科学主义的分析中,我们不难发现:反科学主义者反对的是以科学技术理性为核心的文化模式、思想模式和社会模式在现代社会的统治。他们的注意力并不在于阻止核试验或生物工程的研究,而在于关注科学与技术在社会和文化中的地位、活动方式或作用方式,关注科学技术理性与人文精神的关系。他们大多数表现出对社会进步和人类命运的忧虑,是站在弘扬人文精神的立场上来反对科学主义的。

【思考讨论】

1. 如何看待科学主义和反科学主义?
2. 科学主义和人文主义两种去向的争议是什么?
3. 根据中国科学主义思潮的历史嬗变,讨论为什么要反对科学主义而不反对科学?

【案例分析】

科学主义与反科学主义。科学主义试图用科学的标准来衡量、裁决人类的认识和生活,把一切与科学不相符合的人类认识与价值信仰看作没有多少价值的或错误的,把科学技术看成解决人类一切问题的工具。这是科技乐观论和科技万能论的集中体现,应该反思批判。这种对科学主义的反思批判被称为反科学主义。不要由反科学主义走向反科学。20世纪下半叶出现在西方学术界的"反科学思潮",就是"反科学主义"的极端体现,表现在激进的后现代主义、"强纲领"科学知识社会学、极端的环境主义者等的相关论述中。这些观点的中心含义是:科学知识是社会建构的,与自然无关,是科学共同体内部成员之间相互谈判和妥协的结果;科学与真理无关,所有知识体系在认识论上与现代科学同样有效,应当给予非正统的"认知形式"与科学同样的地位;科学是一个与其他文化形态一样的、没有特殊优先地位的东西;西方科学的出现与西方男性统治、种族主义和帝国主义有着紧密的联系,西方科学发展了西方霸权的工具,并导致了非西方的衰落,等等。对于这些观点,应该辩证分析,加以扬弃;如果不加批判地接受,会走向科学技术悲观论甚至反科学论,不利于科学技术的发展和应用。

案例五：马克思生态思想的理论渊源[①]

【知识点】马克思恩格斯的科学技术思想

步入近代社会，随着工业革命的不断发展，人类的自然观念发生了根本转变，借助于日新月异的科学技术，对自然进行无节制和掠夺式的开发与利用，在控制和征服自然的道路上愈行愈远。正是在这样的时代背景下，马克思目睹了人与自然关系的持续恶化，在思考和借鉴人类历史上的自然观，批判和继承黑格尔和费尔巴哈的自然观，充分吸收近代自然科学的成果之后，逐步构建了以自然、经济和社会三大要素为主题的生态思想，为我国在新时代语境下建设社会主义生态文明提供了理论基础与实践指引。

人类自然观演进的历史透察

1. 原始神话自然观

在早期原始文明阶段，由于气候突变和动物侵袭等生存危机的客观存在，人类面临极其严酷的自然环境，却只能通过采集和渔猎等技巧维持生命的生存与延续，在与自然的斗争中处于极端孱弱的地位。人类感觉自己处于各种自然力量的包围之中，开始崇拜异己的自然力量，无法充分认识自然却又高度依赖于自然。可以说，土地的肥沃程度、地理环境的优劣等自然条件直接影响着人类的生存方式、生活质量和社会关系。正如马克思、恩格斯所言："自然界起初是作为一种完全异己的、有无限威力的和不可制服的力量与人们对立的。"在这种严重的物质匮乏和恶劣的自然条件下，早期人类不能对自然灾害和气候突变现象做出合理解释，这种缺乏科学知识对各种自然力量产生的敬畏与恐惧心理，促进了原始神话自然观的产生。

2. 古代朴素自然观

经过漫长的岁月，人类对自然界的认知能力和改造手段发生了一次历史性转折，开始从自然界的奴仆地位中解放出来，运用理性的力量探索自然的奥秘，这促进了古代朴素自然观的产生。古希腊哲学家围绕世界本原对人与自然关系

[①] 刘歆,杜朔宁,苏百义.马克思的生态思想及其当代价值[J].山东农业大学学报(社会科学版),2021(2):179-185.

第二章 马克思主义科学技术观

进行思考,逐步建构起有机整体自然观的思想轨迹,其目的在于从纷繁复杂的自然界中探寻一个统一的物质载体。例如泰勒斯的"万物源于水"、斯多葛学派的"火是世界的原动力"、阿那克西米尼的"万物由气构成"、阿那克西曼德的"万物本源是'无定'"、毕达哥拉斯的"数是万物的本质"、恩培多克勒的"四根说"、德谟克利特的"原子论"及柏拉图的"理念论"。恩格斯阐明:"在希腊人那里——正是因为他们还没有进步到自然界的肢解、分析——自然界还被当作整体、从总体上来进行观察。自然现象的总的联系还没有从细节上加以证明,这种联系对希腊人来说是直观的结果。"在这一历史时期,人类仍然被动地和消极地适应自然与依赖自然。

3. 中世纪宗教神学自然观

在神学阴影笼罩下的黑暗中世纪,基督教思想在人们的思想领域中长期占据统治地位,严重束缚着自然科学的进一步发展,导致社会生产力停滞不前。它在继承古希腊哲学"天人相分"的二元论思想的基础上,形成了精神高于物质、灵魂高于肉体、人类高于万物的宗教神学自然观。作为极端人类中心主义的肇始,这种自然观主张全知全能的上帝创造了人与自然,而人类则秉承上帝的意志成为上帝模式的翻版和自然万物的主宰者。例如,奥古斯丁认为,作为宇宙的统治者和自然的支配者,上帝至高无上、无所不知、无所不能,在虚无之中创生出世间万物,其精神与意志决定了自然界产生、存在和发展的必然性,并将这种必然性称为"上帝的永恒的意旨"。恩格斯认为:"承认这样一种必然性,我们还是没有摆脱神学的自然观。"阿奎那指出,上帝是万物之源,派生出自然万物,并将统治万物的权柄交给了人类,使其成为"宇宙之精华、自然之主宰、万物之尊长";人类在认识宇宙万物的过程中不断抽象出它们的普遍性,其本质目的在于认识上帝。

4. 近代机械自然观

随着文艺复兴运动的蓬勃兴起和近代自然科学的充分发展,"人文主义"和"科学理性"的狂涛巨浪冲破了中世纪封建秩序的"枷锁"和宗教神学观的"桎梏",使人们明白上帝只是一个虚设的和空灵的抽象存在,否定了人只能充当上帝的手段和工具的地位,导致宗教神学观走向解体,近代机械自然观开始形成。培根从唯物主义的立场出发,铸造了人与自然二元对立的机械自然观,指出"人是自然界的仆役和解释者"。在培根的视域下,人类应该依靠技艺的进步来支配自然和管束万物,企图通过新工具——归纳方法来称霸自然与占有万物。康德在尊重人的生命价值、彰显人的主体意识的基础上,提出"人是目的,而不仅仅是手段"的哲学命题,向人类发出了"人是自然界的最高立法者"的豪言壮语。恩格斯指出，近代机械自然观在打破宗教神学自然观"藩篱"的同时，又导致人们运用形而上学的思维方式把人与自然关系归纳为单纯的主客体关系，导致极端人类中心主义思想的泛滥和"主客二元对立"思维方式的蔓延，为后来人与自然关系的恶化和生态危机的持续扩大埋下了伏笔。

对黑格尔和费尔巴哈自然观的批判性继承

1. 对黑格尔自然观的批判性继承

在黑格尔的哲学视野中，作为一种先于自然界和人类社会永恒存在的精神实体，"绝对精神"具有终极性的基本特征，是宇宙万物存在的本原、真正的始基和内在的本质；作为"绝对精神"外化的表现形式，自然界的真正本质和发展目标在于精神，是这种外化的抽象思维所设定的外在性存在。马克思指出，虽然黑格尔提出了"人与自然和解"的哲学命题，但"绝对精神"在其哲学体系中被置于绝对核心的地位，导致自然与精神的关系被彻底颠倒了。

马克思在批判黑格尔思辨唯心主义自然观的基础上，又充分借鉴和吸收了其自然观的合理成分。一方面，黑格尔认为，"自然界自在地是一个活生生的整体"，是一个辩证发展的整体。这个有机整体不是外在力量的强制作用，而是在自己的内在本质——辩证概念的指引下向更高级的阶段实现转化和发展，量的积累和质的变化涵盖了自然演化的全部过程。但黑格尔关于自然界演化的论述过分凸显了理念和精神的力量与作用，因而这是建立在客观唯心主义基础上的。另一方面，黑格尔指出，要运用辩证法实现对自然的考察。探索自然要扬弃主观的抽象性和外在自然的片面性，将理论方法和实践方法紧密联系起来，将认识自然和改造自然有机结合起来，这样自然界才不再是外在的、异己的和彼岸的自然界，而成为人的自然界，真正实现人与自然、主体与客体、思维与存在的圆融统一。

2. 对费尔巴哈自然观的批判性继承

在费尔巴哈的哲学视野中，感官无法感知的"自在之物"在自然界之外没有存在的可能性；自然界是整个人类社会得以产生、存在和发展的首要前提，人是自然界演化到一定历史阶段的产物。马克思指出，费尔巴哈虽然紧紧把握住自然界和人，严厉批判黑格尔的"理性神秘论"和宗教神学的自然观，捍卫了自然观的唯物主义基础，但其自然观在本质上是一种旧唯物主义，具有直观性、机械性和形而上学性的致命缺陷。

首先，费尔巴哈的人本学唯物主义自然观具有直观性。在费尔巴哈看来，现实的自然界仅仅是人类社会赖以生存和发展的物质基础,他没有充分认识到现实的自然界是在社会、历史、工业活动的中介下产生的,经过人类实践活动改造、打上人类意志烙印、铭刻人类活动足迹的自然界。其次,这种自然观消极看待人类与自然的互动关系,没有体悟和分析人类对自然界的能动创造作用,具有片面性、狭隘性和不科学性的显著特征。费尔巴哈着重强调人对自然界的依赖性和自然界对人类社会的本原性,但他忽视了人对自然界的主体能动性和自由创造性。最后,这种自然观把自然界"悬搁"于社会历史之外,忽视了自然演化的社会历史维度,没有从社会历史视角出发审视人与自然的辩证关系,最终造成自然与社会历史的分离与割裂。

近代自然科学成果的充分吸收

1. 对达尔文进化论思想的合理继承

在达尔文看来,任何物种都经历由低级向高级、由简单到复杂的演变过程,而且每一物种都被纳入到一个错综复杂、不断变化的关系网之中,一切生命的职责在于实现人与自然的协同共进。马克思曾阐明:"达尔文的《自然选择》一书……为我们的观点提供了自然史的基础。"概括来说,"适者生存"的进化论学说为马克思的生态思想提供了丰富滋养和厚实支撑。

2. 对李比希"归还学说"的积极思考

在李比希看来,绿色植物在充分汲取土壤和大气中营养物质的基础上,通过光合作用合成有机物,为自身和生物圈的其他生物提供丰富的优质养料,而细菌和真菌等微生物将动植物残体中的有机物分解成无机物回归自然。但资本主义农业生产方式违背了养分归还原则,并以实现利润最大化为最终目的,采用机械化、化学化、设施化的技术手段占有自然,破坏了土地的持久肥力,造成农业面源污染、土壤酸化板结、生物多样性减少等极其严重的生态问题,导致人与自然的新陈代谢出现了"一个无法弥补的裂缝"。马克思指出:"李比希的不朽功绩之一,是从自然科学的观点出发阐明了现代农业的消极方面。"

3. 对海克尔生态学思想的充分借鉴

在海克尔看来,基于自然经济学的视角,生态学是在自然历史范畴之内、对自然界的生存斗争关系进行系统剖析的知识体系。马克思认为,海克尔在很大程度上是从直观上展开对自然和自然历史的考察,并没有以人的生产活动为逻辑起点把握自然及其历史。恩格斯指出:"通过海克尔,自然选择的观念扩大了,物种变异被看作适应和遗传相互作用的结果。"

【思考讨论】

1. 导致人类不同时期的自然观变迁的原因是什么？
2. 马克思生态思想的三大来源有何内在联系？

【案例分析】

本案例分三部分介绍了马克思生态思想的理论渊源：第一部分主要对人类自然观演进开展了历史透察，梳理了马克思生态思想出现之前的各种自然观；第二部分简要介绍了黑格尔和费尔巴哈的自然观，指出马克思生态思想是对两者的批判性继承；第三部分指出马克思生态思想是在充分吸收近代自然科学的部分成果基础上形成的。

1. 任何不同历史时期自然观的形成总是跟人类自身的需要、社会制度的变迁、科学技术的发展相关联，与自然科学的发展相一致，随着人与自然关系认知的变化而不断调整其价值理念与核心内容。教师要引导学生从社会与自然相融合的视角，辩证分析自然观的变迁。

2. 人类不同历史时期的自然观透察，既为马克思生态思想的产生提供了理论借鉴，更是揭示了深刻的历史背景，时代呼唤新理论的出场，以解决人与自然日益冲突的危机。黑格尔和费尔巴哈的自然观为马克思生态思想提供了坚实的哲学支撑，在批判和继承两者的基础上形成了辩证唯物主义的自然观。近代自然科学的成就为马克思生态思想的形成提供了厚实的科学滋养，强化了理论的科学性。

案例六：科学对待"元宇宙"[①]

【知识点】科学技术的本质与结构

2021年，是"元宇宙"概念爆火的一年，从科技界大咖到投资界高手，都在构建并追逐这一虚拟未来的设想。随着技术的快速迭代与资本的疯狂炒作，大众也在这狂热的氛围中，开始审视这一后互联网时代的新概念，并希望能抓住这一新风口，实现财富的疯涨。那么，"元宇宙"是什么呢？我们又该如何理解这一概

---

① 范周.科学对待"元宇宙"[N].社会科学报，2021-12-02(6).

念的本质、运行及存在的风险呢？

科幻小说《雪崩》描绘出虚拟世界画面，构建了一个叫作"Metaverse"（"超元域"）的虚拟世界，人们可以通过虚拟替身在其中生活、工作、娱乐和社交。这是"元宇宙"最早的概念。

"元宇宙"构建出的数字化虚拟空间是在数字技术成熟发展基础上呈现的新社会生活图景，以满足人们在现实中难以获得的感知体验需求。"元宇宙"的提出发展源于现实世界的变化莫测，更深深依托数字技术的集成发展。"元宇宙"的发展中既有机遇的叠加，也有泡沫的风险。对"元宇宙"要秉持客观的态度，科学地对待。

现实世界变化莫测激发"元宇宙"无限可能

地球的生命周期几何，宇宙的生命周期几何，我们不得而知。将这些都置于历史的长河之中，庞贝古城的灾难只是一瞬间，五千多年的中华文明也是沧海一粟。聚焦当下，周边的一切正在悄无声息地发生变化。也正是这些生活方式、生存方式的变化，激发出"元宇宙"的无限可能。

2020年，一场猝不及防的新冠肺炎疫情席卷全球，给人类社会生活带来前所未有的冲击。疫情打乱了人们的正常生活秩序，使得人们的生活、交往方式发生改变。与此同时，疫情也让人们开始思考人类生存问题。面对全球气候变暖、自然资源日渐减少、自然灾害及病毒威胁等诸多不可抗因素，人类正在付出巨大努力来愈合这些伤口。

新一代信息技术为经济复苏注入可持续的创新动力，也成为人类保护自身的重要手段。一方面，疫情的影响让新一代信息技术的应用日渐广泛，云视听、云演艺、云旅游各种新模式层出不穷，线上办公、线上学习成为常态。《中国互联网络发展统计报告》显示，截至2021年6月，我国网民规模达10.11亿，网络视频（含短视频）用户规模达9.44亿，占整体网民的93.4%，各种互联网应用正在改变着人们的生活习惯。另一方面，医疗、生物、通信、人工智能等领域关键技术的突破与应用，也为人类应对来自自然和社会、国内和国际的各种挑战提供了重要支撑。

"元宇宙"的实现需要重大技术突破

在第四次工业革命——数字技术革命的浪潮下，物联网、区块链、大数据、云计算、人工智能等技术正在成为各行各业的底层逻辑。

各种单一技术在经历了长时间的发展后逐渐完善,形成愈发集中应用的趋势。例如,当前 VR 游戏沉浸感的实现依赖于立体显示技术、交互技术、场景建模技术的共同支持,以及 5G 带来的低延时高码率、空间定位技术实现的精准定位等都是不可或缺的因素。

清华大学新媒体研究中心发布的《2020—2021 元宇宙发展研究报告》中提到:"'元宇宙'是对系统新型技术的统摄性产品化想象,可统合诸多新兴技术,将其导向可落地的产品形态。"关于"元宇宙"的争论恰恰印证了过去单一技术竞争的时代即将终止,"集成技术群"的竞争态势正在开启。"元宇宙"将网络及运算技术、电子游戏技术、物联网技术、区块链技术、人工智能技术、交互技术等集成在一起,成为连接未来虚拟空间与现实空间的技术载体。

从未来发展趋势来看,集成技术还有无限的组合可能。但从当下"元宇宙"的发展来看,许多单一技术的发展和应用还不成熟,诸如区块链等诸多技术还处于起步期。过去,我国 4G 基站网络建设从开始到相对成熟历经 6 到 7 年时间;当前,我国 5G 基站建设不断推进,但 5G 技术进一步的研发试验,以及边缘计算、芯片模组、仪器仪表等技术产品的成熟依旧还需要一定的探索期。因此,对集成技术的发展应保持冷静客观的态度。

"元宇宙"的实现还需要包括显示、声音、输入、触觉等在内的十几个领域的重大技术突破,或许需要十年,甚至更久。从过往的经历来看,人类所经历的四次工业革命间隔的时间不断变短,带来的改变愈加巨大,下一次的变革是否会是"元宇宙"的到来,我们不得而知。

打破物理空间的藩篱

当前,"元宇宙"在技术突破和应用的领域重点集中在游戏领域,不论是科幻小说《雪崩》中的"Metaverse",还是影片《头号玩家》中的"Oasis"、《失控玩家》中的"Free City",都以游戏作为故事的背景,作为"元宇宙"的载体。作为当下最接近"元宇宙"的场景,游戏也有着本身的价值逻辑。

最早的游戏源于军事模拟战场,人们在沙盘上制作战场模型,用人物模型扮演交战双方,进行军事战斗推演,后来逐渐运用到军事训练之中,并且随着社会的发展和科技的成熟,渐渐演变成了我们今天的娱乐项目。人们在现实生活当中偶尔会郁闷、压抑,也会有很多的想法,都可以通过游戏加以发泄和实现。这也不难解释中国 EDG 夺冠为何能够吸引众多年轻人的目光,引发全网沸腾。

"元宇宙"概念所囊括的不止游戏,我们的工作、生活、社交等相关的各类场景都将迎来巨大改变。在教育领域,各种技术的集成作用使得教学或许不再需要现实的物理空间,尽管学生和老师分处各地,也可以在一个场景中实现教学互动。在医疗领域,医生或许可以在"元宇宙"中实现远程操控手术。在娱乐领域,人们或许可以通过虚拟替身到达另一个地方。"元宇宙"的到来将打破物理空间的藩篱,正如马克·扎克伯格所说:"我们不是从旁观看,而是置身于网络之中。"

"万物皆可'元宇宙'"的混乱局面不断显现

"元宇宙"所描绘的图景大抵是我们的现实生活与数字世界完美融合,生活场景的边界愈加模糊,甚至不再存在,人们的生活方式与社会形态将发生极大改变,迎来"比物理生活更有价值的数字生活时刻"。

疫情常态化的背景下,伴随人们的生活与工作重心向互联网转移,"元宇宙"概念恰好迎合了人们对互联网的依赖及对未来的美好幻想,顺势成为当下最火热的概念。随着越来越多的行业巨头纷纷介入"元宇宙"领域,有关"元宇宙"的声音越来越大。

要引起警觉的是,对于资本市场的竞逐,特别是部分企业对"元宇宙"表现出的巨大兴趣和带有煽动性的很多观点要引起注意,避免市场盲从跟风。当前,资本市场和部分企业的盲目跟风也导致"万物皆可'元宇宙'"的混乱局面不断显现。在人与科技的互动被资本和别有用心的人们放大之后,"元宇宙"概念开始引发争议,我们所要做的就是对此保持警惕,做好应战,有机遇不能错过,有危机也不能陷入。

"元宇宙"作为新生事物,引发着社会的广泛关注。一方面,它代表着现代数字科技集成下新业态的发展趋势,将来必将大有可为。另一方面,由于集成技术有待进一步发展,对于"元宇宙"这一概念没必要盲从,也不必炒作得神乎其神。毕竟任何事物的发展都要遵循客观规律,待到集成技术成熟之时,"元宇宙"也将随即到来。

【思考讨论】

1. 以"元宇宙"为代表的虚拟世界交互是社会发展的必然趋势吗?
2. 如何认识虚拟交互技术背后的风险?

【案例分析】

本案例从四个部分对"元宇宙"概念进行了解析。第一部分是"元宇宙"出现的时代背景及技术储备;第二部分强调现有的技术仍不足以支撑"元宇宙"的深度开展,需要进一步突破、集成;第三部分阐明了"元宇宙"技术现有运用的领域,展望了其未来应用的可能场景;第四部分提醒人类对该新兴技术的应用需要保持审慎的态度。

1.随着人类对现实空间的探索不断拓展与深入,现实空间交往的成本也在不断上升,虚拟交往的出现是互联网时代的必然要求,它既能降低人类交往的成本,更能大大提升工作的效率、革新产业的发展、满足个体对生活的想象,使得有限生命中的体验得以尽可能地最大化。教师可结合学生日常中的虚拟生活交互,引导学生正确认识以人为中心的"社会化"虚拟空间的意义。

2.虚拟交互带来各类机遇的同时,围绕技术应用、产业发展、虚拟资产、身心健康、知识产权等要素,有可能出现伦理制约、法律冲突、资本操纵、垄断发展、沉迷游戏、产权争议等各类潜在风险。教师可组织学生讨论其可能存在的风险及应对措施。

案例七:歼20换装中国"心"[①]

【知识点】科学发展的动力及模式

中央广播电视总台记者探访研制中国"心"技术的实验室,专访了全国政协委员、中国航空制造技术研究院院长李志强。

航空发动机是求不来的 只能靠我们自己造

"因为航空发动机是飞机的心脏,是要不来、求不来的。如果是引进,我们的发展就受制于别人的发动机的性能。发动机的发展可以促进飞机的发展。我们要发展自己的军用飞机,航空发动机就必须要做强,而且要自主保障。"李志强解释,这个"自主保障"指的是我们已经具备了从设计到制造、试验,再到试飞,全部的研发能力和生产能力。

为了这项核心技术,李志强从20世纪90年代开始,就带领科研人员研究先进航空发动机制造技术,目前已获得广泛应用。据李志强介绍,这个如巨大厂房一样的实验室是专门用来研究航空零部件的制造技术的。在这里主要研发的技

---

① 中国航空新闻网.歼20为什么要换"心"? 换装中国"心"意味着什么?[EB/OL].[2022-03-09].http://www.cannews.com.cn/2022/0309/339606.shtml.

第二章 马克思主义科学技术观

术,就是钛合金的热成型和超塑成型技术,这项技术和这种材料在我们的飞机和发动机中使用得非常广泛。

技术在这里研究成功后,再转移到相应的企业,由企业去生产飞机或发动机的零部件,歼20战机用到的很多技术就是在这里诞生的。

在这里,即便是一个极小的构件,都要经历成百上千次的实验。制造航空发动机是一项极其复杂精密的技术。面对这项"卡脖子"的技术,中国航空人信念坚定,不畏征途险阻,终于突破难关,铸造出飞机的中国"心"。

李志强说,这意味着我们国家已经具备了解决航空发动机非常复杂问题的能力。"30年前,从武器装备的先进制造技术角度来讲,我们跟发达国家的水平相比确实望尘莫及,他们干什么,我们就去学习他们。现在,我们不用看任何人到底是怎么做的,我们自己想怎么做,我们就把这个想法付诸实践。"

他还说:"我有一个体会,只要功夫下到了,没有我们干不成的事,这既是历史经验的总结,也是我们信心的表现。"

经历无数次失败 但信念从未动摇

航空发动机是高速高温旋转的机械部件,它的动力来源于叶片。叶片把空气吸进来、推出去,高温、震动环境、大载荷等要素对叶片的外形精度和材料疲劳耐久性的要求极为苛刻。

李志强回忆,科研人员曾经用了整整6年时间研发制造叶片,但在第一次的测试实验上,60秒后就宣告失败。"一分多钟就疲劳失效了,这个叶片断裂了……期望的是几十小时,结果一分钟就断了。"

失败带来了巨大的打击和压力。但失败过后,他们重整旗鼓一遍遍寻找问题,解决问题,重新实验。国家的需要,是他们坚定的信念。

李志强说:"我们有能力把这个原因分析清楚,我们一定会成功。过去几十年的经验告诉我,我们是具备这个能力的。国家需求驱使着我们去,这对我们的激励作用是非常大的,也是对我们科研目标的牵引。"

始终把国家的需要当成自己的科研目标

如今,已经在这个岗位上奋斗了30多年的李志强,又确立了更远大的目标。他说:"未来我们的目标是要用先进的制造技术,保障武器装备的研发水平和能力,支撑我们建成世界一流军队。"

【思考讨论】

1. 李志强院长30多年来科研工作的实践给你哪些启示?

2.科研成功最重要的因素是什么?你认为还有哪些因素?

3.始终把国家的需要当成自己的科研目标,请谈谈你对这个问题的理解?

【案例分析】

本案例可用于"马克思、恩格斯科学技术思想的基本内容"与"科学发展的动力及模式"的部分课程内容。任何技术,最早都源于人类的需要。正是为了生存发展,人类开始模仿自然,进而进行创造,发明了各种技术。习近平总书记强调:"人民的需要和呼唤,是科技进步和创新的时代声音。"

案例八:四种科学发展模式之比较[①]

【知识点】科学的发展动力与模式

科学发展模式是关于科学发展的规律性、内在机制和基本特征的概括和描述。自近代以来,许多科学哲学家提出了自己的科学发展模式,从一个侧面反映了科学发展观的时代特征。

逻辑实证主义的线性累积式发展模式

从培根到逻辑实证主义的科学发展观是关于科学发展的传统观点,曾统治科学界和哲学界数百年之久。他们按照归纳主义观点来说明科学知识增长的特征,认为经验事实是科学的基础,科学研究是通过归纳程序去发现和上升为最一般原理的过程。科学发展的过程如下:感觉经验—归纳—假说—(观察、实验)—科学理论。在此过程中,各种科学成果一旦获得经验证实或认可,便将作为真理的一部分而进入科学的范畴,通过这种科学真理成分的不断累积,科学认识将逐渐深化,科学事业也会不断发展,从而最终达到客观真理的全体和本质。

逻辑实证主义的科学发展观,为我们勾勒了一幅累积式的科学发展图景,虽然它从一个侧面看到了科学不断进步的总趋势,但却狭隘地只看到了科学发展过程中科学知识量上的递进和累积,忽视了科学中的革命,没有看到科学发展过程中质的变化和飞跃。究其根本原因,在于逻辑实证主义没有将对科学理论结构的分析置于历史和现实的科学活动之中,而仅仅局限在静态的认识层面上。20世纪50年代以来,逻辑实证主义的直线累积式的科学发展模式受到了许多科学家和科学哲学家的批判,之后又提出了新的科学发展模式,其中最具有代表

[①] 郭贵春.自然辩证法概论[M].北京:高等教育出版社,2019:106-108.

性的是波普尔的否证式发展模式、库恩的科学革命发展模式及拉卡托斯的科学研究纲领模式。

波普尔的否证式发展模式

1963年,英国著名科学哲学家波普尔在《猜想与反驳——科学知识的增长》一书中突破归纳主义的累积模式,提出了一个富有批判精神的猜测、反驳、再猜测、再反驳的科学发展的理论。他强调指出:"科学知识的增长不是观察的结果,而是不断推翻一种科学理论,由另一种更好的更使人满意的理论取而代之。"波普尔把科学发展看作一个永无止境的、不断前进的过程,认为科学的发展是从大胆地怀疑开始,然后提出问题,再通过证伪和反驳,实现不断革命的过程。所以,他的科学发展模式也可以叫作"不断革命"的模式。其模式可以用公式 P1(问题1)→TT(试探性理论)→EE(批判检验,排除错误)→P2(新问题)……表示。这一模式表明,当面对新的问题时,可以通过提出试探性理论去解决问题,再进一步对试探性理论进行检验,检验不是通过证实,而是通过证伪力求找出理论的弱点,驳倒理论。如果理论没有被驳倒,则可成立,被接受;如果被证伪了,就又出现新的问题。这一过程循环反复,科学就不断进步。

波普尔否证式的科学发展模式勾画了一幅科学知识在矛盾斗争中发展的图景,反映了20世纪科学革命中知识增长的动态特征。他指出:不应当把科学的历史看作理论的历史,而应当看作问题的处境,以及不断地试图通过解决问题改进这一处境的历史。再有,他主张在科学探索中要大胆猜测,反对狭隘的经验论。他把试探性的理论(TT)作为科学发展模式的第二个环节,认为要想试探性地解决问题就必须要进行大胆的猜测,这种猜测既不应受理论的束缚,也不应受感觉经验的制约。最后,他强调科学的革命精神和批判精神,认为科学只有在不断批判、不断否定中才能前进。

库恩的科学革命发展模式

库恩是西方科学哲学中历史主义的重要代表人物,在其著作《科学革命的结构》中以历史的方法,从动态角度考察科学发展的规律和机制,提出了科学革命的发展模式。其科学发展模式可以表示为:前科学——种范式规范的常规科学—反常与危机—旧范式转化为新范式的科学革命—新常规科学。这一模式是库恩用历史的方法,从动态的角度考察科学发展的机制和规律所提出的。在这里,库恩用"范式"来说明科学理论的发展。所谓范式是指科学家集团的共同信念、共同传统、共同理论框架,以及理论模式、基本方法等。

前科学阶段是指科学发展中尚未形成"范式"的原始科学阶段,这一阶段从事同类学科研究的科学工作者对共同研究的问题基本观点很不一致,即没有形成该学科的范式。常规科学阶段是指形成了公认的"范式",学科相对成熟、渐进发展的阶段。反常阶段是出现了与现有范式相矛盾的客观对象,是指科学家发现了范式预期之外的新事物、新现象、新情况。当反常现象大量出现,成为常规科学无法解决的难题时,科学发展便进入了人们开始怀疑范式、责怪范式的危机阶段,这一阶段孕育着理论和范式的重大变革,孕育着科学革命。科学革命是冲破旧理论、创立新理论,是新范式取代旧范式的质变、飞跃的过程。这个过程中,各种新理论大量涌现,新理论之间进行着激烈的争论,新理论与旧范式之间也进行着斗争,最终使科学发展进入新的常规科学发展阶段。科学发展就是常规科学和科学革命不断交替、循环往复的过程。

库恩的科学发展模式是在克服了累积式和否证式两种模式片面性的基础上,综合了二者的合理因素,所提出的常规科学和科学革命的相互交替、新旧范式不断更替的一种新模式。该模式在一定程度上反映了科学发展历史过程中实际存在的量变(常规科学)和质变(科学革命)、肯定和否定的辩证关系,从理论形态上表达了科学家们朴素的科学革命观。不仅如此,库恩的范式理论还提出了一种新的科学观,即科学不是停留在已有的知识体系上,而是不断探索新知识,放弃旧范式、旧理论,接受新范式、新理论的创造性活动。库恩从科学史的研究中看到,科学作为一种社会事业,其发展必然受到科学内部因素和外部因素相互作用的制约,因此他不仅把范式看作认识论上的知识体系,而且还把它看作知识的社会形式、科学共同体的信念和行为规范。范式不仅要依靠它本身的科学性,而且还要依靠心理学的、社会学的条件——科学共同体对范式的信念及社会政治条件、经济条件和文化因素等。

拉卡托斯的"科学研究纲领"科学发展模式

拉卡托斯的"科学研究纲领"的思想是对库恩的"范式"思想的改造和发展,他既体现了科学发展过程中的质变,也体现了量的变化,即科学发展的连续性和革命性的统一。

拉卡托斯的"科学研究纲领"科学发展模式包括硬核、保护带两个部分和正、反启发法两条规则。研究纲领的硬核,即研究纲领所依据的基本假定,是一个纲领区别于另一个纲领的本质特征。研究纲领的保护带,即围绕硬核所形成的众多辅助性假设。纲领的反面启发法,即禁止把反驳的矛头指向硬核的方法论规则。可以把指向硬核的反驳的矛头改为指向保护带,通过调整、改善,甚至更换保护带而保护硬核。纲领的正面启发法,则是关于如何改变、发展、研究纲领,以及如何修改、完善保护带的指导方针。他还认为,有了他的科学研究纲领方法论,就有了抛弃和承认一个纲领的合理标准。

拉卡托斯"科学研究纲领"的模式既吸收了库恩的合理观点以克服波普尔的

错误,又吸收了波普尔的合理思想以克服库恩的片面性。他不仅认为科学研究纲领有一个发生和发展的过程,而且还肯定了科学研究纲领之间更替具有先后的连续性和继承性,这样便很好地体现了科学发展中量的进化和质的飞跃。同时,他通过把科学理论看成由彼此相互联系的硬核、保护带和启示法组成的具有内在结构的整体,来说明科学理论具有一定的坚韧性,即在遇到经验反驳的时候,科学理论是可以根据修改与调整保护带和背景知识的方式来免于被淘汰的。

拉卡托斯"科学研究纲领"模式的不足之处在于他过分强调了对"硬核"的保护。虽然他认为科学家对科学理论应该有批判精神,但却只应对科学理论的保护带进行批判,而对硬核要不惜任何代价加以保护,这一点反映了他在认识上的局限性。从拉卡托斯的模式来看,他对观察和实验在科学发展中的作用是比较轻视的,这就使得他对科学发展的机制不能做出深刻的回答。

【思考讨论】

1. 波普尔否证式的科学发展模式是否存在局限性?你认为其局限性会有哪些?
2. 仔细阅读库恩的科学发展模式,分析其模式的缺陷性。
3. 通过对四种科学发展模式的对比,谈谈你对科学进步问题的认识。

【案例分析】

1. 证伪主义从一个新的角度强调了科学的革命,而且是科学的不断革命,它用一幅阶跃式的科学发展图画来取代科学平静累积的进化图像,确实给人以耳目一新之感。但这一理论否认科学知识的继承和积累,否认科学发展包含着两边渐进的过程,用间断出现的对传统理论的证伪来代替科学发展的全貌,具有片面性。

2. 库恩的范式理论只承认知识的相对性,否认科学的客观真理性,陷入了相对主义和主观主义。另外,在库恩的理论中新旧范式之间是不相容和不可调和的,即新旧范式之间是不可通约的。这样一来就否认了科学发展的前后连续性和继承性,这是明显不符合科学史实际的。

3. 逻辑实证主义按照证实原则建立了科学发展的线性积累模式,认为知识的增长是不断归纳的结果,科学的发展就是通过归纳获得的科学知识的不断增加。以波普尔为代表的证伪主义者认为,科学的发展就是否定旧的,创造新的。历史主义者库恩提出了一个具有综合性质的科学发展模式,认为科学发展是以"范式"转换为枢纽、知识积累与创新相互更迭、具有动态结构的历史过程。拉卡托斯的"科学研究纲领"科学发展模式包括硬核、保护带两个部分和正、反启发法两条规则。对这些观点同学们应该用马克思主义理论进行分析评价。

案例九：古代工程师职业[①]

【知识点】技术领域的职业属性

"工程师"这个词是现代才出现的还是古代文言就有？

古代叫"百工"，工程师是英文翻译的，古代没这个称呼。

百工，司空事官之属……司空掌营城郭、建都邑、立社稷宗庙、造宫室车服器械。西周铜器令彝、伊簋铭文及《尚书·康诰》都有百工一词，意指从事各种手工业的工奴，有的兼指管理工奴的工官。春秋战国时，工商食官的格局已渐打破，出现了私人手工业者，故《论语·子张》中有"百工居肆，以成其事"，表明百工已成手工业者的通称。

魏晋南北朝时期出现了被严格控制在官府手工业作坊中劳动的专业匠户。他们具有专门技能，主要从事金、石、竹、漆、土、木和纺织等行业。

西汉官府手工业作坊中的劳动者主要是奴婢和刑徒。汉末军阀混战，城市手工业被破坏，手工业者流移，劳动力缺乏。政府为了满足统治者对手工业品的需求和官府工程的完成，积极恢复官府作坊（时称作场），努力加强对工匠的控制，使之固着在其专业上。魏晋南朝时期的官府作坊中，除继续保留部分奴婢和刑徒等劳动者外，更多的是强迫征发或俘虏来的匠户，这些匠户被称为"百工"。他们有自己的家庭，有独立的户籍。但是，其身份低于一般平民而与士卒相等，不能自由被人雇用，不能自由出售自己的产品，而且这种卑贱身份和所承担的义务是世袭的。他们是由政府直接控制的农奴化的手工业者。北朝时，百工以伎作户的名称继续为官府作坊所控制，其来源除部分是原百工家庭的后代外，部分是由农民中搜寻漏户充当的。一经派作伎作户后，便被强迫固着在所服役的专业上，不准转业。

南北朝中期开始，百工长期服役的制度逐步为番役制度所代替。工匠除每年上番时在官府作坊劳动外，还保留了为自己劳动的部分时间。按照北周工匠六番的规定，每年上番的时间是两个月。隋末唐初，又逐渐允许工匠纳资代役。随着工匠服役制度的改变，魏晋和南北朝中期以前的百工、伎作户，也逐渐成为

[①] KAISER W, KOENIG W. 工程师史：一种延续六千年的职业[M]. 顾士渊, 孙玉华, 胡春春, 等译. 北京：高等教育出版社, 2018.

第二章 马克思主义科学技术观

"番役工匠"及以后的"和雇匠"。

宋元明清时期,工匠被官府雇佣的性质和个人兴趣结合。如著名的宋朝怀丙和尚捞铁牛,他的贡献是在当时简陋的条件下从河里捞起沉重的铁铸造的牛,铁牛是用来固定浮桥的,而这座浮桥又是当时河中府的交通要道。铁牛无法捞起,这浮桥就无法造成。所以,怀丙和尚解决了一个关键的难题,造福了当地百姓。机械技术的进步促进了学术研究。王徵于1627年编译和出版了《远西奇器图说录最》,介绍了西方机械工程的概况。来自西方的自鸣钟表和水铳等也在一定范围内得到流传。1634—1637年,明朝的宋应星编著和出版了《天工开物》,记录了许多先进的工艺技术和科学创见。它反映出当时的农业和手工业的生产技术水平,记载了不少有关机械制造和产品性能的情况,内容涉及泥型铸釜、失蜡法铸造及铸钱等铸造技术,还记述了千钧锚和软硬绣花针的制造方法、提花机和其他纺织机械及车船等各种交通工具的性能和规格等。《天工开物》被称为中国17世纪的工艺百科全书。这一时期天文和计时仪器发展迅速。北宋苏颂和韩公廉等制成的木构水运仪象台,能用多种形式表现天体时空的运行,代表了当时机械制造的高度水平,是当时世界上先进的天文钟。元代的滚柱轴承也属当时世界上先进的机械装置。明初的造船业已有很大进展。郑和下西洋的船队是当时世界上最大的船队。明代活塞风箱是宋元木风扇的进一步发展,风箱靠活塞推动和空气压力自动启闭活门,成为金属冶铸的有效的鼓风设备。清乾隆年间宫廷造办处曾制造大更钟,它依靠悬锤的重力驱动,并增添了精确的报更机构,加工精致,富有中国民族特色。明清两朝中国钟表工匠创制了不少新奇的钟表。当时的广州、苏州、南京、扬州等,成为有名的制造钟表的城市。直到洋务运动后,工程师一词进入中国。

西方公元前4000—公元前600年为西方古代早期文明时期。这一时期并没有关于工程师或技术员的相关称谓,功绩都归功于国王,有鲜明的阶级特征,没有个人的意识,但能掌握这些技术的人通常都是有地位的人。因为时代久远,遗留的资料很少。

这段时期最为显著的工程项目,大抵是城市建设类。其中水利建设尤其重要,但没有更多的历史资料提供技术细节。建筑、船舶、军事等技术也开始有较为系统的开展。

公元前600—公元500年为西方的古典时期,宗教开始显得重要,而与此同时,技术活动也在文学作品中有所描述,比如《荷马史诗》和《伊利亚特》,这说明工程师开始成为一个独立的个体了。同时,亚里士多德和柏拉图也开始对工程师和工匠间做出差异比较,这个跟现代的意思一致:工程师能够理解实际和原理,而不仅仅是经验知识。包括应用的力学思想、初步实践的机械自动化,亚里士多德和阿基米德的贡献。突出其他学科方面也都稳步前进,工程难度加大,阿波罗神庙是典型代表。军事战争中的武器开始有更大的杀伤力,比如新用的石弩,攻城战趋于技术决定胜利。工程师的日常生活和发明轶事也开始有所流传,但尚无统一的思维模式。

公元 500—1750 年为中世纪和近代早期,这是工程师不确定的职业生涯时期。从这个时期开始,工程师职业开始形成。漫长黑暗的中世纪,很多技术和学术知识失传,知识的积累更加缓慢。数学在中世纪几乎都没有任何的进展,但机械的应用开始多样起来,永动机的概念出现。军事武器方面的发展与欧洲对外扩张有关,城防和军械也逐渐分离出来。与此同时,工程师的机遇增多,可以在领主的资助下开展项目,达·芬奇就是在这个时期创造了大量的机械和一些有趣的发明。专利保护意识开始萌发,最初是基于领主对于风险大的项目投资所做出的考量。因为这项制度的执行,发明者在得到自己的优先专利权后,对于技术的保密也大为削弱,增进了技术交流,促进了整个行业的发展。工程师一开始是地位较高的人,受过较好的基础教育,凭个人的经验和创想去改造社会。后来随着知识的扩展,平民阶层也出现工程师。经验主义培育出众多的工程师,以至于到近代,关于如何培养工程师,一直都围绕着实践和理论进行博弈。

16 世纪后,社会分工也逐渐出现专业化趋势。工程师职业区隔愈加明显,同时,因工程技术促进了基础理论科学的发展,也开始有力学、流体学、建筑学和数学等学科的系统化著作面世,这段时期的工程师培养开始倾向于学院式的培养。

【思考讨论】

1. 工程师和科学家的职业区隔体现在哪些方面?
2. 工程师和科学家的职业融合体现在哪些方面?

【案例分析】

1."科学技术是生产力"是马克思主义的基本原理。马克思曾指出"生产力中也包括科学",并且认为"固定资本的发展表明,一般社会知识,已经在多么大的程度上变成了直接的生产力"。他还深刻地指出"社会劳动生产力,首先是科学的力量""大工业把巨大的自然力和自然科学并入生产过程,必然大大提高劳动生产率"。而生产力主要有三个要素:劳动者、劳动工具和劳动对象(包括自然物经劳动加工后的原材料)。显然,科学技术被劳动者掌握,便成为劳动的生产力;科学技术物化为劳动工具和劳动对象,就成为物质的生产力。管理也是生产力。

2.工程师起源于古代的工匠。随着工业革命的发展和科学技术的进步,出现了社会阶层的分化,一方面是理论科学家和应用科学家的分化,另一方面则是工程师与工人的分化。工程师承担工程技术的设计任务,而将生产的实际操作任务给了工人。英国开始的第一次工业革命造就了一个庞大的工程师职业群体。他们既具有实践经验,又有丰富的科学理论知识。工程教育的发展,则为培养这样的工程师奠定了基础。工程师职业群体不仅具有共同的特征,工程师的基本社会角色是将技术转化为直接生产力的主体,这一群体中有自己明确的伦理规范和相应的制度化组织。随着技术的发展,特别是技术的专业化,使得工程师群体内部也出现了分层,出现了职业的差异化,一个技术门类出现一类工程师。工程师职业群体的分层与差异化,既有技术原因,又有非技术原因,经济发展状况、政策、文化因素、地理因素均对工程师群体内部的差异化产生重要影响。工程师职业阶层内部的差异化,不仅形成了纵向的分层,而且发生了横向的密切联系。在现代条件下工程师的职业群体不仅数量庞大,而且形成了一个纵横交错的职业网络体系。所以从总体上看,工程师是将技术转化为直接生产力的主体,其职业声望也随其技术的社会地位提高而有所提高。

案例十:四类科学问题属性的资助导向[①]

【知识点】科学问题的提出

基于四类科学问题属性的资助导向是自然科学基金委确立的三大改革任务之一。

为使广大申请人准确理解和把握四类科学问题属性的具体内涵,根据科学基金深化改革工作要求,自然科学基金委编制了四类科学问题属性典型案例库,供申请人在选择科学问题属性时参考。自然科学基金委根据各科学部的资助工作特点,共列举典型案例83个,其中"鼓励探索、突出原创"案例19个,"聚焦前沿、独辟蹊径"案例21个,"需求牵引、突破瓶颈"案例24个,"共性导向、交叉融通"案例19个。

---

① 节选自国家自然科学基金委员会官方网站:数理学部科学问题属性模板。

> 自然辩证法新时代教学案例

本案例节选了其中数理科学部在四大类里的数学案例。

"鼓励探索、突出原创":保持哈密尔顿系统结构的数值分析理论

在构造天体力学、量子力学、电磁学等学科中许多数学模型的数值算法时,需要尽可能多地保持原系统的内在对称性、守恒性等物理特性,传统算法并未针对这些物理特性或本质特征来构造数值格式。我国学者针对经典哈密尔顿系统,创立了一种几何上定性、数值上定量的数值分析理论,应用生成函数法和幂级数法构造辛格式,既严格保持哈密尔顿系统辛几何结构,又很好地保持其物理性质,彻底解决了长时间计算稳定性问题,现称这种高性能新型算法为辛算法。辛算法在哈密尔顿系统的数值计算中表现出独特优越性,具有很强的数值预测能力和数值跟踪能力,在其他许多科学、技术和工程领域也有广泛而深刻的应用。辛算法的保结构思想已成为现代计算数学算法构造和分析的基本理念,开启了现代科学计算的一个重要研究方向——保结构算法的研究。

"聚焦前沿、独辟蹊径":扩充未来光管猜想的解决

扩充未来光管猜想,即扩充未来光锥管域是全纯域。全纯域是多复变函数中最基本、最重要的概念之一。起源于量子场论的扩充未来光管猜想已有40多年的历史,被诸多世界数学家和物理学家研究而未得到解决,被公认为著名的困难问题,是多复变函数论研究的前沿、核心问题。在许多著名文献中,比如国际权威的《数学百科全书》"量子场论"条目都把它列为未解决问题。我国学者利用华罗庚建立的有关典型域的经典理论和方法,结合一些现代数学工具和技巧,独辟蹊径,完全证明了扩充未来光管猜想。这是一项具有中国多复变学派特色、得到国际数学界特别是多复变函数论领域充分肯定的研究成果,被认为是20世纪下半叶数学发展的亮点工作之一,被评价为"获得了新知识",被写入史料性著作《二十世纪的数学大事》《数学的发展:1950—2000》。

"需求牵引、突破瓶颈":内爆多介质多物理过程计算方法

内爆过程是爆轰物理的重要过程,涉及高温高压极端条件下的多种复杂化学、物理过程和多介质大变形运动,其中爆炸、冲击、辐射输运核反应等过程数学物理模型和相关参数极为复杂,而多介质大变形、不稳定性与湍流混合对计算方法提出挑战,一般的算法或软件不能满足爆轰研究的要求。我国学者针对多种物理性质差别极大的轻重介质大变形运动界面及后期界面两侧介质发生混合、

具有强间断系数和强刚性的三维输运方程、多尺度的三维可压缩流和输运方程等问题,发展了自适应算法、移动网格法、拉氏方法、ALE 方法、中子输运、辐射输运算法等众多具有针对性的算法,发展了一批涉及多物理多过程的计算软件,有效支撑了国家重大需求,且实现了相关技术及装备的国际领先。

"共性导向、交叉融通":稀疏信息处理的 L(1/2)正则化理论

雷达成像在目标探测、地球遥感等涉及大范围、高分辨率观测应用中面临挑战。雷达数据采集一直是以香农采样定理为基础,或难以实现期望的高采样率,或带宽限制难以支持实时处理,或系统复杂难以机载或星载。如何突破香农采样以更少的采样实现高分辨率观测,是稀疏微波成像的基础科学与技术问题。我国学者基于巴拿赫空间几何理论,通过解析雷达成像过程的数学表示,建立雷达观测矩阵的近似逆表示(称为雷达回波模拟器),提出了不直接基于雷达观测矩阵而基于雷达回波模拟器的成像新模型,发现并建立了稀疏信息处理的 L(1/2)正则化理论,将原有稀疏雷达成像算法的单步迭代复杂性从 N^2 减少到了 Nlog(N)量级,实现了与常用雷达算法复杂性相当的算法,为稀疏雷达的大场景成像及实用化铺平了道路,为解决广泛的稀疏信息处理问题提供了迥然不同的求解范式和快速算法,形成了稀疏雷达成像的原创成像理论,已在广泛的科学技术领域产生影响。

【思考讨论】

1. 科学问题的提出应遵循什么样的原则?
2. 基础科学研究与哲学的关系是怎样的?

【案例分析】

基础科学的精神在于穷理。基础科学研究需要经过刻苦训练、需要有深度的看法,才会有新的结果、好的创意。只有自己体悟出来的理论,才最了解其长短,才能掌握其中的精髓,应用起来才能得心应手。树立穷理的精神,也需要哲学的滋养。有哲学精神和素养的支撑,才能塑造科学家的气质和意志。

基础科学发展与哲学有着密切关系。基础科学是研究所有和宇宙中物理现象有关问题的学问,必须对大自然有一个宏观的看法,因此需要哲学思想作为支撑。这一哲学思想应有助于人类了解大自然并懂得如何与大自然和谐相处。中国魏晋南北朝时期,基础科学研究达到很高水平,也产生了相当出色的基础科学家。刘徽作《九章算术注》、祖冲之父子计算圆周率和球体积、《孙子算经》的剩余

定理等都是杰出的数学成就。但受传统思想的影响,古代中国人对"定量"的重视程度不够,影响了这些方面的进一步探究。近代基础科学家中的佼佼者牛顿、欧拉、高斯、爱因斯坦、薛定谔等人的学问和思想可以影响科学界达数个世纪之久。

如果我们认真阅读他们的著作,就会发现他们都有一套哲学思想。例如,爱因斯坦在研究广义相对论时就深受哲学家马赫的影响。事实上,影响深远的科学研究必先有概念的突破,而概念的突破可能受到观察事物后所得到的想法的影响,但更多的是科学家的哲学观在左右他们的想法,从而影响他们的研究方向。

第三章　马克思主义科学技术方法论

马克思主义的科学技术方法论是以辩证唯物主义立场、观点为基础,吸取具体科学技术研究中的基本方法,并且对其进行概括和升华的方法论。

马克思主义科学技术方法论从辩证唯物主义立场出发,体现问题意识与问题导向,总结出分析和综合、归纳和演绎、从抽象到具体、历史和逻辑的统一等辩证思维形式,并且吸取具体科学技术研究中的创新思维方法和数学与系统思维方法等基本方法,对其进行概括和升华,形成具有普遍指导意义的方法论。马克思主义科学技术方法论体现和贯彻在科学家、工程师的具体科学技术研究中,是马克思主义科学技术论的重要组成部分。

案例一:系统观念是重要思想和工作方法[①]

【知识点】科学技术研究的辩证思维方法/科学技术研究的系统思维方法

航天系统工程思想包含了辩证唯物主义的系统观及丰富的科学观、技术观、工程观,具有时代性、实践性、科学性、创造性、自主性、人本性等显著特点。

习近平总书记深刻指出:"系统观念是具有基础性的思想和工作方法。"全面建成小康社会后,将开启全面建设社会主义现代化国家新征程,我国发展环境面临深刻变化,发展不平衡不充分问题仍然突出,经济社会发展中矛盾错综复杂,必须从系统观念出发加以谋划和解决,"十四五"时期经济社会发展必须遵循坚持系统观念的原则。系统观念是唯物辩证法的基本方法,是中国共产党人长期实践所得,也是我们党领导革命、建设和改革的重要思想方法、工作方法和领导方法,必须长期坚持并不断发展。

---

① 刘石泉.系统观念是重要思想和工作方法[J].军工文化,2021(9):7-9.

辩证唯物主义是坚持系统观念的思想理论基础

辩证唯物主义是中国共产党人的世界观和方法论，是指导我们不断前进的强大思想武器。习近平新时代中国特色社会主义思想是坚持和运用辩证唯物主义和历史唯物主义的光辉典范。习近平总书记指出，学习和运用辩证唯物主义世界观和方法论必须着重解决以下问题：一是学习掌握世界统一于物质、物质决定意识的原理，坚持从客观实际出发制定政策、推动工作；二是学习掌握事物矛盾运动的基本原理，不断强化问题意识，积极面对和化解前进中遇到的矛盾；三是学习掌握唯物辩证法的根本方法，不断增强辩证思维能力，提高驾驭复杂局面、处理复杂问题的本领；四是学习掌握认识和实践辩证关系的原理，坚持实践第一的观点，不断推进实践基础上的理论创新。为此，我们必须做到：

坚持一切从实际出发。实事求是、一切从实际出发是马克思主义的精髓，是我们党的思想路线。坚持实事求是，坚持一切从实际出发，坚持把马克思主义基本原理同中国具体实践相结合，才能走出一条具有新时代中国特色的社会主义道路，实现中华民族伟大复兴。

坚持一切以时间、地点、条件为转移。一切事物都是运动变化发展的，都因时间、地点、条件变化而变化，没有停滞不前的实践，没有永恒不变的认识，没有亘古不变的理论。条件改变了，人们的认识和行动也要随之变化。

坚持具体问题具体分析。这是辩证唯物主义的精髓，是马克思主义活的灵魂。人们从认识个别到认识一般、认识具体到认识抽象、认识特殊到认识普遍，在方法上必然体现为对具体问题进行具体分析。具体工作上，必须坚决反对教条主义、本本主义和经验主义。

坚持矛盾分析是最根本的分析方法。对立统一规律是世界上最普遍最根本的规律，矛盾观点是观察、认识、改造世界的世界观与方法论。正确认识世界、改造世界，必须学会运用矛盾分析法，对不同质的矛盾采用不同方法去解决，从而推动事物的转化与发展。

坚持实践是检验真理的唯一标准。实践观点是马克思主义认识论的首要观点。实践对认识起决定作用，坚持实践是检验真理的唯一标准，是我们必须始终遵循的马克思主义思想方法、工作方法和领导方法。

辩证唯物主义是坚持系统观念的思想理论基础，系统观念是对唯物辩证法普遍联系观念的具体深化。坚持系统观念，必须坚持辩证唯物主义；坚持和运用唯物辩证法，必须善于从系统观念出发解决各种矛盾和问题。立足新发展阶段，贯彻新发展理念，构建新发展格局，推动高质量发展，必须坚持系统观念，必须加强前瞻性思考、全局性谋划、战略性布局、整体性推进，统筹国内国际两个大局，办好发展安全两件大事，坚持全国一盘棋，更好发挥中央、地方和各方面积极性，着力固根基、扬优势、补短板、强弱项，注重防范化解重大风险挑战，实现发展质量、结构、规模、速度、效益、安全相统一。

坚持系统观念是中国航天事业成功发展的重要法宝

中国航天事业是党和人民的事业，是中国特色社会主义事业的重要组成部分。过去65年，在党中央坚强领导下，我国航天事业在艰苦奋斗中奋发图强，在改革开放中奋起直追，在市场经济大潮中跨越发展，也必将在实现中华民族伟大复兴中创造新的辉煌。

65年来，以钱学森同志为代表的几代航天人，在为国家创新研制生产导弹武器、火箭与卫星等航天产品及国之重器的同时，坚持和运用辩证唯物主义创造了航天系统工程思想理论方法，这是航天人时刻运用和实践的工作方法与工具。航天系统工程思想包含了辩证唯物主义的系统观及丰富的科学观、技术观、工程观，具有时代性、实践性、科学性、创造性、自主性、人本性等显著特点。航天战线坚持系统工程理论方法，科学构造协调高效的"两总"系统，形成了科学严谨的系统工程决策体系，以工程总体为龙头的技术体系、以型号管理为抓手的组织指挥体系、以质量管理为基础的产品保证体系，成为发挥社会主义集中力量办大事的制度优势、组织全国大协作与集智攻关的成功典范。

与时俱进是航天系统工程思想理论方法的主要特征和内在品质。面对全球新一轮科技革命和产业变革，我们要大踏步跟上时代前进步伐、引领与领跑时代发展，必须不断吸收量子技术、太赫兹技术、脑科学、大数据、人工智能等新兴战略性科技成果，加快科技自立自强，坚持自主创新、自主可控，加强战略性、引领性、颠覆性原始创新能力建设，锻造坚韧的现代化产业链，确保关键核心技术在手，解决好"卡脖子"问题，始终把发展高新武器装备的命运掌握在自己手中，始终为实现人民群众对美好生活的向往而不懈奋斗。

实践表明，航天系统工程是坚持系统观念的成功实践，坚持系统观念是我国航天事业成功发展的重要法宝。坚持和运用系统方法，关键要遵循"六个原则"：整体性原则，注意从整体上、从事物所从属的更高级整体出发，去认识、改造和管理事物，坚持部分服从整体；综合性原则，注意要素、结构、环境和功能的综合；层次性原则，注意层次数量、质量、顺序及层际关系对系统整体功能的影响；结构性原则，在认识、改造和管理系统对象时，注意其内部结构特征，并通过调整结构来改善系统整体的特性和功能；环境关联原则，注意了解系统所处的环境特性，通过利用、选择和创造环境来改善系统和发展系统;功能性原则,注意把功能作为系统认识、改造、管理、开发的对象和内容。在实际应用系统方法时,要坚持统筹兼顾又有所侧重。

努力提升掌握和运用坚持系统观念的能力与本领

面对新时代,新征程、新目标、新要求,必须不断增强掌握和运用坚持系统观念的工作本领。

避免盲人摸象。坚持从整体和全局出发分析处理解决问题,防止一叶障目。理清哪些是不可或缺的组成部分,厘清各组成部分之间的相互联系和作用,把握好整体与部分之间的相互关系,进而推动事物在整体上呈现出应有功能。

避免东一榔头西一棒。坚定战略方向,保持战略定力,厘清系统功能,明晰发展目标。坚持目标导向、问题导向和结果导向,集中资源优势,聚焦主责主业,苦练内功、久久为功,实现一张蓝图绘到底。

避免各自为政。服从大局是系统观念的必然要求,照应全局和事物发展各阶段。必须牢固树立全局观念,具有一盘棋思想,注重工作的协同性,解决好局部问题及矛盾,避免"一着不慎,满盘皆输"。

避免一盘散沙。坚持和发挥集中力量办大事的制度优势,注重力出一孔、利出一孔,强化顶层设计和总体谋划,牵住"牛鼻子",防止盲目分散力量,发挥整体效能。

避免被动应付。增强工作洞察力和预见性,识之于未萌、见之于未发,下好先手棋、打好主动仗,敢啃硬骨头、善打硬仗恶仗。

避免胡子眉毛一把抓。善于"弹钢琴",突出重点、关键,善抓主要矛盾和矛盾的主要方面问题的解决,把抓薄弱环节作为工作着力点和突破口,做到事半功倍,实现重点突破,推动整体工作。

避免短板弱项。时刻注意补短板、强弱项,打基础、管长远,固根基、扬优势,使系统功能达到最优状态。

避免"黑天鹅"与"灰犀牛"事件。增强风险意识,树立底线思维,防患于未然。把防风险摆在突出位置,做实做细做好防范化解重大风险工作,守住不发生系统性风险的安全底线。

避免理论与实际相脱节。要学用结合、知行合一,坚持理论联系实际。做到准确识变、科学应变、主动求变,育先机、开新局。加强前瞻性思考、全局性谋划、战略性布局、整体性推进,以理论武装新成果推动实现事业新发展。

第三章　马克思主义科学技术方法论

【思考讨论】

1. 简述科学技术研究中系统思维方法的内容。
2. 简述科学技术研究中系统思维方法的作用。
3. 如何坚持辩证唯物主义方法论中的系统观念？

【案例分析】

1. 系统方法的内容包括：(1)系统分析与系统综合方法；(2)硬系统与软系统方法论；(3)反馈与控制方法；(4)信息方法。

2. 系统方法对于从横断面抽象认识对象的物质结构、能量流动和信息传递有重要作用，系统思维在当代科学技术研究中变得越来越重要。坚持系统观念是中国航天事业成功发展的重要法宝，要求我们必须将系统的方法论原则贯穿航天事业发展全过程和各领域，实现各要素各尽其职、协同配合、效果最优。

3. 坚持系统观念是以辩证唯物主义视角审视航天事业的基本准则和必然遵循。坚持系统观念，必须秉承整体、系统、联系和发展的原则看待、解决问题，坚持用矛盾分析方法来解构系统中的多重关系，最终推进航天事业的整体发展。

案例二：超导研究突破的方法论启示[①]

【知识点】科学技术研究的辩证思维方法/科学技术活动的方法

30多年前，徘徊多年的超导转变温度的提高获得一次重大的突破，在全世界掀起了一轮"超导热"。通过那一轮努力，科学家们已获得了能稳定地在液氮温区实现超导的多种材料。科学家们下一个目标是要找到室温超导体。在"超导热"前一轮高峰已过、下一轮高峰未到之际，从科学方法论的角度总结一下前一轮突破的经验教训并从中获得启示，对我们提高科学素养、改进思维方法、了解科学认识和科学发展的规律是有教益的。

提出问题比解决问题更重要

世界公认对前一轮突破做出主要贡献的是瑞士的穆勒(Muller)和柏诺兹(Bednorz)、中国的赵忠贤、美国的朱经武和日本的田中。他们之间谁的贡献更大呢？为了相互比较，我们首先要了解前一轮"突破"指的是什么。我国著名低

[①] 梁国钊.超导研究突破的方法论启示[J].科学学研究,1990(3):11-18.

▶▶▶ 自然辩证法新时代教学案例

温物理学家管惟炎认为包括以下五个方面:第一,突破了保持 13 年的 23.2 K 的历史纪录;第二,突破了超导转变温度上限为 40 K 的理论预言,解放了人们的思想;第三,突破了平均每三年超导转变温度增长一度的缓慢增长率;第四,突破了多年来超导只和金属及其合金结缘的局限,开拓了人们从氧化物或其他多元体系探索高临界温度超导体的新境界;第五,突破了多年来超导必须用液氦作冷却剂的苛刻条件,而代之以技术简便、价格便宜的液氮,为超导大规模的工业应用揭开了序幕。

第一方面突破是穆勒和柏诺兹做出的。自 1911 年荷兰翁内斯(Onnes)发现水银在 4.2 K 出现超导现象以来,寻找更高转变温度的超导体一直是物理学家们不懈努力的目标。经 62 年的艰难探索,1973 年才由美国的泰斯塔迪(Testardi)用铌三锗将超导转变温度提高到 23.2 K。但此后 13 年,超导转变温度一直再无法获得提高。1986 年 1 月,穆勒和柏诺兹使用钡镧铜化物材料,在 30 K 时发现了超导现象,打破了这一僵局,解除了"超导转变温度能否再上升"这一疑惑,使一度持悲观态度的人重新看到了希望,成了这一轮突破的发端。以往人们主要是在良导体金属、合金中寻找超导体,但找到的 1400 多种材料,超导转变温度都不高于 23.2 K,物理学家们实在是陷入了"踏破铁鞋无觅处"的困境。穆勒和柏诺兹发现一些属于绝缘体的金属氧化物居然也具有超导电性,而且超导转变温度比良导体金属、合金高得多,这就大大解放了人们的思想。他俩的发现"忽如一夜春风来",引出了"千树万树梨花开"的结果。正是由于他俩发现的启发,科学家们纷纷改变寻找高温超导体的路线,才引发了这一轮"超导热"。北京大学物理教授章立源认为,穆勒和柏诺兹的发现"具有划时代的意义,因为他们的发现为解决高温超导体问题开辟了道路,从此结束了超导材料之超导转变温度过低的年代"。

第二方面突破是赵忠贤等做出的。在超导研究史上人们一直关心这样一个问题:超导转变温度原则上是否存在一个上限?有的话,又是多少?美国麦克米伦(McMillan)1967 年做出了上限为 40 K 的理论预言。预言做出后 18 年超导转变温度总和未能超过 23.2 K,穆勒和柏诺兹的发现也在这一预言之内,自然就增强了这一预言在物理学家中的可信度。赵忠贤等在 1986 年 12 月 26 日首先获得 48.6 K 的超导材料,突破了上述预言的界限,以实验事实扫除了物理学家们头上的疑云,进一步鼓舞了人们探索更高转变温度的超导体的信心,连原先认为有 40 K 上限的 ECS 理论的创立者巴丁也认为没有上限了。

第三方面突破是由瑞士、中国、美国、日本等国家的科学家为主共同做出的。1911—1986 年,科学家们在 75 年间只能将超导转变温提高 19 K,平均每年提高

第三章 马克思主义科学技术方法论

0.253 K,可谓步履艰难! 从1986年9月穆勒、柏诺兹的论文发表至1987年2月赵忠贤等获得100 K以上的超导材料,时间不到半年,科学家们就将超导转变温度从23.2 K提高到100 K左右,打破了超导转变温度增长长期缓慢的局面。

第五方面的突破是朱经武、赵忠贤等几乎同时互相独立做出的。赵忠贤等在最先稳定地获得48.6 K超导材料的同时,还最先观察到了在70 K下有明显超导的迹象,在《人民日报》公布后对全世界产生了很大影响,因为70 K不仅在当时是最高纪录,而且表明原则上可用液氮冷却(液氮在一个大气压下沸点为77 K,减压后可降至55 K)。在此之前,超导材料都必须用液氦冷却。氦在地球上成分稀少,制造液氦的设备、技术过于复杂,效率很低,成本太高,难于推广应用。而氮占空气的4/5,制造液氮的设备、技术都较简单,成本只有液氦的1/10~1/30,可以大量制造,易于推广应用。所以,获得液氮温区的超导体是物理学家们多年的梦想。赵忠贤等的发现给各国同行以鼓舞,使许多人投入了寻找液氮温区超导体的研究。不到两个月,朱经武就宣布获得98 K超导体,第一个实现了这一梦想,但他没有公布材料组份;九天之后,赵忠贤等独立地获得了100 K的超导体,并公布了材料组份。朱、赵等人的发现,为在工业上大规模应用超导体提供了前提。

对上述各方面的突破进行比较可以看到,在前一轮突破中,做出更大贡献的是穆勒、柏诺兹和朱经武、赵忠贤。穆勒、柏诺兹的贡献与朱经武、赵忠贤的贡献比较,又是谁更重要呢? 管惟炎认为最重要的突破是液氮温区超导体的获得。美国人曾估量"朱经武的划时代研究成果可能问鼎诺贝尔奖"的看法与管惟炎相似。但实际只有穆勒、柏诺兹共享了超导突破的诺贝尔物理奖(1987年)。这一事实表明,"提出问题比解决问题更重要"这一科学评价标准已为诺贝尔奖评委会所赞同。爱因斯坦在评价伽利略提出光速测量问题而未解决光速测量问题时指出:"提出一个问题往往比解决一个问题更重要,因为解决一个问题也许仅是一个数学上的或实验上的技能而已。而提出新的问题、新的可能性,从新的角度去看旧的问题,却需要有创造性的想象力,而且标志着科学的真正进步。"对前一轮突破来说,穆勒,柏诺兹的贡献主要在于"提出新的问题、新的可能性,从新的角度去看旧问题",因而"标志着科学的真正进步"。正是他俩一反几十年超导研究的老传统,首先跳出只从金属、合金中寻找超导材料的窠臼,从新的角度看超导,大胆地从属于绝缘体的金属氧化物中去寻找超导体,在原来的研究路线陷于困境的情况下,为人类展示了获得高温超导体的可能性,引发了那一轮"超导热",导致后来液氮温区的突破。相比之下,朱、赵等人的工作,都属于"解决问题"之列。不可否认,液氮温区超导体的获得其意义是很大的,朱、赵二人完全有资格去分享诺贝尔奖。他们未能分享,也许是由于一项诺贝尔奖最多只能三人分享,而朱、赵二人的贡献又是互相独立几乎同时做出的,两人之间难分伯仲之故。诺贝尔奖评委会这一抉择,不但表明了他们对"提出问题"的看重,也表现了他们的明智。

要重视对信息的搜集、交流与识别

世界公认,前一轮"超导热"的发生,是由于大家受到穆勒和柏诺兹论文发出的信息的启发,穆勒、柏诺兹是否也受到他人有关信息的启发呢?回答是肯定的。美国《时代》周刊1987年10月26日文章《1987年诺贝尔物理、化学、医学奖成果简介》中说得很具体:"穆勒1983年还在意大利,有一次在校园里散步时被一条消息所触动。当时基本上所有的超导体都是金属制的,几位科学家在一篇文章中建议采用陶瓷,陶瓷因其分子结构在室温下可作绝缘体用。穆勒受到启发随即考虑该用哪一种特殊的陶瓷来做试验。"柏诺兹1987年5月1日在东京讲演时透露,他曾看到过1975年公布的美国斯赖特的一个发明专利说明书,上画明确写着"11 K下在陶瓷材料中有超导发生"。那种陶瓷材料是一种金属氧化物,这一信息对他俩转而研究金属氧化物产生了影响。金属氧化物很多,他俩如何会想到选用钡-镧-铜-氧系列材料呢?这要归功于法国化学家米歇尔(Michel)的启发。米歇尔1985年已较为系统地研究过 $Ba-La4-Cu5-38.5$ 材料的结构、电导率、磁化率和热电势等性质,发现它是很好的金属导体,但他根本没想到这种氧化物会与超导有缘。穆勒、柏诺兹在一份法国期刊上看到了米歇尔介绍这种氧化物的文章,立即感到这正是他们要找的材料,便马上投入试验,不久即于1986年1月27日首次发现这种材料在30 K下出现超导,从而首先获得突破,使米歇尔后悔不已。

我国在前一轮"超导热"中所以能取得处于世界前列的成就,与我国有关人员重视对超导研究信息的搜集、交流密切相关。1986年9月26日,正在澳大利亚访问的南京大学蔡建华教授在当地图书馆翻看一份刚到的法国杂志,上面刊登了穆勒、柏诺兹那篇论文,马上给中国科学技术大学管惟炎、张其瑞教授写信,传递了这一信息,并让管、张两人将此信息转告赵忠贤。赵忠贤立即行动试验,并把这一信息通报了朱经武。赵忠贤在谈到成功的体会时说,专家们通过多种渠道为他们提供国际最新进展的情况,使他们受到极大启发,"开放政策的实行,极大地方便了国内外的学术交流,资料交换迅速了,我们能够很快地了解国外的最新进展,参加国际会议,又使我们的思想更加开阔"。为了迅速交流有关科技信息,通常的期刊和国际学术会议方式科学家们已嫌太慢,国际上普遍采用了预

第三章 马克思主义科学技术方法论

印本制度,欧洲和美国已利用电话。在前一轮"超导热"中,各国特别是中、美、日三国互相竞赛,大家都"分秒必争",唯恐自己落后。为了尽快公布成果和搜集有关信息,都利用了报纸和广播电台,在外国的一些有关超导研究的预印本中就把《人民日报》列为"参考文献"之一。美国许多实验室往往凭新闻报导中提供的梗概去研制新的超导体,日本超导研究人员也常依靠新闻报导提供的线索去探索有关超导研究细微的数据。

对信息的迅速掌握是重要的,但对信息的正确鉴别和在此基础上做出灵敏反应,可以说更重要。美国斯顿特的专利1975年公布后,看到的人应该是不少的,但并没有多少人加以重视,因为大多数人不能从研究方向的大转变这一角度去认识它的重要性,只从"11"比铌三锗已达到的"23.2 K"还小得多的角度去看问题。数字掩盖了一类新型超导材料的实质,使人们"有眼不识泰山"。只有穆勒、柏诺兹受该信息启发后对陶瓷氧化物材料孜孜以求。一旦米歇尔发出新的信息,便导致他们迅速成功。在这一轮突破过程中,许多国家起步迟缓、错失战机的原因不在于信息不灵通,而在于不能正确鉴别信息。1986年9月才见到穆勒、柏诺兹论文的赵忠贤,以敏锐的眼光意识到这可能是一种不同于正统超导机理的新型超导体,马上组织力量投入研究,及时捕捉住了可贵的战机。而在大西洋彼岸几所著名大学的科学家,虽然比中国同行早四个多月看到了穆勒、柏诺兹的论文预印本,却因没有及时做出准确的判断,延误了战机而落伍。

应当承认,对信息的鉴别并非易事,原因是多方面的,"信息污染"是其中一个重要原因。由于信息来源多样,内容有真有假,"伪信息"常常干扰科学家的正常思维,影响他们做出准确判断。这些年来,几乎每隔几年都有人宣布"发现了高温超导体",但后来证明都是假的。这种被科学家称为"伪事例"带来的"信息污染"使科学家们产生了一种戒备心理,导致他们将穆勒、柏诺兹发出的如此重要的信息当作是又一次"狼来了"而不加重视。朱经武就说过"从过去的记录来判断,不管何时有人宣布得到了异常高的超导转变温度,会有99%以上可能不对的"。但问题在于不能因为那99%而漏掉另外的1%!如何才能排除"信息污染"的干扰,对信息做出正确鉴别呢?有人认为,对社会来说,最根本的办法是利用新兴的信息技术,加强信息管理,强化信息传播媒介的"滤波"功能,尽量防止失实。对接受信息的人来说,主要是提高自由筛选、处理、鉴别信息的能力,这当然与有关人员的知识、经验、思想准备和思维方式等都直接有关。对发出信息的人来说,则要强调良好的科学道德和作风,力求报道成果真实而无虚假。我国著名科学方法论专家孙小礼认为,科学新闻之失实,不管无意还是有意,都会产生不良的社会后果。

▶▶▶ 自然辩证法新时代教学案例

科学家需要有一副辩证思维的大脑

人们已注意到,首先获得突破的人并非来自那些皓首穷经地从事寻找高温超导体的超导"内行"专家,而是长期从事电介质研究的超导"外行"穆勒、柏诺兹。日本有人惊叹"这真是一个不解之谜"。其实,这个"谜"并不难解。柏诺兹本人就曾一语道破了其中的真谛:"因为是超导试验领域的圈外人,我们反可不受传统看法所囿,我行我素。"在解决问题时,人们自觉不自觉地会受传统观念的束缚。为什么从翁内斯开始,在长达75年的岁月里人们把超导体的研究一直限制在金属和合金之中而很少有人想到其他类型材料,特别是金属氧化物?为什么在几十年进展缓慢、十几年毫无进展的情况下也很少人敢于另辟蹊径,转变寻找的方向和路线呢?主要原因就是受传统观念的束缚。人们一直存在这样的观念:金属是电的良导体,只有金属才有可能在低温条件下出现超导;绝缘体是不导电的,金属氧化物是绝缘体,导电能力都没有,当然就更不能产生超导。这种运用经验知识进行"合理"推理所形成的观念,使大多数研究超导的人思想被束缚在"金属"做的"框框"之内而看不到外面的"大千世界"。这种束缚是如此厉害,乃至"金属框框"出现了"裂缝"也使许多人不屑一顾,或视而不见,或见而不信。例如,人们早就发现铜、银和金这些在常温下是最良导体的材料,竟然当温度降至 $0.0001\ \text{K}$ 或更低时也未出现超导,而一些常温下的非良导体,却在一定的低温条件下能转变为超导体。这本来已表明上述传统观念的不合理,但大多数人还是不敢抛弃那个传统观念,及时警醒转向。穆勒、柏诺兹所以能够成功,就在于他们敢于冲破传统观念的束缚,大胆跳出"金属的框框"而我行我素。

以往人们寻找超导体,还长期束缚在"一元""二元"的系列内,这次成功的却是"四元"系列的材料。结构决定功能,新的材料路线终于获得新的超导转变温度。科学家下一个目标是要找到室温超导体,那是一个更大的突破。"江山代有才人出,各领风骚数百年"。借这句话的意思用于超导材料的选取上,对于室温超导这个目标,目前使用的金属氧化物材料是否可行呢?用"四元"系列材料是否恰当呢?有机超导材料有无希望?靠材料中各成分的比例、材料加工工艺、掺入物等的改变是否可达到目的?是否存在某些"催化剂"之类的东西可以导致室温超导或大大改变超导材料的性能?……这都值得我们去思考、试验。在"八仙过海,各显神通"的局面下,也许会异军突起。爱迪生当年发明新式蓄电池屡遭失败时对人说过:"我不信大自然会这样吝啬,会把制造好电池的秘密扣留住。"朱经武来华谈室温超导时则说过"虽然老天爷对我们很友善,为我们提供了许多发现的机会,但我不相信老天爷会好到第一次就向我们提供最佳的材料体系。"两人的话我们都应记取。超导研究像其他科学研究一样,既要异想天开,又要脚踏实地。从超导历史看,似乎"异想天开"更值得强调。前一轮突破给我们的启示之一,是科学家要自觉摆脱传统观念的束缚,切不可固定自己的思路,急需要有一副辩证思维的头脑去计划和判断自己的行动。

合作是研究成功的一大法宝

在前一轮突破中,固体化学和固体物理水平都很不错并且是第一个制出钡-镧-铜-氧化物系列超导材料的法国,并没有做出应有的建树。相反,他们是痛失机会而落伍了。这在法国科技界引起了极大的震动。法国科技人员在反思中认为并不是法国没有运气,而是法国人普遍缺乏创造性。造成这种现象的另一个原因是学科隔阂严重。他们指出,研究超导需要物理学家和化学家之间密切合作。但在法国,各个学科都存在"闭关自守"的倾向,尤其是化学家很不愿意被物理学家看作单纯的样品提供者。我们可以设想,如果米歇尔有物理学家特别是低温物理学家与他合作,1985 年他在系统研究了钡-镧-铜-氧化物的一系列性质之后,就不会如此轻易漏掉它的超导特性的测量,那超导突破的历史就要重写了。法国人的失误再次启示我们,合作是研究成功的一大法宝。穆勒、柏诺兹、赵忠贤等人的成功,则从正面再次证实了这一点。柏诺兹在大学时代学过化学、矿物学、结晶学,精通化学和制造陶材料的技术;穆勒专门研究过五年介电阻现象及其实际应用问题,与绝缘材料包括金属氧化物也有广泛的接触,在电子学和超导理论方面有较深造诣。柏诺兹年轻有为,无所畏惧,思想敏锐,富有开拓精神;穆勒年龄比柏诺兹大 23 岁,经验丰富却从不以权威、长者自居,他态度随和、虚怀若谷,乐于与柏诺兹平起平坐。他们各有所长又能互相取长补短,良好的合作使他们获得了成功。赵忠贤等合作获得成功的情况与穆勒、柏诺兹很类似。中国科学院物理研究所所长杨国桢指出:"超导体研究取得的这项成果应该说是以赵忠贤、陈立泉为学术带头人的整个课题研究集体心血与智慧的结晶。"赵忠贤毕业于低温物理专业,长期从事超导研究,熟谙超导的理论、实验和历史;陈立泉是材料专家,有很高的超导材料制备技术。物理研究所组织了 11 个课题组的有关人员参加攻关,他们的知识面覆盖了超导研究涉及的所有学科。两位学术带头人和整个研究集体的通力合作,成了他们成功的重要保证。

科学合作所以能促进研究的成功,就在于合作能使科研人员在知识、经验、风格等科学素质方面得到互补,形成最佳科学素质结构,从而产生一加一大于二的整体效应,使智力得到放大与增强,从而提高科技创造的效率。合作还能增强各成员克服困难的心理力量;利于攻克难关,夺取胜利。科学认识的任务越来越深入,解决问题需要的知识越来越艰深;科学发展日益综合化,解决问题需要的知识越来越广泛。这都使科学家靠单枪匹马进行研究遇到的困难越来越难克服,取得重大成果日益成为不可能。这种形势决定科学合作必然日益成为科技创造活动最基本、最常见、最主要的形式,合作规模也越来越大。

科学合作是科研人员在科技创造活动中对共同的创造目标的协调与行为的一致。心理活动协调或心理相容,是行为一致的前提。如果一个科研集体心理不能相容,知识等科学素质互补的优势就难以发挥,内耗还会产生一加一小于二的负效应。要保证科研集体心理相容,需要带头人有良好的作风,需要领导者施以强有力的组织和思想工作。法国化学家和物理学家之间的心理不相容使他们不能合作,而穆勒的良好作风使他与柏诺兹亲如父子。在前一轮突破中,中国科学院物理研究所成立了专门的领导小组,强化了超导研究的领导,大力提倡"一盘棋"思想,要求全体人员把国家、集体荣誉放在第一位,努力为争当"团体冠军"作贡献。赵忠贤总是把成绩归功于集体。共同的目标和统一的组织领导,以及学术带头人的良好作风,使整个研究集体真正形成一个团结和谐、斗志旺盛的集体,保证了研究的顺利进行和科学创造的高效率,为获得成功提供了基本保证。

为了实现新的突破,各国都在组织合作攻关,超导研究竞赛是包含着合作的竞赛。我国有集中优势兵力协同作战的传统与经验。"两弹"上天、人工合成胰岛素、人工合成核糖核酸等居世界前列的成就,就是集中优势兵力协同作战结出的硕果。我国有优越的社会主义制度,利于组织合作攻关。我国的科研工作者在前一轮突破中已表现了良好合作的精神,相信他们以后会合作得更好。我们相信,依靠科学合作,中国科学家将会在下一轮突破中继续取得世界领先的成就。

【思考讨论】

1. 总结超导研究突破带给我们的方法论启示。
2. 您认为进行科学研究必须要用到哪些马克思主义科学技术方法论?

【案例分析】

1. 主要可以得出四点深刻的科学技术方法论启示:一是提出问题比解决问题更重要。二是对信息的迅速掌握十分重要,但正确的鉴别信息更重要,因为"伪信息"会干扰科学家的正常思维使之不能做出准确判断。三是科学家急需有一副辩证思维的头脑去计划和判断自己的行动,要自觉摆脱传统观念的束缚。四、合作是研究成功的一大法宝,其前提是科学家之间心理相容,这要靠领导者良好的科学道德作风、强有力的组织和思想工作去保证。

2.可以从以下角度思考:第一,树立科学技术研究的辩证思维方法,包括问题意识与问题导向、分析和综合、归纳和演绎、从抽象到具体、历史和逻辑的统一;第二,树立科学技术研究的创新与批判思维方法,包括思维的收敛性与发散性、思维的逻辑性与非逻辑性、思维的直觉与顿悟特征、思维的批判性、移植交叉与跨学科研究方法;第三,树立科学技术研究的数学与系统思维方法,包括数学方法及其对于精准认识事物的作用、系统方法及其作用、复杂性思维及其方法、战略性思维及其方法等。

案例三:21世纪是发扬光大自然国学的世纪[①]

【知识点】科学技术研究的创新思维方法

自然国学是21世纪以来学术界提出的与历史、哲学、道德伦理、艺术、法律和政治等"人文国学"相对应的新概念,主要指涉中国天学、算学、舆地学、农学、医学、水利学、工艺学、灾害学,以及自然观、科学观、技术观和方法论等。

20世纪七八十年代,科学已开始进入到综合科学、交叉科学时代,从线性科学、非复杂性科学为主的时代发展到以非线性科学、复杂性科学为主的时代,由小科学发展为大科学。所以对中国古代科学技术成就的研究,再不能局限于过去和现行的按一个一个学科孤立研究的路子,应该勇于开拓综合研究中国古代科学技术成就的方向。

自然国学知识历史久远。距今7000年前的河北磁县下潘汪村等地出土的陶器图案,已相当均匀地把圆切割为2等份、4等份、8等份、16等份和80等份等;距今6000年前的西安半坡遗址出土的彩陶上,已绘有各种十分规则的直线图形,包括平行线、折线、三角形、菱形、长方形等,三角形又分为直角三角形、等腰三角形、等边三角形和任意三角形;在陶器上已具有多种记数符号。距今7000年—6000年前,我们的先祖已有十进位制思想的萌芽,已把握一些初级几何图形及其基本的概念。以后,历经夏商周三代的积累和发展,在百家争鸣的春

---

① 孙关龙.21世纪是发扬光大自然国学的世纪:上下[J].北京行政学院学报,2007(6):86-90.

▶▶▶ 自然辩证法新时代教学案例

秋战国时代奠定自然国学的基础。西汉时的"独尊儒术"造成自然国学史的一次大断裂。以后的2000年中,自然国学在南北朝、北宋、晚明曾出现三次高潮。明末以后,尤其1840年以后自然国学直线衰败。

先秦为自然国学奠基时期。《墨经》对宇宙时空进行了相当集中和深入的探讨。道家提出"演化论"的宇宙生成观,即"道生一,一生二,二生三,三生万物,万物负阴而抱阳,冲气以为和"。名家代表人物惠施被称为自然哲学家,其"历物十事"探讨了时间与空间,物质的结构、运动与演化,世界的同一性和多样性,以及宇宙观等一系列问题。另一位代表人物公孙龙,撰有《白马论》《坚白论》《名实论》《指物论》《通变论》等名篇,每篇都有丰富的科学知识和思想。

法家以耕战为准则的价值观,必然强调要认识自然,探究天地的奥秘,思考天人的关系,勤于治水治山,讲究器具和机械。兵家,无论是兵形势学派、兵阴阳学派,还是兵权谋学派、兵技巧学派,都认为军事打仗不仅需要依靠人的主观能动性,还需要研究地形、地物、气候、水文,讲究器具、兵器,选择最佳时间等。阴阳家创始人邹衍,将公元前11世纪殷周之际形成的"阴阳",公元前8世纪西周末产生的"气",公元前5世纪前后的春秋战国由原始"五行"概念发展而成的五行学说会通整合为由气经阴阳、五行演化为万物的宇宙理论,推动了中国古代科学技术的发展,尤其在农学、生物、医药、气象、天人关系等领域。

先秦儒学并不鄙视科学技术,他们是非常重视自然国学的。以孔子为例,他是中国提倡学习自然知识的第一人,倡导读《诗》要"多识于鸟兽草木之名",他整理修订的中国第一部编年体史书《春秋》中,记载天象、地象、气象、植物象、动物象、人体象六个方面灾异131次。

秦汉时期,自然国学与整个国学(即中国传统文化)一样遭受两次大的冲击:一是焚书坑儒,二是独尊儒术。对自然国学而言,从《汉书·艺文志》所保存的先秦诸家的著述看,独尊儒术所给予的冲击远甚于焚书坑儒。董仲舒的"独尊儒术",罢黜了诸子百家的自然国学,从根上否定了先秦儒学的自然国学,在自然国学史上制造了一个大断裂。同时,它也大大地延缓了自然国学的发展。

魏晋至清中叶,自然国学处于曲折发展中,有低谷,也有高潮。以魏晋玄学为特征的新道家思想解放运动,催生了公元5世纪中叶至6世纪中叶南北朝时期的自然国学第一个发展高潮。主要成就包括:数学家祖冲之的圆周率π值的计算精度;天文学家张子信在虞喜发现岁差之后,又发现太阳和五星运动的不均匀性;地理学家郦道元继裴秀创立"制图六体"理论和"计里划方"绘图方法之后,著述《水经注》,开创以水道为纲综合记述地理的新形式;农学家贾思勰著《齐民要术》,标志中

第三章 马克思主义科学技术方法论

国农学体系形成;医学家陶弘景著《神农本草经集注》,将人文原则的"三品"分类法改为依照药物自然来源和属性的分类法,开辟本草学新理论体系。

在以理学为旗帜的新儒学理性精神的影响下,于公元 11 世纪的北宋时期形成自然国学第二个发展高潮。主要成就包括:技术发明家毕昇发明了活字印刷,曾公亮等编著的《武经总要》记载了火药的配方及用于航海的指南针的制造方法,连同汉朝时发明的造纸术,这"四大发明"对世界产生重大影响;数学家贾宪在《黄帝九章算经细草》中,创造开方作法和增乘开方法;天文学家苏颂著《新仪象法要》,记述他与人合作创建的水运仪象台,其中有 10 多项世界首创的机械技术;建筑学家李诫所著《营造法式》,作为建筑法规,指导中国营造工作近千年;医学家王惟一主持铸造针灸铜人,著作《铜人腧穴针灸图经》,影响中国针灸千年之久;科学家沈括著《梦溪笔谈》,在天学、算学、舆地学、物理和工艺技术诸多领域做出创造性贡献。

在实证实学思想影响下,自 16 世纪中至 17 世纪中叶的晚明时期形成自然国学的第三个高潮。主要成就包括:医药家李时珍著《本草纲目》,提出接近现代水平的本草学自然分类法;音律学家、数学家朱载堉著《乐律全书》,从数学上解决十二平均律的理论问题;农学家、天文学家徐光启著《农政全书》,成为中国农学史上最为完备的集大成著作;技术专家宋应星著《天工开物》,系统全面总结中国农业和手工业的技术,其中很多是世界首创;旅行家、地理学家徐霞客的《徐霞客游记》,对喀斯特地貌结构和特征的研究领先世界百余年;医学家吴又可著《瘟疫论》,书中提出"戾气"概念,已接近 200 年后西方提出的细菌概念。

1840 年以后,天学被西方的近现代天文学完全替代,算学被西方的近现代数学完全替代,舆地学被西方的近现代地理学、地质学等完全替代,农学也基本被西方的近现代农业科学替代,水利学、灾害学也完全被西方的近现代水利科学、灾害科学替代,工艺学也基本被西方的近现代技术科学所替代。至今唯有传统医学——中医尚还存在,但中医后继无人的状况也十分严重。

【思考讨论】

1. 自然国学的基本内涵及与近代西方科学技术的区别是什么?
2. 讨论自然国学的发展脉络。
3. 讨论自然国学研究的当代价值。

【案例分析】

案例主要介绍了自然国学的基本内涵,回顾了自然国学的发展脉络及被现代西方科学技术取代的过程,启发我们思考在学科交叉融合的现代科学技术研究背景下,如何进一步研究自然国学并从中获取思想和方法资源。

1. 移植和学科交叉或跨学科的研究方法,是创造性思维的两种非常有效的研究方法。当代科学研究和技术发明变得越来越复杂,进行移植与交叉,通过多学科或跨学科的研究,常常能够获得单一学科研究无法获得的创新成果。多学科融合或通过跨学科研究问题也是当代科学和技术解决问题的创造性方法,体现了广泛联系和发展的辩证法。

2. 中国要走出具有中国特色的科技现代化道路,必须继承光大自然国学。近现代科学技术已经证明,自然国学中的生成观、整体观、天人合一观、有机观、和谐观、元气说、阴阳说、中庸说、相生相克说、天地人"三才"说、道法自然说、厚德载物说、经络说、太极模型、象数论、有机建筑论、因地制宜论、因人制宜论,以及数学机械化法、生物除虫治虫法、医学以毒攻毒法等,至今仍有价值,甚至有时比现代科学的一些学说、观点更适合当前的交叉科学时代、综合科学时代,更能解决一些非线性问题、复杂性问题。

3. 自然国学证明了中国特有的地域广阔、数量巨大、类型多样、连续性好、较为可靠、系列又长的天象、地象、气象、水象、海洋象、植物象、动物象、人体象的自然史料至今仍有价值,且是世界独一无二。因此,只要重视自然国学,中国完全有条件走出具有中国特色的科技现代化道路。

案例四:中国传统科学技术思想在现代社会还有无价值[①]

【知识点】科学技术研究的辩证思维方法

20世纪50年代初,射电天文学研究兴起。苏联科学院通讯院士、莫斯科大学教授 U.C. 什克洛夫斯基"为了证实新星爆炸的发现","向中国科学院请求研究中国的史书"。席泽宗接受任务做研究。1955年,什克洛夫斯基看到席泽宗关于中国历史上的超新星记录与射电源关系的论证后,不但吸收采用,还兴奋地说:"建立在无线电物理学、电子学、理论物理学和天体物理学的'超时代'的最新科学——无线电天文学的成就,和伟大中国古代天文学家的观测记录联系起来了。这些人们的劳动经过几千年后,正如宝贵的财富一样,把它放入了20世纪50年代的科学

---

① 郑关龙.21世纪是发扬光大自然国学的世纪:上下[J].北京行政学院学报,2007(6):81-84.

第三章 马克思主义科学技术方法论

宝库。我们贪婪地吸取史书里每一行的每一个字,这些字深刻和重要的含义使我们满意。"他称赞早在公元前1000年,中国人已经是"第一流的观测者"。

1972年,当时的中国科学院副院长、气象学家竺可桢发表长篇论文《中国近五千年来气候变迁的初步研究》。文中指出:距今5000年~3000年前,黄河流域的年平均温度比现在高2℃,冬季温度高2℃~5℃,与现在长江流域相似;距今3000年以来中国气候有一系列冷暖波动,每个波动历时300年~800年,年平均温度变化为0.5℃~1℃,等等。文章轰动中国和世界,立即被译成英、德、法、日和阿拉伯多种文字。英国《自然》杂志发表评论说:"竺可桢的论点特别有说服力……西方气象学家无疑将为能获得这篇综合性研究文章感到高兴。"因为获得这篇论文不但拥有了大量得不到的资料和科学结论,而且得到了一种用历史方法研究气候的手段。竺可桢此文的资料来自中国古代的经、史、子、集及笔记、小记、日记、地方志等书籍中,他从1925年开始收集,花费了47年时间,用这篇论文开创了中国和世界历史气候学研究方向。

2001年初,国家科学技术最高奖第一次颁奖大会在北京人民大会堂进行。获得最高奖的科学家仅有两人,其中一人是数学家吴文俊。他20世纪70年代从事中国传统数学史研究,"经过对中国古代数学的学习……形成了这种数学机械化思想"。他把中国传统数学的机械化思想和几何学代数化的方法应用到当代数学前沿——几何定理机器证明研究。他首先将几何问题转化为代数问题,以一组多元多项式方程和不等式显示,然后用他发展了的"整序原理方法"进行消元推演,判断定理是否成立。此法后被命名为"吴文俊消元法",简称"吴方法"。1975年后的几年中,用此法成功地证明了600多个定理,而不少定理是很难证明的,用计算机都做不到。1977年,在平面几何定理的机器证明获得成功;1978年推广到微分几何;后来,又推广到非欧几何、仿射几何等。1983年,中国留美学者在学术会议上介绍吴方法,并一鼓作气证明了500多个几何定理,轰动国际学术界。吴方法包含几何问题代数化和代数方程消元解法两个关键,吴文俊自己说"它是我国自《九章算术》以迄宋元时期数学的直接继承"。1990年以后,几何定理机器证明发展到整个数学机械化的研究,取得超出预期目标的成果,并陆续应用到相关的理论物理研究、计算机科学和机器人机构学中,因而得了国家最高科技奖。吴文俊指出:"继续发扬中国古代传统数学的机械化特色……建立机械化数学,则是21世纪以至可能绵亘整个21世纪才能大体趋于完善的事。……我们的目标是明确地使作为中国数学传统的机械化思想光芒普照于整个数学的各个角落。"

中国科学家屠呦呦,因为在创制新型抗疟药青蒿素上的贡献,获得2015年诺贝尔生理学或医学奖。在最初的实验中,青蒿的效果并不出彩,屠呦呦的寻找也一度陷入僵局。她再次翻阅古代文献,《肘后备急方·治寒热诸疟方》中的几句话引起了她的注意:"青蒿一握,以水二升渍,绞取汁,尽服之。"原来青蒿里有青蒿汁,它的使用和中药常用的煎熬法不同,这让屠呦呦意识到温度可能是提取的关键。她改用沸点较低的乙醚在60℃的温度下制取青蒿提取物,获得了成功。青蒿素的发现正是从中国延续使用了几千年的传统中草药青蒿中提炼出来的,用屠呦呦的话说"是中医献给世界的礼物"。

【思考讨论】

1. 中国古代科学技术思想对现代科技创新有哪些启示?
2. 中国古代科学技术思想与西方现代科学技术方法有何区别?
3. 21世纪科技创新如何运用好中西科技思想传统?

【案例分析】

1. 科学技术研究,离不开辩证思维。分析与综合、归纳与演绎、从抽象到具体、历史与逻辑的统一,这些辩证思维的形式体现和贯彻在科学家、工程师的具体科学技术研究中。习近平总书记非常重视辩证思维的重要作用,因此自觉地认识和提升这些辩证思维的形式,不仅对于科学研究有重要意义,而且对于树立马克思主义科学技术观,深入研究科学技术,建设创新型国家具有重要的意义。

2. 近100多年来,有着数千年历史的中国传统科学技术思想在西方近现代科学技术面前不堪一击,纷纷败下阵来,几乎被西方近现代科学技术完全替代。西方近代科学技术孕育了工业文明,西方现代科学技术孕育了现代文明,的确比中国传统的科学技术先进,我们应该虚心学习。而且,科学技术是无国界的,我们应该敞开国门、敞开胸怀,认真学习,努力研钻。问题是我们自己传统的科学技术,是否到了现代就一无用处、没有一点值得继承的价值呢?最好的回答是让事实说话。事实说明:传统科学技术思想在当今不但有用,而且是一个宝库,其在21世纪科学技术创新中将在观念上、理论上、方法上、史料上、技术基因上,乃至灵感上发挥重大的启迪或实用功能。

3. 中国传统科学技术思想与现在流行的西方科学技术的思路、方法、体系等很不一样。中国传统科学技术思想具有崇尚生成论、讲究整体观、勤于观察、善于推类、重于应用等优点,西方近代科学则具有崇尚结构论、讲究局部观、勤于实验、擅长逻辑、重于效益等优点,各有所长,亦各有所短。两者结合便会迸发出创造性的思维,前述的竺可桢、吴文俊是如此,创立协同学的H.哈肯、耗散结构理论的I.普里高津、有机建筑的F.L.怀特等也是如此。

案例五：墨家科学思想的发展对中国古代科学发展的影响[①]

【知识点】思维的逻辑性与非逻辑性

《墨子》给后人留下了一笔宝贵的精神财富，尤其是其中的自然科学成就更是引人注目。墨家的努力原本为后人开辟了一条大道，如果沿着这条道路继续前进，人们无疑会取得更加辉煌的成就。然而，由于秦汉以后学术的日益政治化，使得墨家的这一科学探索逐渐衰微。在诸子百家中墨家学说具有一种与众不同的科学精神，重视对自然科学的研究和应用技术的探讨。

墨家科学思想是中国古代以科技实践为基础，以自然为认识的独立对象，进行自觉理性活动的萌芽，展示了中国古代思想发展的另一个可能的方向。墨家科学思想是以科技实践为基础的经验主义和重逻辑的理性主义的结合。在后期墨家的重要代表作《墨经》中保存了这一学派对自然科学和应用技术的许多研究成果，代表了当时科学技术的最高水平，在中国科技史乃至世界科技史上有着重要的地位。在墨家的科学思想中，既有严谨的实验精神，又有严密的逻辑方法，这些对于科学的发展是必不可少的。墨家科学思想以其独特的体例和简洁的风格在先秦典籍中是非常突出的，表明墨家已试图用一种特殊的、与通常的自然语言有一定区别的语言来表达他们所要探讨的科学问题及得到的结论。后期墨家在某些领域建构了具有逻辑化、理论化的知识体系，其中尤以光学八条最为典型。

墨家能够对一些概念给出相对严格而又具有抽象程度的定义或界说，这体现出墨家已掌握了科学概念定义的基本方法。墨家能够在科学研究活动中引入实验环节，他们所进行的实验虽不尽完善，但表明墨家已建立了一个初具结构的科学活动过程。在墨家的科技结构中，不仅具备科学理论、实验和技术这三个要素，而且具有三要素之间互相推动的循环加速机制，在所有这些方面，墨家科学与作为西方近代科学"种子"的古希腊科学不仅极为相似，且处于相当的水平。墨学本为中国古代科学的发展开辟了一条很有利的道路，也为中国传统文化提供了较好的发展方向。墨学的中绝，无论对古代科学技术还是对中国传统文化来说都是一个无法弥补的损失。由于墨学的中绝，墨学所开创的注重科学的精神随之湮没不彰，没能在传统文化中占据应有的地位。倘若墨学没有中绝，墨学

[①] 童恒萍. 墨家科学兴衰对于中国古代科学发展的影响[J]. 科学技术与辩证法, 2008(2): 91-98.

的科学精神在中国传统文化中占据了应有的地位,科学技术在中国古代的地位和命运可能是另一面貌,我们的祖先贡献给人类的也许不止是四大发明。

在先秦诸子中,整体性的直观比类方法作为当时一种普遍性的形式,成为先秦哲学家乃至整个中国古代哲学家把握对象世界的基本方法。与这种思维方法相对立,后期墨家发展起来的是一种分析性的逻辑方法,这种方法体现在理论形态上,就是后期墨家所确立的逻辑学体系。例如,后期墨家的"名""辞""说",就是分别从不同侧面对逻辑学中的概念、判断、推论等逻辑原则的界说与规定。依照学术界的共识,后期墨家的逻辑学虽不及西方亚里士多德的逻辑学那样系统,但也几乎接触到了形式逻辑学当中的所有基本问题,并且在思想的深度和真理性方面也不比西方人有丝毫的逊色。后期墨家的思维方法与先秦诸子的思维方法是对立的,重视分析性的逻辑方法也是墨家科学精神的重要表现之一。"后期墨家的哲学理论和逻辑理论所表现出的科学精神与先秦其他诸子之学的人文精神,分别代表着中国历史上两种不同的文化倾向或文化传统。二者都是人们的社会生活不可缺少的东西。"后期墨家的思想与古希腊的哲学和科学思想及逻辑思想非常相近和相似,其中孕育着中国古代哲学和古代文化所可能发展的另一个途径。

中国科学发展的落伍,其中重要的原因是在先秦诸子及在先秦之后的中国文化的发展进程中,中国的先哲们似乎没有感觉到有把自然科学方面知识当作重要追求目标的需要。中国传统文化所缺少的东西,正是后期墨家在两千年以前所要说明、肯定和提倡的东西。与古希腊同时代的《墨经》一书,记录了中国先哲们探索自然界的科学成就,表达了中国古代先哲对探索科学方法论的高度自觉。《墨经》中的抽象科学知识与古代希腊的理论科学一样大起大落,这是人类历史上一切超越时代的早熟文化的共同历史命运。

纵观中国古代科学技术的历史,我们可以明显看出,由于儒家思想在中国文化中的主导地位,人伦礼义一直是传统文化的主要内容。科学技术则成为士大夫不齿的术数末技。在中国古代,科技只是一门技艺,而不是一种抽象的科学理论,科学技术一直被视为雕虫小技。中国古代科技,除了关系到王朝命运的少数几个领域外(如天文、农业、医学、军事等),其他领域很难得到官方的支持和资助。由于缺乏科学思想的引导和刺激,加之中国古代人文思想囿于传统经典的束缚,精神资源逐渐枯竭,中国古代文化的许多思想都与科学精神对立。比如在理学中最接近科学方法的"格物致知"之说中,仍然体现了一种非逻辑的伦理思辨倾向:"格物穷理,非是要尽穷天下之物,但于一事上穷尽,其他可以类推。"正是在这种思想方法影响下,中国古代的自然科学形成了一种注重解决实际问题的倾向,因而在工艺技术上取得了举世瞩目的成就,然而在归纳方法、实验方法,尤其是系统的理论探讨方面则注意不够。由此可看出,墨家科学的失传对于中国古代科学的发展而言是一个巨大损失。而这种损失不仅对自然科学产生了影响,而且对整个民族的思维深度也带来了负面影响。

【思考讨论】

1. 墨家科学思想的特点是什么?
2. 墨学的科学精神在中国传统文化中占据了怎样的地位?
3. 后期墨家科学思想方法的特点是什么?

【案例分析】

1. 创造性思维的逻辑性,是指创造性思维过程中包括演绎、类比推理、归纳等。在逻辑思维方面,类比推理在科学发现与创造方面的作用很大。创造性思维的非逻辑思维形式主要有联想、想象、隐喻、灵感、直觉与顿悟等。

2. 墨家科技思想是中国古代以科技实践为基础,以自然为认识的独立对象,进行自觉理性活动和科学实验的萌芽,展示了中国古代思想发展的另一个可能方向。

3. 墨家科学的兴衰对中国古代科学发展具有重要影响。中国古代科学长期停留在现象的描述阶段,缺乏实验手段去验证其普遍性。墨家科学为中国古代社会开辟了一条可能走向近代科学的发展道路,中国传统文化没有选择墨家令中国古代社会失去了一次可能发展近代科学的机会。

案例六:周易、老庄、墨家科技思想比较[①]

【知识点】思维的直觉与顿悟特征

中国古代科技思想发端于先秦时期已经成型的儒、道、墨三家的思想体系之中。周易是儒家的哲学基础。周易中的科学思想以"观象制器"为核心。先秦道家老、庄的科技思想典型地表现为庄周关于"所好者道也,进于技矣"的观点。墨家的科学技术思想与其"巧传则求其故"的命题联系在一起,对知识采取一种与近代以来西方科学相似的态度,是中国古代科学技术文化与西方科学技术文化接轨的自然基础。虽然周易、老庄、墨家之科学技术思想各有特点,但它们之间相互弥补,共同组成一个完整的中国科学技术思想基础。在中国古代科学技术思想中,周易、老庄、墨家各有其特点。

---

① 刘晓华.周易、老庄、墨家科技思想比较[J].自然辩证法研究,2006(1):92-96.

▶▶▶ 自然辩证法新时代教学案例

周易中的科学技术思想特点,可用"观象制器"来概括。观分感性与理性,感性之观是经验,理性之观是直觉。象既指自然对象,也指作为认识活动结果的对象,有物质与精神之分。制,意味着科学技术是人类活动的结果。器是科学技术,既是认识活动的结果,也是现实活动的结果。"观象制器"的科学技术思想,肯定了包括科学技术知识在内的知识的客观性和经验性,直觉地获得科学技术知识的思维途径。

老庄的科技思想可说是"好道进技",具体体现为否认科学技术的经验基础,以直觉思维为科学技术的方法,同时强调理论的纯粹抽象性和技术的经验熟练性的特点。"为学日益,为道日损。损之又损,以至于无为。"

墨家的科技思想是"巧传则求其故"。墨家的科学技术思想开辟了一个新的实证主义的思想传统。这种传统的实质集中体现在三表法的知识标准,以辩学为特征的逻辑理论,以"巧传则求其故"的科学技术理论为说明原则,并包括数学物理等科学原理在内的工匠原理,具体总结为几个方面。墨家以为科学技术来源于感性经验,科学技术理论形成于寻求事物之间因果联系的逻辑推理。墨家对人类包括科学技术知识在内的知识持一种感性经验主义的立场。

周易、老庄、墨家科学技术思想的一个最大的共同点,就是都崇尚理性,承认对科学技术的把握存在于抽象之中。不同之处,在于周易和老庄认为能把握科学技术之抽象是理性直觉或直观,而墨家则在理性直觉或直观之外,尤其注重逻辑推理与事物之间的直接原因分析,后者正与现代科学理性相一致。其中,周易与老庄,虽然在科学技术之思维方法上同于理性直观,但其直观的基础又有不同,周易的直观基础是包括人体自身在内的现实的感性经验,而老庄的直观基础则是理性思维自身或是来自思想者内部的思维体验;周易与墨家虽然异于抽象方法,但他们都肯定科学技术的现实经验基础;老庄与墨家虽然在科学技术知识的来源上迥异,而且在抽象思维之理性直观与逻辑分析方面各自所强调的不同,但在严于抽象思维方面则有相似之处,都体现较高的抽象思维水平。

周易、老庄、墨家科学技术思想的另一个共同点,就是在基本立场上都主张人与自然和谐相处。周易以天地人为三才,以天人合一为精神实质。其科学技术思想从感性经验和整体观的角度,看到了人与自然的统一性,以天人和谐为其最高精神境界与追求。老、庄则在科学技术还不发达的古代就试图用道来限制科学技术可能给人类与自然环境带来的危害,对于技术本身的局限性给予了极端的重视,甚至要"绝圣弃智",放弃和毁灭科学技术。墨家则从节用、节葬等角度,主张合理使用自然资源,而反对挥霍浪费自然资源,在精神实质上与儒道所主张的人与自然和谐一致。

周易、老庄、墨家科学技术思想是中国古代科学技术思想发展的前后相连的三个环节,它们之间相互弥补,正好完成中国古代科学技术思想的全面基础。周易"观象制器"的科学技术思想是第一个环节。周易从感性经验出发,通过理性直观,在直觉中形成有关科学技术的普遍结论和原则,在此基础上,通过现实的活动制造发明出实用工具,以改变自然、满足现实社会的需要。

老、庄"好道进技"的科学技术思想构成中国古代科学技术思想发展的第二个环节。老、庄直接从理性直观出发,主张科学技术在于把握现实事物现象背后的本质,主张具体的科学技术具有有限性、非自然性。老庄思想以直觉思维为基础,在显现出其高深的抽象思维水平的同时,也在超越感性经验的地方表现出了排斥、轻看现实感性经验的倾向。

墨家科学技术思想是中国古代科学技术思想的第三个总结性环节。追寻事物所以然的原因,从而概括出一般理论法则和技术规则构成的科学技术知识是一般科学技术形成的最为关键的环节。如果避开墨家与周易、老庄的分歧不谈,墨家思想恰好将三个方面的积极面融为一体。在这里,我们看到的是一个完整而全面的中国古代科学技术思想基础:经验、直观、逻辑、人工语言。现实检验,这些正是现代科学技术所必须包括的环节。

【思考讨论】

1. 周易、老庄、墨家科学技术思想各有什么特点?
2. 周易、老庄、墨家科学技术思想的共同点是什么?
3. 为什么说"周易、老庄、墨家科学技术思想构成中国古代科学技术思想发展的三个环节"?

【案例分析】

1. 直觉是指不以人类意志控制的特殊思维特性,它是基于人类的职业、阅历、知识和本能存在的一种思维特性。直觉具有直接性、迅捷性、或然性等特性。
2. 顿悟是创造性思维的一种特性和状态,指当思考某个问题长期得不到解决时,在某种时刻突然获得解决问题的豁然开朗的状态。顿悟有突发性、诱发性、偶然性、极度快乐或豁然开朗等特性。
3. 周易、老庄、墨家之科学技术思想各有异同。在科技知识的来源上,周易与墨家都重视感性经验,而老庄则排斥感性;在科技知识的获得上,周易与老庄都看重直观,其区别在于周易之直观包括感性直观与理性直观两个方面,而老庄则倚重于理性直观;墨家则在不排斥直观的同时,注重逻辑与科学知识的形式化,是中国古代较为全面而没有片面性的科学技术思想。三者之间相互弥补,共同组成一个完整而全面的中国科学技术思想基础。

案例七：新时代系统科学应用的生动实践：
火神山医院建设①

【知识点】科学技术研究的系统思维方法

系统科学是系统自然观的科学基础，它从整体上研究自然界物质系统的结构和功能及其演化规律的综合性的学科群，它超越了还原论和决定论的思想桎梏，实现了思维方式的根本性变革，被称为"继相对论、量子力学之后的又一次科学革命"。

每每提及系统科学应用的案例，人们首先想到的便是美国的"曼哈顿计划"。这项人类历史上颇具争议性的科学联合攻关，集中了当时西方国家（除纳粹德国外）最优秀的核科学家，动员了 10 万多人参加这一工程，历时 3 年，耗资 20 亿美元，于 1945 年 7 月 16 日成功地进行了世界上第一次核爆炸，并按计划制造出两颗实用的原子弹，先后在日本广岛、长崎爆炸，沉重打击了日本法西斯主义，但也给地方民众带来了巨大伤害。原子弹的使用，彻底打开了原子能运用的潘多拉魔盒，使核武器成为人类生存和发展的潜在危险。在计划执行过程中，负责人 L. R. 格罗夫斯和 R. 奥本海默应用了系统工程的思路和方法，大大缩短了工程所耗时间。这一工程的成功促进了第二次世界大战后系统工程的发展。之后美国的"阿波罗计划"，再一次让世人见证了美国强大的科技实力，也验证了系统科学思维在解决复杂性问题中的巨大作用。在这些西方案例之外，我们也能看到不少生动的中国实践，其中最令人印象深刻的莫过于 2020 年抗击新冠肺炎疫情中的火神山医院建设。

作为中华人民共和国成立以来，传播速度最快、感染范围最广、防控难度最大的重大突发公共卫生事件，新冠肺炎疫情对武汉地区的医疗卫生资源形成了巨大的挑战。为了在短时间内实现应收尽收、应治尽治的防控要求，火神山、雷神山医院的建设便应运而生。

2020 年 1 月 23 日火神山建设任务下达，2 月 2 日医院完工交付。这个总建筑面积 3.39 万平方米，相当于半个北京"水立方"的"战地医院"，从开始设计到建成完工，历时仅 10 天，充分彰显了中国速度，也生动展现了系统科学应用的价值所在。

---

① 澎湃新闻. 火神山建设不完全手册[EB/OL]. [2020 - 02 - 08]. https://www.thepaper.cn/newsDetail_forward_5859956.

第三章 马克思主义科学技术方法论

项目建设由中建三局、武汉建工、武汉航发、汉阳市政四家企业参建,在武汉知音湖畔 5 万平方米的滩涂坡地上,指挥 7 500 名建设者和近千台机械设备,向全体国人和备受煎熬的武汉市民立下军立状——"十天,建成一所可容纳 1 000 张床位的救命医院"。

北京中元国际工程设计研究院在 78 分钟内,将 17 年前小汤山医院的设计和施工图纸全部整理完毕,然后毫无保留地提交给武汉中信建筑设计院,并由全国勘察设计大师黄锡璆博士反复叮嘱经验得失。

中信建筑设计院在 1 小时内召集 60 名设计人员,同时设立公益项目,联络全国数百名建筑信息模型(BIM)设计师共同参与,全力以赴投入战斗。24 小时内拿出设计方案,60 个小时内与施工单位协商敲定施工图纸。

武汉航发集团迅速进场开始场地平整、道路及排水工程施工;同时由多家行业龙头企业——高能环境、东方雨虹、兴源环境、银江环保等组成紧急工程建设团队,负责防渗工程、污水处理和医疗垃圾转运设施建设;还要在最困难的时候召唤中铁工业旗下的中铁重工,火速增援追赶工期。

国家电网 260 多名电力职工不眠不休 24 小时连续施工。在 1 月 31 日前完成两条 10 千伏线路迁改、24 台箱式变压器落位工作、8 000 米电力电缆铺设,并按时开始送电。亿纬锂能在电力电缆铺设完成前,紧急提供静音发电车,以解决通信基站等关键设备的应急供电问题。

华为、中国移动、中国电信、中国联通、中国铁塔、中国电子、中国信科等前后方企业紧密配合、协同作战,在 36 小时迅速完成 5G 信号覆盖后,还交付了云资源、核心系统的计算与存储设备,并建成与解放军总医院的远程会诊系统。

项目组在施工现场的三棵桂花树后架设一个摄像头开通直播,再召唤几千万个云监工,看着由三一重工、中联重科、徐工机械支援保障的"送灰宗""呕泥酱"24 小时忙忙碌碌。

中国石油提供现场加油车,并征用中国石化知音大道加油站为项目现场提供油品保障,同时提供方便面、开水,以及开会场地和临时厕所。

三峡集团鄂州电厂全部生产人员驻厂,为武汉用电提供保证;中国铁建高速公路优先放行火神山医院物资;宝武钢、浙商中拓、五矿发展提供钢材;中国建材提供石膏板、龙骨。

中国外运送来的食品、中粮集团捐赠的粮油为数千名工人供应一日三餐。在一天之内由湖北中百仓储联手阿里巴巴旗下淘鲜达建成一个"无接触收银"超市,为工人和医务工作者便捷、安全地提供生活物资供应。

施工还用上了华新股份的水泥、河北军辉的防火涂料、正大制管的镀锌圆钢、华美节能的橡塑绝热保温材料、惠达卫浴和恒洁卫浴的 5 931 件马桶和龙头、海湾安全的消防报警器、佳强节能等三家企业的3 500套装配式集成房、新兴际华的球墨铸铁管、永高股份的市政及建筑管道、中国一冶的4 800套钢构件、株洲麦格米特的50套电源设备、上海冠龙公司的2 000台阀门。

在装修环节,中建深装的100名管理人员、500名施工人员,在3天内完成室内外地胶铺设、卫生间和缓冲间地砖铺设及200余间病房的室内装饰任务。装修完成后,在信息系统建设方面,联想集团提供全套2 000多台计算机设备和进驻现场的专业IT服务团队;TCL电子提供全部公共LCD显示屏;小米提供平板电脑;紫光、烽火通信、奇安信提供网络及安全设备;卫宁健康提供互联网医院云平台。在专业设备方面,潍坊雅士股份的ICU病房和手术室专用医疗空调、上海集成电路行业协会的热成像芯片、上海昕诺飞的930套紫外消毒灯、欧普照明的专业照明设备、乐普医疗的2 000支电子体温计与700台指夹血氧仪、汇清科技和奥佳华的专业空气净化器、猎户星空的医疗服务机器人、欧亚达家居的床铺物资和联影医疗、上海信投、东软集团的CT设备,都在第一时间送达,并投入使用。以上所有的物资运输,都依赖于顺丰、中通、申通、韵达、中国邮政、阿里巴巴物流平台等中国物流巨头联合开通的国内及全球绿色通道,免费从海内外各地为武汉运输救援物资。

最后,让专业团队安装好格力空调,等海尔的工程师因为道路封闭背着冰箱赶到现场,把美的饮水机、热水器安置到位,由宇通客车和江铃集团捐赠的几十辆负压救护车已经整装待发,开始转移病患。

在这场与时间赛跑的建设大战中,如此高效运作的建设流程,让人看到的是疫情之下中国特色社会主义制度的强大动员力,也感受到全国人民对抗击疫情的团结力,更能体现出系统科学组织下各部门之间的协同力、各单位之间的向心力,以及现场工作人员持续不断的战斗力。火神山医院建设的顺利完成,不但大大缓解了武汉抗击疫情的艰难情况,更是大大鼓舞了全国人民抗击疫情的士气。在这场同严重疫情的殊死较量中,在中国共产党的正确领导下,在全国各族人民的共同努力下,中国人民和中华民族以敢于斗争、敢于胜利的大无畏气概,铸就了生命至上、举国同心、舍生忘死、尊重科学、命运与共的伟大抗疫精神,并在这一精神指引下,取得了令世界瞩目的抗击疫情的重大战略成果,充分展现了中国共产党领导和我国社会主义制度的显著优势,充分展现了中国人民和中华民族的伟大力量,充分展现了中华文明的深厚底蕴,充分展现了中国负责任大国的自觉担当,极大增强了全党全国各族人民的自信心和自豪感、凝聚力和向心力,必将激励我们在新时代新征程上披荆斩棘、奋勇前进。

【思考讨论】

1.谈谈你所在的领域能在抗击疫情中发挥什么作用?

第三章 马克思主义科学技术方法论

2.系统科学对你所学专业有何指导意义?

【案例分析】

本案例主要讲述了新冠肺炎疫情暴发以后,为了应对严峻的疫情形势,全力开展火神山医院建设的过程。该案例生动展示了系统科学在工程建设中的突出效果,全面体现了中国特色社会主义制度优势所在,充分展现了中国人民和中华民族的伟大力量。

1.疫情期间,在中国共产党的坚强领导下,在党中央的统一指挥下,在伟大抗疫精神的指引下,中华民族紧密团结,协同共进,各行各业的单位、组织及个人都结合自身实际发挥了重要的作用,运用系统科学思维,统筹推进,同向同行,取得了抗疫的伟大胜利。案例运用中,既要注意引导学生对中国特色社会主义制度优势产生深刻认同,更要注重从疫情出发引导学生重新反思自然观。

2.系统科学在抗疫领域所取得成效,再次证明在科学研究、社会发展、个人成长方面,理论都有着巨大的指导意义。学生应该全面深入地理解马克思主义理论,树立科学的世界观、人生观、价值观,坚持正确的方法论,学好专业基础知识,不断开展创新研究,实现个人的全面发展。

案例八:科研选题三原则[①]

【知识点】科学技术研究的创新与批判思维方法

邹承鲁(1923年5月17日—2006年11月23日),祖籍江苏无锡,出生于山东青岛,生物化学家,中国科学院院士。1945年,毕业于西南联合大学化学系。1951年,获英国剑桥大学生物化学博士学位。1992年,当选为第三世界科学院院士。1980年当选为中国科学院院士(学部委员)。

邹承鲁作为近代中国生物化学的奠基人之一,在生物化学领域做出了具有重大意义的开创性工作。他在国际上最早尝试用蛋白水解酶部分水解的方法研究蛋白质结构与功能的关系;发现了细胞色素 C1 与线粒体结合前后性质发生很大的变化,证明细胞色素 B 与琥珀酸脱氢酶不是同一个物质。邹承鲁建立了蛋白质必需基团的化学修饰和活性丧失的定量关系公式与作图法,被称为"邹氏公式"和"邹氏作图法"。他的学术成果曾经多次荣获国家自然科学奖一、二、三等奖。

---

① 郭传杰.科技创新案例[M].北京:学苑出版社,2003:13-20.

▶▶▶ 自然辩证法新时代教学案例

自1949年邹承鲁研究生时期在英国《自然》期刊上发表第一篇论文后,其在导师指导下进行选题开始,迄今已近半个世纪。在半个世纪的研究工作中,共在国内外科学刊物上发表学术论文200余篇,对如何选择研究课题积累了一些经验。他认为一个好的新研究课题必须遵循以下三个原则:

重要性

科学研究贵在创新。一篇在严肃的科学期刊上发表的研究论文,必须在某些靠近方面有所创新,否则就没有发表的价值。但是所有的科学研究又都建立在前人工作的基础之上,因此又必须对前人工作给以充分的评价。在论文中必须充分回顾与本人结果直接有关的前人工作,然后再恰如其分地介绍自己工作中的创新之处,这就是一篇研究论文引言中的主要内容。

选择一个研究课题,首先要考虑的当然是课题的重要性。科学研究贵在创新,简单重复前人结果不是科学研究,没有创新就没有科学的前进与发展。在这种意义上说,在科学研究上是没有"银牌"的位置的。因此科学上的重要性,首先要考虑的是创新性。必须仔细检索以确认是在世界范围内没有报道过的,当前根据关键词利用计算机进行检索是轻而易举的。在开始工作前,先进行计算机检索以避免与文献重复是绝对必要的。创新性又首先应该是在科学思想上,其次才是在研究方法上。这二者又密不可分,没有科学思想上的创新,就谈不上研究方法上的创新,而没有研究方法上的创新,科学上的创新思想又往往难以实现。

所谓创新当然首先是指具体问题在过去文献中没有报道过。对用一种材料已经研究过的问题,换一种材料进行类似的模仿性的研究虽然是允许的,在进入一个新的领域时,甚至是必要的学习阶段,但绝不能说是高水平的研究。某些所谓填补空白的研究往往是这类换一种材料进行的模仿性研究。国际上一些高水平的学术刊物公开宣称不接受发表此类论文,高层次的创新是指学术思想上的创新。但是,创新性又不是对科学问题重要性的全部考虑。重要性首先是课题完成后对学科领域今后发展可能产生的影响,影响的面越大,则重要性越大。一个新思想的建立有时能开辟一个全新的研究系列,甚至全新的研究领域。此类课题通常被称为"所谓开创性研究"。DNA双螺旋结构的确立开创了分子生物学新学科,从而改变了整个生物学的面貌,这无疑是20世纪重要的工作之一。对学科领域今后发展可能产生的影响常常需要观察一段时间,这就是白居易说的"试玉要烧三日满,辨材须待七年期"。而判断一篇论文的影响常用的一项客观指标是对这篇论文的引用情况。引用率是一篇论文得到国际重视的一种客观指标,一般说来,一篇论文被引用次数越多,对科学发展的影响就越大。自然,国际上也有人反对以引用次数来评价一篇论文的水平。常被用来作为例子的是一篇 20 世纪 80 年代蛋白质浓度测定的论文,由于其简便和灵敏,多次被人引用。虽然多年来居于生物化学被引用次数最多论文的首位,却无人认为这篇蛋白质浓度测定的论文对生物化学的发展有很大影响。但是从反面看来,如果一篇论文发表以后如石沉大海,毫无反响,恐怕不能说是一篇重要的论文。

可能性

在确定了一个设想的重要性之后,还要着重考虑设想是否与现有的知识相矛盾。在开题前进行的文献查阅,既要查阅前人是否已经报道过类似结果,也要查阅是否与前人已有的结论相矛盾。与前人结论矛盾有时并不是坏事,纠正前人错误也是一种创新。前人结果越重要,予以纠正就越重要。即使是教科书中已经记载的结果有时也会有错误。

要全面掌握文献中所有有关报道,严肃对待文献中正反两方面的报道。对待文献,既不能盲目轻信,也绝对不可掉以轻心。首先不能盲目轻信前人的报道,对文献中错误结果的纠正本身就是一种创新。应该看到,文献中的结果都是在一定实验条件下取得的,在不同实验条件下,完全可能出现不同的结果。不能对文献报道不加分析盲目轻信,文献中出现的错误结果,有时是实验结果错误,有时是从正确的实验结果得出错误的结论,通常不会发生实验结果错误。但文献中有时会出现设计实验条件时考虑不周、对照实验不够而得到的错误结果。更为常见的是实验结果虽然正确,但对各种可能的不同解释考虑不周,从而得出错误结论的情况。因此,不能不加分析地轻信文献中的结论。但是,更不能对文献中已经牢固建立的结论掉以轻心。文献中业已稳妥建立的结论是经过前人大量工作的,发生错误的可能性极小,提出不同看法要经过认真的、仔细的考虑,找出前人可能发生错误的原因,然后提出自己的想法。推翻已经得到广泛承认的结论更要付出大量艰苦的努力,绝不是轻而易举的。国内外都时常有人提出建立永动机的设想,这无疑是极为重要的,但由于违背了热力学基本定律,因而可以认为是不可能实现的。科学有其连续性,所有的创新都必然建立在前人成果的基础之上。从前人成功的结果吸取经验,从前人失败的结果中吸取教训,才能超越前人,取得成功。学术思想上的创新和继承是一个矛盾的统一,只有充分掌握了前人成果才谈得上创新,否则只不过是无知而已。牛顿说得好:"我看得更远,是因为我站在巨人的肩膀上。"此外,如果仅在类似条件下盲目重复前人结果,作为学习是可以的,作为研究则完全是浪费时间。

在考虑可能性的时候,还应该想到,一个新设想既可能正确也可能错误;一个新的实验设计既可能得到正的结果,也可能得到负的结果。虽然有些课题,无论正负结果都有意义,但是在多数情况下,往往只有一种结果才是重要的,而另一种结果甚至没有发表的价值。对于此类课题,在结合其重要性和现实性予以综合考虑时,还要着重考虑获得有意义结果的可能性。

现实性

有了一个新的设想,并就现有知识看来实现新设想是重要的和可能的,还不足以开始进行研究,还不能说是已经提出了一个好的研究课题。例如治疗癌症,无疑是一个重要课题,并且也是可能实现的,但还必须有一个既现实可行又可成功的具体研究方案。没有一个现实可行的实施方案,任何设想都只是空想。所谓现实可行的实施方案是指所包含的全部实验方法都是已知的方法,或者经过努力都是可以做到的方法,并且按方案进行,一般来说是可望成功的。

在有多个课题可供选择时,应该是重要性、可能性和现实性的综合考虑,重要课题通常难度较大。但对于得到正结果时意义重大的课题,即使难度再大,只要有一个现实可行的实施方案,也应组织力量进行,力争予以实现。对于有一定意义而又简便易行的课题,可以安排适当力量进行。在当前国际科学界竞争剧烈的情况下,通常很难找到意义重大而又简便易行的课题。任何重要设想的实现,都要付出艰苦的努力。

结晶牛胰岛素的人工全合成是我国科学史上的一项重大成就,邹承鲁参加了课题的提出和部分研究工作。他结合所参加的部分,从选择基础研究课题的角度给我们提供一些好的建议。

就重要性而言,蛋白质人工合成的重要性是不言而喻的。蛋白质是生命活动的主要承担者,一切生命活动都离不开蛋白质的参与。人工合成一个有活性的蛋白质是人工改造生命的一个重要的里程碑。在一定意义上,这一成就,从其对科学发展的影响而言是超前的。因为总体上,人工合成或改造生命在世界范围内当时还没有提上日程。但是总有一天,也许在 21 世纪的某一个时候会提上日程。人们终究会更加充分地认识到这一成就对自然科学、对人们认识自然和改造自然的深刻影响。

这一课题一经提出,立即得到广泛的赞同,原因不仅是它的重要性,同时也是它的大胆创新和它的现实性。经过详细的文献调查,在当时,蛋白质的人工合成不仅没有人尝试过,甚至还没有人提出过。但是,这一课题的提出,在当时也是现实的。在那时,胰岛素一级序列的测定刚由英国的生化学家桑格(Sanger)完成,他因此获得了诺贝尔奖。现在多肽合成已经可以用仪器自动进行,但是 40 年前,蛋白质的合成,哪怕是像胰岛素这样一个仅含 51 个氨基酸残基的小蛋白的合成,也是件令人生畏的事。世界上首例多肽合成,是美国生物学家维格诺

第三章　马克思主义科学技术方法论

德（Vigneaud）在1953年合成的一个八肽——催产素，这使他获得了1955年的诺贝尔化学奖。到1958年，人工合成的最长的肽段还只是促肾上腺皮质激素的一个片段。但无论如何，从实验上人工合成一个蛋白质，虽然任务艰巨，已经是可能做到的了。因此在我们开始工作不久，就得知德国和美国的两个研究组也已开始进行类似的工作。

胰岛素是由两条肽链——A链和B链组成的。A链和B链分别含有21个和30个氨基酸残基。链间由两对二硫键联结，除链间二硫键外，在A链上还有一对链内二硫键。因此，在工作初期，曾考虑了三种合成方案以供选择。其中从合成角度看最为简便易行的方案是分别合成A链和B链，然后通过巯基的氧化使两条链正确组合。但是，还原和分离后的A链和B链是否能通过巯基的氧化生成正确的二硫键、能否重新组合形成天然的胰岛素分子还不知道，这一问题是人工全合成胰岛素成功的关键。我们开始查阅文献时发现前景并不乐观，国外许多人都曾尝试过把胰岛素分子中的二硫键还原，然后重新氧化组合，以期获得一定产率的天然胰岛素，而这些探索都无一例外地失败了。甚至有人报道对于部分还原的胰岛素而言，氧化会导致活力的进一步降低。当时除了像催产素这样只含有一对二硫键的小肽以外，还没有一个含多对二硫键的蛋白质能在还原后通过氧化而成功再生。等到使美国化学家安芬森（Anfinsen）获得诺贝尔奖的工作，即氧化被还原的核糖核酸酶能得到活力恢复的成果发表时，我们也早已由还原的胰岛素A链和B链重新氧化而获得可观的活力恢复了。但是由于美国和德国的两个研究组也在进行胰岛素的合成，我们不愿透露这个消息，以免为他们所用。当时正值"大跃进"期间，《中国科学》暂时停刊，当时没有向国外刊物投稿的先例。直到1960年迪克森（Dixon）等在《自然》期刊上发表论文，报道氧化被还原的肽链得到1‰~2‰的胰岛素之后，我们才决定在《中国科学》发表我们的结果，第一篇论文发表在1961年10月《中国科学》恢复出版后的第一期上。我们得到的重组产率远比《自然》期刊上迪克森等的产率更高。正是吸取了前人把不稳定的巯基转化为稳定的硫磺酸基再分离肽链的成功经验，充分分析了前人使用强烈氧化条件的失败教训，设计了较温和的低温和较强碱性的氧化条件，而以较高产率取得从胰岛素A链及B链重组生成胰岛素的成功，从而对胰岛素合成路线的决定做出了贡献。

结晶牛胰岛素的人工全合成从总课题到各个分课题的提出、制定方案，到予以实施，其中包含了多少人的心血和努力，在基础研究方面所取得的经验，有不少至今仍然是值得我们借鉴的。

【思考讨论】

1. 如何进行科研选题？

2.为什么说"从事科学研究贵在创新"？如何处理好科研方向与创新的关系？

【案例分析】

1.科研选题的选择，可结合案例中的重要性、可能性、现实性等方面分析。

2.科学技术研究需要创新，创新是科学技术研究的不竭动力和灵魂。要在科研上进行探索与创新，就必须善于发现问题、努力挖掘事实和加强理论思考，避免做重复研究。要创新，就必须有创新思维和方法。科学研究和技术发明的创新思维，就是思维要素的辩证组合与重新配置。科学技术研究的创新除了表现为运用规范性的辩证思维形式之外，还体现为收敛性与发散性、逻辑性与非逻辑性、抽象性和形象性的对立统一等辩证思维特征。在这些具有对立方向的特性之间保持张力是创造性思维的典型特征，也是创新思维方法的典型特征。

案例九：无人作战力量怎样影响作战体系[①]

【知识点】科学技术研究的创新思维方法

在2020年的纳卡冲突中，阿塞拜疆军队使用无人机攻击亚美尼亚地面坦克及士兵的画面令人震撼，说明无人作战力量正深刻影响和改变着现有作战体系，传统作战模式正在被无人化、智能化作战力量颠覆。

正如计算机网络逐步改变社会生产生活方式一般，无人力量影响和改变作战体系，也将沿着由低级到高级的顺序进行演进。认识无人力量发展特点，了解其影响作战体系的基本方式及内在机理，搞好预先筹谋，是应对未来无人作战、智能作战的必备之功。

"替代式"——无人平台替代作战人员的初级阶段

世界第一台计算机诞生于1946年美国宾夕法尼亚大学，其主要用途是进行复杂的弹道计算。在直至计算机网络出现前的20多年时间里，计算机主要作为人工计算和机械计算的"替代产物"，为人类生产生活服务，虽然极大提升了社会

---

① 刘立章.无人力量怎样影响作战体系[N].解放军报，2021-01-26(7).

第三章 马克思主义科学技术方法论

生产水平,却未对社会生活方式带来多大影响。无人作战平台的诞生可追溯到1917年,莱特兄弟第一次飞机试飞完成后不久,美国发明家斯佩里将从海军舰艇改装来的自动陀螺仪安装在柯蒂斯N-9水上飞机上,并通过多次试验实现了无人驾驶。

其后,又接连涌现出"蜂王"无人机、V-1无人飞行炸弹、"歌莉娅"爆破运载车、"科沃"无人潜航器、"火蜂"无人机等。在这一阶段,无人作战平台主要特点是以有人控制为主,突破人体生理和心理极限,替代人类在极端恶劣环境或战场上执行侦察、爆破等危险任务,降低人员伤亡率。但各作战平台多为"单打独斗",并不具备任务协同的智能水平,本质上还属于作战人员或武器装备的"替代品",并未对作战体系产生质的影响。

"融入式"——无人系统融入作战体系的中级阶段

1969年因特网诞生后,计算机网络技术飞速发展,人类社会步入互联网时代。此时的计算机已经不再是人类计算的"替代产物",而是在互联网的带动下开始融入社会生产生活的各层次各领域,逐渐与人类社会紧密结合。社会生产生活方式在计算机网络的影响下发生了极大改变。

随着探测识别、网络通信、群体智能、自主控制等技术的出现和发展,无人作战平台呈现多功能化、集群化、智能化、自主化等特点,无人作战平台彻底告别"单打独斗"的遥控时代,通过群体聚合逐步形成单独执行战术任务或完成某一类型战役任务的能力,并且通过与当前作战体系的融合,极大地拓展了作战效能。美军提出"忠诚僚机"作战概念,启动和研发了"小精灵""灰山鹑"等无人机蜂群项目,并且在其颁布的《无人系统综合路线图(2017—2042)》中提出:未来无人系统应针对全部作战领域,而非特定作战领域,进一步提升美军使用无人系统的军事能力。

这一阶段,世界主要军事强国一方面努力推动有人无人作战力量快速融合,另一方面通过加快构建具备单独执行战术甚至特定战役任务能力的无人作战体系,并使其融入作战体系,意在借助无人技术进一步优化作战体系,大幅提高作战能力和质效。

"重塑式"——无人力量重塑作战体系的高级阶段

随着芯片集成、大数据、云计算等技术的发展,互联网时代开始逐步向物联网时代过渡,社会生产生活方式由依托计算机互联网变成"万物皆可联、万事皆可联"。人类的传统思维被彻底颠覆,原有的思维模式已经不再适应当下的技术发展,谁能够超前规划、重塑社会生产生活方式理念,谁就能引领未来。

当无人技术发展逐步成熟,无人设备将借助人工智能、物联网、人机接口等技术应用到社会生产生活的方方面面,一人控制万物或者一个指令完成一场作战将不再是天方夜谭。正如恩格斯所指出:一旦技术上的进步可以用于军事目的并且已经用于军事目的,它们便立刻几乎强制地,而且往往是违反指挥官的意志而引起作战方式上的改变甚至变革。

而作战方式的改变又会引发军队组织形态、作战体系的重塑。此时的无人作战力量已经集侦察、打击、防御等功能于一体,遍布陆、海、空、天、网等全域,集群化、智能化、自主化高度成熟的机器人军团将登上战争舞台,原有的以人类为主体构建的作战体系有可能被颠覆,"人在回路上"甚至"人在回路外"的无人作战体系将成为未来战场的主要对决双方。

从外军多年来的无人系统发展经验看,专注当前固然重要,远眺未来更是不可或缺。一方面,我们需要在当前作战体系中搞好无人力量发展规划,搞好融入和扩充升级;另一方面,更要在全方位的无人技术发展中捕捉可以转化为作战优势的"先机",突破思维桎梏,筹谋规划当下看似不可能、不现实的无人系统发展路线,突出和引领关键技术发展,通过塑造作战体系撬动新质作战能力生成,努力成为未来战争的主导者。

【思考讨论】

1. 无人力量作战体系对人才的需求转变是什么?
2. 无人系统的广泛应用是否意味着未来人的主体功能丧失?

【案例分析】

恩格斯曾指出:"一旦技术上的进步可以用于军事目的并且已经用于军事目的,它们便立刻几乎强制地,而且往往是违反指挥官的意志而引起作战方式上的改变甚至变革。"

一方面,我们需要在当前作战体系中搞好无人力量发展规划,搞好融入和扩充升级;另一方面,更要在全方位的无人技术发展中捕捉可以转化为作战优势的"先机",突破思维桎梏,筹谋规划当下看似不可能、不现实的无人系统发展路线,突出和引领关键技术发展,通过塑造作战体系撬动新质作战能力生成,努力成为未来战争的主导者。

谁能够超前规划,重塑社会生产生活方式理念,谁就能引领未来。认识无人力量发展特点,了解其影响作战体系的基本方式及内在机理,搞好预先筹谋,是应对未来无人作战、智能作战的必备之功。

案例十:什么是假说演绎法[①]

【知识点】科学理论的形成

假说演绎推理在认识中有重要作用。哥白尼的日心说、牛顿的力学理论、达尔文的进化论、门捷列夫的化学元素周期表、爱因斯坦的相对论等,都是以假说演绎推理的形式创立的。

孟德尔的豌豆杂交实验。19世纪中期,孟德尔用豌豆做了大量的杂交实验,在对实验结果进行观察、记载和进行数学统计分析的过程中,发现杂种后代中出现一定比例的性状分离,两对及两对以上相对性状杂交实验中子二代出现不同性状自由组合现象。他通过严谨的推理和大胆的想象而提出假说,并对性状分离现象和不同性状自由组合现象做尝试性解释。然后他巧妙地设计了测交实验用以检验假说,测交实验不可能直接验证假说本身,而是验证由假说演绎出的推论,即如果遗传因子决定生物性状的假说是成立的,那么根据假说可以对测交实验结果进行理论推导和预测。将实验获得的数据与理论推导值进行比较,如果二者一致证明假说是正确的,如果不一致则证明假说是错误的。当然,对假说的实践检验过程是很复杂的,不能单靠一两个实验来说明问题。事实上,孟德尔做的很多实验都得到了相似的结果,后来又有数位科学家做了许多与孟德尔实验相似的观察,大量的实验都验证了孟德尔假说的真实性之后,孟德尔假说最终发展为遗传学的经典理论。我们知道,演绎推理是科学论证的一种重要推理形式,测交实验值与理论推导值的一致性为什么就能证明假说是正确的呢?原来,测交后代的表现型及其比例真实地反映出子一代产生的配子种类及其比例,根据子一代的配子型必然地可以推导其遗传组成,揭示这个奥秘为演绎推理的论证过程起到画龙点睛的作用,不揭示这个奥秘则难以理解"假说演绎法"的科学性和严谨性,对演绎推理得出的结论仍停留在知其然的状况。

1900年,3位科学家分别重新发现了孟德尔的工作,遗传学界开始认识到孟德尔遗传理论的重要意义。如果孟德尔假设的遗传因子,即基因确实存在,那么

[①] 向义和.遗传密码是怎样破译的[J].物理与工程,2007(2):16-23.

它到底在哪里呢？1903年，美国遗传学家萨顿发现，孟德尔假设的一对遗传因子即等位基因的分离，与减数分裂中同源染色体的分离非常相似。萨顿根据基因和染色体行为之间明显的平行关系，提出假说：基因是由染色体携带着从亲代传递给子代的，也就是说，基因位于染色体上。美国遗传学家摩尔根曾经明确表示过不相信孟德尔的遗传理论，也怀疑萨顿的假说，后来他做了大量的果蝇杂交实验，用实验把一个特定的基因和一条特定的染色体——X染色体联系起来，从而证实了萨顿的假说。由此可以看出，对基因与染色体的关系的探究历程，也是假说演绎的过程。

脱氧核糖核酸复制方式的提出与证实，以及整个中心法则的提出与证实，都是"假说演绎法"的案例。以DNA分子的复制方式的阐明为例，美国生物学家沃森和英国物理学家克里克在发表DNA分子双螺旋结构的那篇著名的论文的最后写道："在提出碱基特异性配对的看法后，我们立即又提出了遗传物质进行复制的一种可能机理。"他们紧接着发表了第二篇论文，提出了遗传物质自我复制的假说：DNA分子复制时，双螺旋解开，解开的两条单链分别作为模板，根据碱基互补配对原则形成新链，因而每个新的DNA分子中都保留了原来DNA分子的一条链。这种复制方式被称为半保留复制。1958年，科学家以大肠杆菌为实验材料，运用同位素标记法设计了巧妙的实验，实验结果与根据假说演绎推导的预期现象一致，证实了DNA的确是以半保留方式复制的。

遗传密码的破译是继DNA双螺旋结构模型提出后，现代遗传学发展中的又一个重大事件。自1953年提出DNA双螺旋结构模型后，科学家就围绕遗传密码的破译开展了一系列探索。美籍苏联物理学家伽莫夫提出的3个碱基编码1个氨基酸的设想。克里克和他的同事通过大量的实验，以T4噬菌体为材料，研究其中某个基因的碱基的增加或减少对其所编码的蛋白质的影响，结果表明只可能是遗传密码中的3个碱基编码1个氨基酸。但是他们的实验无法说明由3个碱基排列成的1个密码对应的究竟是哪一个氨基酸。两位年轻的美国生物学家尼伦伯格和马太转换设计思路，巧妙设计实验，成功地破译了第1个遗传密码。在此后的六七年中，科学家破译了全部的遗传密码，并编制出了密码子表。

【思考讨论】

1. 假说演绎法在科学发展中的重要意义是什么？
2. 假说的结构是什么？与猜测的区别是什么？

第三章　马克思主义科学技术方法论

【案例分析】

1. 假说演绎法(Hypothetico – deductive – method)又称为假说演绎推理,是指在观察和分析基础上提出问题以后,通过推理和想象提出解释问题的假说,根据假说进行演绎推理,再通过实验检验演绎推理的结论。如果实验结果与预期结论相符,就证明假说是正确的;反之,则说明假说是错误的。这是现代科学研究中常用的一种科学方法。

2. 假说演绎法的步骤是:

(1)观察分析,提出问题。

(2)推理想象,提出假说。

(3)演绎推理,做出预期。

(4)设计实验,验证预期。

3. 假说演绎推理可用如下公式表示:

如果 A ,那么 B,B＿＿＿＿＿＿所以 A 可能真。

4. 上述表达式中,A 表示所提出或论证所依据的假设,B 表示对未知事物的预测。"如果 A,那么 B"表示从假说演绎出对已知事物的解释或未知事物的预测。举例如下:

(1)观察分析,提出问题:自己的手机充不上电了。

(2)推理想象,提出假说:是数据线坏了？还是插头？或是充电头？或者其他原因？

(3)演绎推理,做出预期:如果是 A 数据线坏了,那么 B 换一根正常的数据线,手机就能充上电了。

(4)设计实验,验证预期:B 去找舍友借一根正常的数据线,其他部件不变,重新充电,手机可以充电了,那么就是 A 自己的数据线坏了。如果还是不行,那就是其他地方出问题了,只能继续实验,最终目的就是解决问题。

所以类似问题我们经常遇到,也经常使用这个方法,对所发现的问题提出假设就是假说。为了验证假设,需要提出一个方案,然后分析方案会出现什么样的结果,这个过程叫做演绎推理。验证就是设计实验看实验结果和预期结果是否一致。

第四章 马克思主义科学技术社会论

马克思与恩格斯把科学技术视为最高意义的革命力量,深刻揭示了科学技术与社会关系之间的本质。本章是基于马克思、恩格斯的科学技术思想,对科学技术与社会关系进行总结概括。科学技术对社会发展起着巨大的推动作用,社会对科学技术的发展和应用也有着重要影响。科学技术的社会功能观、社会运行观和社会治理观等,构成了马克思主义科学技术社会论的核心内容。

马克思主义科学技术社会论是从马克思主义的立场、观点出发,探讨社会中科学技术的运行规律,以及科学技术的社会功能、科学技术的社会治理等的普遍规律。主要涉及有关科学技术的社会经济发展、伦理、社会运行、文化等方面的观点和内容,是马克思主义科学技术论的重要组成部分。

案例一:青蒿素——中医药献给世界的一份礼物[①]

【知识点】科学技术的社会运行

屠呦呦:1930年12月生,浙江省宁波市人,中国中医科学院终身研究员、青蒿素研究中心主任。50多年来,她带领团队攻坚克难,让青蒿举世闻名;2015年荣获诺贝尔生理学或医学奖;2017年,荣获2016年度国家最高科学技术奖;2019年,荣获"共和国勋章"。

2020年12月30日,是屠呦呦90岁生日。她收到一份特别的生日礼物:屠呦呦研究员工作室在中国中医科学院中药研究所揭牌。她毕生只致力于一件事——青蒿素及其衍生物的研发,如今依然潜心于此……

"我学了医,不仅可以远离病痛,还能救治更多人"

"呦呦鹿鸣,食野之蒿"。屠呦呦的名字,注定她与青蒿一生结缘。1930年

---

① 王君平."青蒿素":中医药献给世界的一份礼物[N].人民日报,2021-2-4(10).

第四章　马克思主义科学技术社会论

12月,屠呦呦出生于浙江宁波。"女诗经,男楚辞"是中国人古已有之的取名习惯,屠呦呦父亲从《诗经·小雅》中撷取"呦呦"二字。父亲又对了一句"蒿草青青,报之春晖"。他未曾料到,这株"小草",改变了她的命运。

屠呦呦的求学之路曾被一次疾病中断。16岁时,她不幸染上肺结核,经过两年多的治疗调理才康复。这次经历,让她对医药学产生了兴趣。"我学了医,不仅可以远离病痛,还能救治更多人,何乐而不为呢?"从此,屠呦呦决定向医而行……

1951年,屠呦呦考入北京大学医学院药学系(现北京大学医学部药学院),选择了冷门专业——生药学。多年以后,屠呦呦说,这是她最明智的选择。

1955年大学毕业后,屠呦呦被分配至原卫生部中医研究院(现中国中医科学院)中药研究所,工作至今。参加工作4年后,屠呦呦成为原卫生部组织的"中医研究院西医离职学习中医班第三期"学员,系统学习中医药知识,发现青蒿素的灵感也由此孕育。

培训之余,她常到药材公司去,向老药工学习中药鉴别和炮制技术。药材真伪、质量鉴别、炮制方法等,她都认真学、跟着做。这些平日的积累,为她日后从事抗疟项目打下了扎实基础。

"我是组长,我有责任第一个试药"

1972年7月,北京东直门医院住进了一批特殊的"病人",包括屠呦呦在内的科研人员,要当"小白鼠"试药。屠呦呦毫不犹豫地说,"我是组长,我有责任第一个试药!"这段故事,还要从"523"项目说起。

1969年1月,39岁的屠呦呦突然接到紧急任务:以课题组组长的身份,与全国60家科研单位、500余名科研人员一起,研发抗疟新药。项目就以1967年5月23日开会日期命名,遂为"523"项目。

最初阶段,研究院安排屠呦呦一个人工作。她仅用了3个月时间,就收集整理了2000多个方药,并以此为基础编撰了包含640种药物的《疟疾单秘验方集》,送交"523"办公室。经过两年时间,她的团队逐渐壮大,历经数百次失败,屠呦呦的目光锁定中药青蒿:她们发现青蒿对小鼠疟疾的抑制率曾达到68%,但效果不稳定……

说起研究的艰辛,屠呦呦老伴李廷钊记忆犹新:为了寻找效果不稳定的原因,屠呦呦再次重温古代医书。东晋葛洪的《肘后备急方》中几句话引起她注意:"青蒿一握,以水二升渍,绞取汁,尽服之。""其一是青蒿有品种问题。中药有很多品种,青蒿到底是蒿属中的哪一种?其二,青蒿的药用部分,《肘后备急方》提到的绞汁到底绞的是哪部分?其三,青蒿采收季节对药效有什么影响?其四,最有效的提取方法是什么？"屠呦呦说。

屠呦呦反复考虑这些问题，最终选取了低沸点的乙醚提取。经历多次失败后，终于在1971年10月4日，编号191号的乙醚中性提取样品，对鼠疟和猴疟的抑制率都达到了100%。

尽管有了乙醚中性提取物，但在个别动物的病理切片中，却发现疑似的副作用。只有确证安全后才能用于临床。疟疾有季节性，一旦错过当年的临床观察期，就要再等一年。于是，屠呦呦向领导提交了志愿试药报告，也带动同事参与。

"虽然发现青蒿素快半个世纪了，但其深层机制还需要继续研究"

然而，青蒿素的首次临床观察出师不利。

1973年9月，在海南的第一次青蒿素片剂临床观察中，首批实验的5例恶性疟疾只有1例有效，2例有一些效果，但是疟原虫并没有被完全杀灭，另2例无效。

一连串疑问困扰着屠呦呦：不是青蒿素纯度的问题，也不是动物实验和数据的问题，难道是剂型？海南临床试验人员把片剂寄回北京，大家感觉片剂太硬，用乳钵都难以碾碎，显然崩解度问题会影响药物的吸收。于是，屠呦呦决定将青蒿素药物单体原粉直接装入胶囊，再一次临床试验。这次，患者在用药后平均31个小时内体温恢复正常，表明青蒿素胶囊疗效与实验室疗效是一致的。

从化学物质到药物的转变，青蒿素研究永无止境。1982年，屠呦呦以抗疟新药——青蒿素第一发明单位第一发明人身份，在全国科学技术奖励大会上领取了发明证书及奖章。青蒿素的研制成功，为全世界饱受疟疾困扰的患者带来福音。据世界卫生组织统计，现在全球每年有2亿多疟疾患者受益于青蒿素联合疗法，疟疾死亡人数从2000年的73.6万人稳步下降到2019年的40.9万人。青蒿素的发现挽救了全球数百万人的生命。

屠呦呦获得2015年诺贝尔生理学或医学奖。在瑞典卡罗林斯卡医学院的诺奖演讲台上，第一次响起清正柔婉的中国声音；屠呦呦的学术报告的标题是"青蒿素——中医药献给世界的一份礼物"。

面对荣誉，屠呦呦一如既往地淡定。"共和国勋章"颁发人选公示前，评选组曾经联系过屠呦呦。当时，她一遍遍确认着一系列问题：这么重要的荣誉，我够格吗？组织上有没有征求大家的意见？……直到对方一再确认保证，她才同意接受。居住在北京市朝阳区一栋普通居民楼里，屠呦呦依然没有习惯成为一位"明星"科学家，她的精力依然在科研。在屠呦呦的不断努力下，2019年8月，中国中医科学院在北京大兴举行了青蒿素研究中心奠基仪式；愿景中的研究中心白色的主楼就像一棵生机勃勃的青蒿。

"虽然发现青蒿素快半个世纪了，但其深层机制还需要继续研究。"屠呦呦盼望后辈有所突破。

2019年4月25日是第十二个世界疟疾日,中国中医科学院青蒿素研究中心和中药研究所的科学家在《新英格兰医学杂志》上提出了"青蒿素抗药性"的合理应对方案。由特聘专家王继刚研究员为第一作者,屠呦呦指导团队完成。未来青蒿素的抗疟机理将是她和科研团队的攻关重点。

一株济世草,一颗报国心。应对新冠肺炎疫情,屠呦呦呼吁:全球科研和医务工作者,要以开放态度和合作精神,投入到重大传染病防治中去……

【思考讨论】

1. 屠呦呦的青蒿素发现过程,对于你的科学研究有何启示?
2. 结合本案例内容,如何看待我国的中医文化?

【案例分析】

1. 屠呦呦因开创性地从中草药中分离出青蒿素应用于疟疾治疗而获得2015年的诺贝尔生理学或医学奖。屠呦呦青蒿素发现过程的事迹告诉我们:第一,科学研究需要坚持不懈的努力。第二,科学研究需要勇于创新。第三,科学研究要有社会责任感。第四,科学研究要有坚定的信念。以上四点同学们可以结合案例内容展开说明。

2. 屠呦呦曾说过,"中国医药学是一个伟大宝库,应当努力发掘,加以提高。"在传承中创新,在创新中传承,古老的中医药方能历久弥新。中医药从神农尝百草开始,在几千年的发展中积累了大量临床经验,对于自然资源的药用价值已经有所整理归纳。通过继承发扬,发掘提高,一定会有所发现,有所创新,从而造福人类。

案例二:科技伦理治理三论[①]

【知识点】科学技术的伦理规范

科学技术是人类迈向美好生活的第一推动力。随着科技发展突飞猛进,由科技所引发的伦理问题愈发凸显,科技伦理治理也日益成为时代关注的焦点。2022年3月20日,国家发布了《关于加强科技伦理治理的意见》(以下简称《意见》),对科技伦理治理工作作出全面系统部署,标志着中国科技伦理治理进入了

---

① 姚新中. 科技伦理治理三论[N]. 中国社会科学报,2022-06-14(2).

一个全新阶段。《意见》指出,"科技伦理是开展科学研究、技术开发等科技活动需要遵循的价值理念和行为规范,是促进科技事业健康发展的重要保障"。科技伦理治理必然要涉及诸多的关系、观念与活动,只有在伦理与科技良性互动中才能理解科技伦理的实质,也只有通过妥善处理科技发展所提出的道德问题和挑战,才能真正建立健全多方参与、协同共治的伦理治理机制,塑造科技向善的文化理念和保障机制。

科技伦理治理的传统与现代

有些人把科技伦理简单地理解为伦理与科技的对立,进而把科技伦理治理说成道德规范对科技发展的约束。的确,伦理与科技两者之间具有内在的张力,正是这些张力证实了科技伦理治理的必要性。首先,科技求真,伦理向善,两者之间并非必然一致,在特定条件下,科技的求真活动甚至会妨碍伦理的向善追求,从造福人类社会走向伤害人类福祉。比如,随着工业革命的兴起和科学技术的迅猛发展,科技特别是应用型技术在给人类带来更加便利快捷生活的同时,也曾经并正在带来灾难性后果,如世界战争、环境污染、病毒传播、侵犯人权等。可以说,正是科技的大繁荣大发展提出了事关人类生存与尊严的重大道德问题,科技伦理及其治理才应运而生。其次,科技的本性在于能动突破,伦理本质是平衡制约,两者之间在价值预设上具有明显的差异,所追求的目标也不尽相同。最后,在时间维度上,伦理是人类文明的积淀,是传统风俗习惯的集成,具有一定的历史性、传统性、保守性,而科技尤其是现代科技虽然也是人类文明的重要组成部分和发展动力,但往往需要突破以往的观念、理念、规则和实践,从而在认知活动、道德生活、社会秩序中产生巨大的不确定性。

然而,求真与求善并非必然对立。要树立正确的科技伦理治理观,就必须将科技发展与伦理进步置于传统与现代化的互动关系中。作为一种"世代相传"的东西,传统伦理对于科技治理不可或缺,但正如希尔斯在《论传统》中所指出的那样,"即使一种传统深得人心,它也会因为它与之发生关系的环境起了变化而必须被改变"。换句话说,伦理的传统性、特殊性必须与科技的现代性、普遍性相结合,并通过创造性转化与创新性发展才能成为现时代的精神,也才能成为科技伦理治理的保障。科技伦理治理不仅需要与文化相对主义相切割,而且必须在传统与现代之间寻找平衡,"现代化是传统社会向现代社会的转变过程",从而在能动转变过程中实现科技与伦理的统一。因此,简单地从张力的视角来理解科技与伦理的关系,把科技伦理治理说成传统道德对现代科技发展、科研活动的限制和约束,是所谓"现代化理论"的陷阱,既偏颇也有害。科技求新,在发明创造中实现自己,而真正的伦理既有传统性,也要与时俱进。因此,提倡科技伦理治理

第四章 马克思主义科学技术社会论

不仅是对科技进步的要求,也是对伦理道德创新性发展的期望,两者都是我国现代化的重要价值支撑。

科技伦理治理的中心与边缘

有些人提出,科技伦理治理不过是制定出一整套道德原则和规范,将科技发展的方方面面都包裹于其中,以此保证所有科技活动"不逾矩"。但这样做不仅不可能,而且会严重阻碍科技工作者的创新性研究,使伦理陷入自以为是的幻境。因此,在提倡科技伦理治理时,我们必须考虑科技伦理治理的核心价值与边缘应用的关系。"中心与边缘"是20世纪60年代发展起来的理论,广泛应用于经济学、社会学、教育学等领域,其基本观念是:在中心与边缘系统里,中心支配和主导着边缘,而边缘依附和依赖于中心。不过,笔者是在另一种意义上使用这个提法,以区分科技伦理治理中的轻重缓急,既要保证科技伦理的核心原则不受违背,也要预留出适当的自由空间,鼓励科技工作者能动创新,不断开拓科技伦理治理的边界。

科技伦理所秉持的基本原则是增进人类福祉、尊重生命权利、坚持公平公正、合理控制风险、保持公开透明。这既是当今科技伦理治理的核心,也是不可逾越的道德底线,更是科技工作者必须内化为良心的根本价值。在这些核心价值中,保障人类安全是基础。安全是人类生存发展的基本需求。作为人类认识自然、改造自然最重要的创造性活动,科技进步的动力之一便来自人类对各种安全(如免于匮乏和侵害)的内在需要。然而,科技在改造自然和环境的同时,也加剧了世界的不安全性,甚至可以说现代科技愈发达,全球性风险愈严重、愈明显。有鉴于此,联合国于1994年提出了"人类安全"概念,并将人类对安全的理解从政治、经济、军事等扩展至对生命、健康、尊严等的保护。《意见》也把"合理控制风险"作为一条基本的伦理原则,强调"科技活动应客观评估和审慎对待不确定性和技术应用的风险,力求规避、防范可能引发的风险,防止科技成果误用、滥用,避免危及社会安全、公共安全、生物安全和生态安全"。

谨守人类安全底线并不意味着科技活动只能局限在已知、可见、可测的范围。科技发展是人类追求美好生活的重要途径和手段,科技伦理促进人类的福祉(well-being)和美好生活的实现。因此,科技伦理治理也包括鼓励和指导科技工作者对未知领域、不确定对象的探索,拓展人类认识世界、把握世界的边缘,更新对认识世界和改造世界的伦理态度。在实现现代化过程中,科学发现、技术发明推动着生产力水平的提升,为人类创造了前所未有的物质财富,极大地提高了人类生活水平。在这一过程中,传统上非价值的活动得以价值化,而过去的道德规范也会经过重新诠释而得以新生,把越来越多边缘性的技术活动纳入伦理思考的中心。

科技发展在历史和现实中是一把双刃剑。但科技发明所带来的恶果,大都不是科技发明创造本身的问题,而是由其使用、应用的无节制、无规范、无操守所引发的,故而以此来否定科技活动的伦理价值是不成立的。科技是人类实践活动的重要方式,其后果对人类的福祉有利害关系,可以为善也可以为恶。因此,科技伦理治理就是要强化科技与伦理之间的内在契合性,使越来越多的科技活动负载着向善的价值,汇集在以马克思主义"自由而全面发展的人"为核心的伦理体系之中。正如爱因斯坦所说:"只懂得应用科学本身是不够的。关心人的本身,应当始终成为一切技术上奋斗的主要目标。"

科技伦理治理的滞后与前瞻

有些人以伦理学理论来诠释科技伦理治理,认为科技伦理的属性是滞后而非前瞻。科技伦理作为规范性的应用伦理,所循之进路无外乎三种规范伦理学,或以(先天、后天)普遍道德原则来评判科技行为的正当与否,或根据科技产生的后果来鉴定其属性好与坏,或通过科技活动与人类品格之间的关联来反观其善与恶。在此意义上,科技伦理具有内在的滞后性,其评判、规范、指导功能来自我们对于已经发生或即将发生之事的思考。但是,如果仅仅把科技伦理治理理解为对已有活动的评判,那就曲解了科技伦理的本质和功能。科技伦理治理所追求的是滞后与前瞻的统一,既对已有科技成果进行道德评判,也对科技未来可能提供伦理预见。前者为科技活动设定道德界限,后者则为科技进步提供价值论证。没有对已有科技成果的伦理反思,便没有道德规范,而对科技活动的伦理反思不仅是为了约束科技,也是为其提供前瞻性指导,从而更好地推动科技进步和发展。

科技伦理的兴起指向伦理反思的重要性。工业化发展特别是 20 世纪以来,科学技术突飞猛进带来生态灾难,尤其是高科技成果在两次世界大战中恶性应用造成生灵涂炭,直接引发了科技伦理的蓬勃发展。面对科技活动的严重后果,人类开始进行全面的伦理反思,建立健全科技活动的伦理原则、科技工作者的道德规范、科技应用的伦理界限和对科技权力的价值批判等。伦理的反思性不仅没有阻碍科技活动,反而唤醒了对维护人类福祉这一科技伦理核心原则的道德自觉。

科技及其应用的两面性说明人是有限性的存在。但人的本性在于追求无限,对于"前知""先知"的渴望也必然推动指向未来的科技活动。然而,人类伦理常常是滞后先于前瞻,"事后诸葛亮"式的教训多于"未卜先知"的智慧。科技虽然取得了巨大的成功,但正如恩格斯所警告过的那样,我们不能过分陶醉于对自然界的胜利,因为每一次所谓胜利换来的都是自然界对人类的报复。当今世界科技发展日新月异,我们对宇宙、世界、物质、生命的认识所达到的高峰不断地被超越。新兴科学技术如生命克隆、基因编辑、人工智能、大数据等所内含的道德风险越来越多,而我们可以准确预见的却少之又少。因此,承认人类理性的有限性,反思科技活动的道德风险,以前瞻性的远见避免重犯类似的错误,以伦理来保障和引导新的科技活动,是新时代科技伦理治理的必要前提和基本内容。

如何才能协调科技伦理的滞后与前瞻?我们也许可以从康德发人深省的三个问题得到启发:"我能够知道什么?""我应当做什么?""我可以希望什么?"第一个问题是要明确科学知识、技术发展的主客观边界,人的认知能力、时代所提供的物质条件都界定了我们的知识所能达到的深度与广度。中国传统伦理既有"明知不可为而为之"的精神,也有"知止可以不殆"的训诫,可以与之相呼应。第二个问题是在为科技活动寻求伦理的原则和规范。我们所能做的并不一定都是我们应当做的,我们所能掌握的知识也不一定都应该在符合普遍伦理原则前提下得以应用。因此,确定科技活动的"应当"标准、建立科技工作者对"应当"的自觉,是科技伦理治理的重要内容。第三个问题则是在反思已有科技成果的基础上对于未来的前瞻。"知识即美德"这一古老的希腊格言在今天依然具有重要意义,对于未来的探索、对于未知的突破不仅仅意味着人类自由的提升,也关涉着人类的命运。只有在探索与反思、求新与求善相结合的实践中,我们才能更好地掌控科技,使科技向善。正如《意见》所说:"科技活动应坚持以人民为中心的发展思想,有利于促进经济发展、社会进步、民生改善和生态环境保护,不断增强人民获得感、幸福感、安全感,促进人类社会和平发展和可持续发展。"

【思考讨论】

1. 为什么要对科学技术工作者进行伦理规范?
2. 科技工作者如何守好科技伦理底线?

【案例分析】

1. 第一,科学技术是一把双刃剑。第二,科技伦理和科技工作者的社会责任事关整个社会的发展前途。第三,科技伦理是科技界最有效的规训机制。

2. 第一,提升自律意识。自觉规范科学边界,警惕和防范技术滥用可能引发的伦理风险。第二,秉持科学严谨、审慎精神。面对未知风险应着眼于全局,从社会安全、伦理道德等层面深入分析研判,拿出切实可行、风险可控的意见方案,真正做到对后果负责、对公众负责、对人类社会负责。第三,培养高尚人格。科技工作者涵养爱国爱民、为国为民的崇高情怀,始终心系国家和民族的前途,心系人民群众的利益福祉,就能锚定科技活动的伦理坐标。第四,完善治理体系。建立和完善相关法律法规、伦理规范和政策体系,形成安全评估和管控能力,完善相应的责任追究机制。

案例三:科技创新应守好伦理"大门"[①]

【知识点】科学技术的社会建制

人工智能、基因编辑、自动驾驶等新技术在释放技术红利、造福人类的同时,也催生了新的科技伦理风险和科技治理挑战。加强科技伦理制度化建设,推动科技伦理规范全球治理,已是全社会的共识。2019年7月24日,中央全面深化改革委员会第九次会议审议通过了《国家科技伦理委员会组建方案》。科技界人士认为,这意味着中国将加快建立健全科技伦理审查和风险评估制度,并制定更为严格的法律法规。科学技术打开的究竟是阿里巴巴的大门还是潘多拉的魔盒,"科技伦理先行"将为其辨明方向。

脑机接口等新技术引发伦理担忧

前不久,特斯拉首席执行官埃隆·马斯克公布了一款脑机接口系统,设想将电极植入人的大脑。随后,社交媒体巨头脸书网(Facebook)表示正在资助高校科研团队研发"语音解码器",科研人员在研究中将一种电极片直接放在志愿者的大脑上面读取大脑信号。

"读脑术"似乎将成为现实,但这一系列脑机接口技术的进展,却引发了科学界及公众在伦理方面的担忧。"我坚决反对马斯克这种芯片植入式的脑机接口研究",在日前举行的2019中国计算机大会新闻发布会上,中科院院士梅宏说,"我们对人脑机理的探究是必要的,但这种技术路线是危险的,如果技术滥用后果将不堪设想。"业内人士认为,脑机接口技术不但对人的大脑有损伤或存在感染的安全隐患,还会侵犯个体的生理和隐私的边界。

除了脑机接口,自动驾驶带来的伦理问题也引发关注,此前在南京举行的全

[①] 蔡姝雯,上官新宇.规范科学边界防止技术滥用科技创新应守好伦理"大门"[N].新华日报,2019-08-14(11).

球人工智能技术大会上,耶鲁大学技术与伦理研究中心主任温德尔·瓦拉赫说:"技术进入驾驶座,成为人类命运的决定因素,如果系统失灵,谁将承担责任?"他认为,自动驾驶只是触及技术伦理与道德的冰山一角。

"人工智能可能会通过学习,专门攻击人脸识别。"中国工程院院士方滨兴2019年8月3日在东南大学演讲时说,有一种攻击手段叫"face to face",即"实时换脸"。"你拿iPad给我摄影,用这种手段能把我的脸换成刘德华的脸,而且可以让我以刘德华的脸完成张嘴、摇头、眨眼等任务动作。"技术看着有趣,但是其背后同样有着伦理隐忧。

当今世界,人工智能、基因编辑、合成生命、大数据等新技术高速发展,科技伦理有了大量新范畴。科学,不仅仅是实验室里的探索,更承载着人类未来发展的方向,科学技术的发展离不开伦理环境的建设,在一项技术发展到一定规模和程度时,必须要有相应的科技伦理来规范。比如瓦拉赫提出对人工智能的国际监督,"我们成立了国际AI治理大会,列出42个不同的原则清单"。他探讨建构一种人工道德智能体,让AI具有基本的道德敏感性,并逐步使AI具备道德决策能力。

有边界的创新才是负责任的创新

科技伦理不只是涉及科学研究中的伦理,也不只是科研人员要遵守科技伦理,还包括科技成果应用中的伦理。对基础科学的研究尽可以大胆假设,但对新技术的伦理评估及成果应用则需要"小心求证"。爱因斯坦曾说:"科学是一种强有力的工具,怎样用它,究竟是给人带来幸福还是带来灾难,全取决于人自己,而不取决于工具。刀子在人类生活中是有用的,但它也能用来杀人。"

世界科技史上,伦理问题不止一次引发巨大或持久的争议。1978年7月25日,世界上第一例试管婴儿在英国出生。但是直到2010年,"试管婴儿之父"剑桥大学教授罗伯特·爱德华兹才获得诺贝尔生理学或医学奖。辅助生殖技术经过30多年的实践考验才通过了伦理,得到了公众的认可。

科研伦理的灰色区域特别宽。中国科学院院士杨卫在"知识分子"平台撰文称:"如我们把不同基因段融合,有多少种组合可组成病毒,这个算不算伦理问题?欧洲的科学家说有问题,美国科学家说没有问题,所以把这项研究登在《科学》杂志上。"

"最大限度地发挥作为科学家的影响力,用最有益于人类的方法促进科学的发展,防止对科学的错误利用。"1949年,国际科学协会联合理事会通过的《科学家宪章》中,对科学界的义务和责任作了明确规定。而在欧盟相关科技创新政策中,重要理念之一便是"负责任的创新",这一理念主要用于评估科研和创新所具有的潜在意义及所承载的社会期望,旨在培育和设计具有可持续性、安全性的科研和创新。

今年3月,世界卫生组织宣布,将在未来两年内制定一个强有力的人类基因编辑国际治理框架,该框架将具备可扩展、可持续的特点,并适用于国际、地区、国家及地方各个层面。世卫组织新成立的人类基因编辑全球治理和监督标准咨询委员会则强调,应创建人类基因编辑研究的"中央登记体系"。为防范技术滥用和其他风险挑战,西方科技强国建立了较为完善的科技伦理自律管理机制,比如主流科技企业内部建立伦理审查机制、行业组织制定行业标准等,其科研人员基本都要经过伦理培训,选修相关课程。

在我国,中国人工智能学会伦理道德专业委员会也正在计划针对不同行业的人工智能设立和制定伦理规范,如智能驾驶规范、数据伦理规范、智慧医疗伦理规范、智能制造规范、助老机器人规范等。瓦拉赫认为,全世界人工智能伦理的发展尚属起步阶段,中国的人工智能产业发展迅速,有更大的责任参与到人工智能伦理国际机制的建构当中。

将伦理基因植入对科学的探索

将伦理基因植入对未知科学的探索,方有利于让科技更好地造福人类。

我国对于科技伦理的重视程度在不断提高。2019年政府工作报告中即提出要"加强科研伦理和学风建设,惩戒学术不端,力戒浮躁之风";5月,科技部监督司党支部组织开展了科技伦理专题学习活动,研究伦理学、人类基因编辑伦理学。7月24日,中央全面深化改革委员会召开第九次会议,审议通过了诸多重要文件,《国家科技伦理委员会组建方案》排在首位通过。

组建国家科技伦理委员会,目的就是加强统筹规范和指导协调,推动构建覆盖全面、导向明确、规范有序、协调一致的科技伦理治理体系。

中国社会科学院哲学研究所研究员、科学技术和社会研究中心主任段伟文在相关文章中指出,"新兴科技带来的高度不确定性及其复杂的价值抉择与伦理挑战,单靠科技人员价值判断和科研机构伦理认知已难以应对,亟待整个科技界乃至国家层面的统一认识、动态权衡和规范实践","科技伦理议案如此显著地列入国家最高决策议程,不仅开创了历史先例,更表明了国家对构建科技伦理治理体系前所未有的高度重视。"

【思考讨论】

1. 如何实现科学技术风险的公共决策与国家治理?
2. 如何实现科学文化与人文文化的协调发展?

第四章 马克思主义科学技术社会论

3. 如何实现科技向善,服务人类共同价值和利益?

【案例分析】

1. 必须以马克思主义分析方法为理论框架,运用科学哲学、科学知识社会学、利益群体理论等相关知识,对科学技术风险进行全面深刻的评价,进行正确的公共决策,实施科学技术风险的社会治理。

2. 第一,要防止科学在生活世界、自然世界对人文的僭越所造成的科学文化与人文文化之间的冲突,深刻理解科学的限度,用正确的人文理念指导我们的生活;第二,必须以社会先进文化来引领科学技术文化,使科学技术发展和应用为经济社会健康全面发展服务。

3. 科学求真,伦理求善。过去搞科研创新过于偏重工具理性,往往忽略价值理性。科技向善需要从功能价值、社会价值、情感价值、伦理价值等多种层面考虑,使科技进步真正造福于人类文明。

案例四:科学无国界,科学家有祖国[①]

【知识点】科学技术的社会运行/科学技术人才观

中共中央办公厅、国务院办公厅正式印发《关于进一步弘扬科学家精神加强作风和学风建设的意见》,提出自觉践行、大力弘扬新时代科学家精神。爱国主义是中国科学家精神的重要内容,深入挖掘爱国主义精神内涵,对推动科学家精神的时代化、大众化有重要的时代价值。

中国的现代科学家群体自诞生以来就具有为国为民的精神气质,这是中国科学家群体从事科学研究延绵不绝的"初心"。中国科学家自觉地把个人在科学上的奋斗目标和国家发展、民族富强紧密结合起来。从"科学救国",到"科学报国",再到"科学强国",科学家爱国主义精神伴随现代科技从西方移植到本土,从萌芽到发展、再到取得举世瞩目的整个过程。

以钱学森为代表的老一辈科学家突破层层封锁,义无反顾地回到了祖国。绝大多数都成为我国重要科学领域的开拓者、奠基者和组织者。改革开放之后特别是党的十八大以来,在中国梦的感召下,以黄大年、施一公、潘建伟为代表的新时代科学家至诚报国,舍弃国外优越的条件,投入到中华民族伟大复兴的征程中。

---

① 李崇寒.《钱学森》科学无国界,科学家有祖国[J].国家人文历史,2021(14):60-62.

▶▶▶ 自然辩证法新时代教学案例

爱国是科学家精神之魂,也是立德之源、立功之本

1947年,36岁的钱学森成为美国麻省理工学院教授,拥有许多人一辈子梦寐以求的地位、名誉和生活。但他清楚地知道,美国只是他人生的一个驿站,祖国才是他的家园。为让同胞过上有尊严的幸福生活,1955年9月,钱学森突破重重困难,登上了归国的航船。"我作为一名中国的科技工作者,活着的目的就是为人民服务。"这是他一生践行的信念。

一片丹心为报国。中科院院士、"两弹一星"元勋王希季说:"在太空这个世界各国争夺的新领域,中国不仅要有一席之地,更要扩大到一片之地。"为国家需求,他多次转行,在探空火箭、返回式卫星、载人航天等领域完成了多项首创工作,为祖国航天事业打好了地基。

20世纪五六十年代,响应国家研制"两弹一星"的战略决策号召,像钱学森、王希季一样,许多优秀的科技工作者,怀着对新中国的满腔热爱,义无反顾地投身到这一神圣而伟大的事业中来。

爱国是最高的道德,报国是最大的成功。胸怀祖国、服务人民的爱国精神,生动展示了我国科学家的高尚情怀和优秀品质。他们的一生追求与祖国需要紧紧联系在一起。他们的事业,因自觉与国家需要和民族命运相结合而倍显光辉。

科学探索永无止境,创新就要勇攀高峰、敢为人先

在一间仅有6平方米的简陋房间里,陈景润攻克了世界著名数学难题"哥德巴赫猜想"中的"1+2",让人类距离数论皇冠上的明珠"1+1"只有一步之遥。世界数学大师、美国学者阿威尔称赞道:"陈景润的每一项工作,都好像是在喜马拉雅山山巅行走。"

时光跨越几十载,爱国、创新的精神代代相传。古基因组学是个新学科,为了紧跟国际前沿,中科院古脊椎动物与古人类研究所研究员付巧妹直面挑战,组建起一支国际化团队。

她带领团队主导的研究,填补了东方尤其是中国地区史前人类遗传、演化、适应的重要信息缺环,成为古DNA学科不可忽视的力量。

创新既是科研工作的内在要求,也是不可或缺的精神特质。从人工合成结晶牛胰岛素到量子计算机,从汉字激光照排到载人航天,基础科学和工程技术上一系列举世瞩目的成果,无不说明我国具有强大的创新底蕴和实力。

创新意味着攻坚克难。过去,敢为天下先、勇闯"无人区"的实践,让我们收获了创新的自信和勇气,铸就了勇攀高峰的信念。如今,从根本上改变我国关键核心技术受制于人的局面,必须立足自主创新、自立自强。

第四章 马克思主义科学技术社会论

勇于创新、不断创新,是科技工作者实干报国、奋斗圆梦的根本途径。中国科协有关负责人表示,家国情怀与科技强国实践相融合,坚持"四个面向",勇于创新争先,科技工作者一定能肩负起历史赋予的科技创新重任,在创新中建功立业,书写人生精彩篇章。

钱三强做出原子三分裂的实验报告前,国际科学界普遍认为,原子核分裂只可能分为两个碎片。1946年11月18日,钱三强领导研究小组提出原子核裂变可能一分为三。这一观点很快引起国际关注。紧接着,钱三强夫妇提出原子存在四分裂的可能性。

中国古生物学家张弥曼的老师、瑞典古生物学家雅尔维克曾断言:"总鳍鱼类是包括人类在内的四足动物祖先。"这个结论一度被写进教科书。然而,张弥曼在还原"杨氏鱼"后发现:老师错了。她的较真,推动了人类对生物进化史的认知。这段"吾爱吾师,吾尤爱真理"的科学史话,擦亮了"求实"这一科学家应有的精神底色。

追求真理、严谨治学,意味着坚持解放思想,不迷信学术权威。这既是科研的态度,也是潜心研究的高尚品格。屠呦呦带领团队数十年如一日,无数次试验,一次次失败,不断筛选、改进提取方法,终于发现青蒿素。正是因为有热爱科学、探求真理的追求和立德为先、诚信为本的底色,老一辈科学家脚踏实地,做出一个又一个了不起的成就,卓越的品格随之升华。

科学事业是接力事业,只有薪火相传才能拾级而上、登高望远

1950年,华罗庚到中山大学作学术报告,慧眼识珠,发现了陆启铿。此后,华罗庚亲自致信多次协调,把他调到中国科学院数学研究所。陆启铿不负华罗庚的指导和期待,在多复变函数论研究上硕果频出:1958年至1959年,华罗庚与陆启铿建立起了典型域上的调和函数理论。两位数学家相互成就的故事,书写了我国数学界的一段佳话。

和华罗庚一样,我国许多优秀科学家,既是科研事业开拓者,又是提携后学的领路人。站在三尺讲台,黄大年对求知若渴的青年才俊倾囊相授,为了让学生们做好研究,他自掏腰包,给班上24名同学每人买了一台笔记本电脑;中国科学院院士、著名作物遗传育种学家卢永根,在罹患重症之际,捐出毕生积蓄,奖励贫困学生与优秀青年教师……科学事业的未来属于年轻人。大力弘扬甘为人梯、奖掖后学的育人精神,善于发现、培养青年科技人才,甘做致力提携后学的铺路石,我国的科技事业才能活水涌流、基业长青。实践证明,我国自主创新事业是大有可为的!我国广大科技工作者是大有作为的!新时代,广大科技工作者面向世界科技前沿、面向经济主战场、面向国家重大需求、面向人民生命健康,大力

▶▶▶ 自然辩证法新时代教学案例

弘扬科学家精神,有信心、有意志、有能力登上科学高峰,为实现中华民族伟大复兴,为推动构建人类命运共同体做出应有贡献!

【思考讨论】

1. 青年人要学习什么样的科学家精神?
2. 为什么新时代需要弘扬科学家爱国主义精神?

【案例分析】

精神的力量总是能够鼓舞人心。在我们为实现第二个一百年努力奋斗的征程中,继续大力弘扬科学家精神,不忘初心、继续前进、坚持不懈、久久为功,在追逐梦想中书写新奇迹,在勇于探索中再创新佳绩,在集智攻坚中战胜新挑战,在团结协助中开创新局面。

1. 爱国主义精神是科学家科研的导向。爱国主义精神构成科学家的科学意向、科学信念、科学兴趣的动机体系,直接影响科学家的科研方向。从国家需要出发选择自己的专业和研究领域,这是中国杰出科学家的共识。"两弹一星"研发期间,由于新中国的经济基础薄弱,电力短缺,无法建造耗电量极大的大型高超音速风洞。郭永怀了解情况后,利用在美国居留的最后时间开始转向当时前沿领域的激波管仪器,希望通过这一技术解决中国电力不足的困境。归国后,郭永怀指导青年学者俞鸿儒等攻克了激波风洞容易爆炸的国际难题,成功研制JF8激波风洞。

爱国主义精神为科学家提供强大动力。科学家是科技活动的实践主体,爱国主义精神是科学家献身科学的最大动力。黄大年被誉为"拼命黄郎",为了实现赶超世界一流的战略目标,他惜时如金、夜以继日,出差常订夜间航班,只为不耽误白天的工作,他带领400多名科学家创造了多项"中国第一",为我国"巡天探地潜海"填补多项技术空白,他用5年时间走完发达国家20多年的科研历程。

2. 新时代需要弘扬科学家爱国主义精神。振兴中国科技、向世界科技强国进军,是新时代科学家的使命,是建设社会主义现代化强国的必然要求,我们比历史上任何时期都更加需要弘扬科学家的爱国主义精神。

科技强国目标需要弘扬科学家爱国主义精神。新时代新征程,需要大力弘扬科学家的爱国主义情怀,需要发挥科学家爱国主义精神的示范作用,将爱国主义精神作为科学家的研究方向、研究动力、研究成果的助推器。增强科学家的责任感和使命感以及与时间赛跑的急迫感,开发颠覆性技术,弯道超车,为建设世界科技强国的伟大征程凝聚力量。

培养人才需要弘扬科学家爱国主义精神。人才是科技强走向国家强的重要环节,是创新驱动发展的核心关键资本。我国要成为世界科技强国,需要规模宏大、结构合理、素质优良的科研工作者队伍,需要加强科技人才队伍的培养和建设。

实现中国梦需要弘扬科学家爱国主义精神。爱国主义精神深深根植在我国优秀文化中,是中华民族的精神基因和核心,是中华民族历经挫折与忧患仍保持旺盛生命力绵延不息的坚强保障。面临复杂的全球形势,攻坚克难,更需要科学家们爆发强大的时代感召力和引领力。

案例五:文学作品中的科学家形象[①]

【知识点】科学技术的社会运行/科学技术的社会建制

通观整个西方文学史有五种老一套的科学家形象反复地在文学作品中出现:邪恶的炼金术士;冥顽不灵的学者;缺乏感情的研究人员;雄心勃勃的冒险家、空想家或救世主;无法驾驭自己的发现的发现者。

文学作品中最有名的炼金术士是浮士德博士,这个人几乎可以说已经成了一个典型人物,他的许多特征很明显正是来自现实中的炼金术士。第一篇有关浮士德的书面作品是由匿名作者写的《约翰·浮士德傅士传》,发表于1587年,这篇作品从道德的角度叙述了浮士德的故事。浮士德是一个专横跋扈的人,渴望越过上帝为人类知识定下的界限,为了达到这一目的他,同魔鬼结成了同盟,作为这一交易的一部分,他获得了许多魔力,并把这些魔力用来表演种种平凡的把戏,浮士德最终的结局是漫长而悲惨的,而故事中则反复要求读者们去学习《圣经》,不要沾染上浮士德这种有了一点知识就妄自尊大的恶习。1604年,马洛维根据《约翰·浮士德博士传》的英译本改写的剧本《浮士德博士》问世,这个剧本着重阐述了追求知识的好奇心这一主题,从一开始就描述了浮士德这类人物所遇到的典型的进退两难处境:一方面,他渴望超越人类智力的极限;另一方面他又意识到这种渴望是徒劳无益的。这样马洛维就向读者们介绍了一个新的主题,这个主题——一个天才人物把他的才能白白浪费掉的悲剧性经历——基本上带有文艺复兴时代的特征而不是中世纪的特征。

第一部把科学家作为英雄来描写的文学作品是1626年培根所著的《新大西洲》,培根关于"所罗门家族"的全新观念纳入了当代人认为科学应当具有的几乎

[①] 海恩斯,郭凯声.文学作品中的科学家形象[J].世界研究与开发报导,1990(05):27-40.

▶▶▶ 自然辩证法新时代教学案例

所有的理想主义特点。在21世纪，H.G.威尔斯也把这些特点作为他的科学幻想小说的基础，但在培根的时代提出这些观念是惊世骇俗的举动。这类新观念包括科学的国际化、知识的开放与共享。科学家们到国外去宣传他们的思想并收集别人的思想，通过研究小组进行合作研究以造福于社会而不仅仅是为了增进科学家个人的功名，作为回报，大西洲科学家们被誉为大西洲的"智力精英"。

对科学家的最初的集中讽刺正是由现代意义上的第一批真正的科学家引起的，萨德威尔在1676年出版的剧本《愚蠢学者》变成了不断涌现的类似作品的标准模式。这个剧本的喜剧主角尼科拉斯·吉姆克拉克爵士身上体现了人们通常认为自然哲学家所具有的全部劣根性。这位爵士极易轻言那些兜售种种奇谈怪论的人的话，动不动就突发奇想，从一种荒诞念头一下跳到另一种荒诞念头，毫无精确性或逻辑性可言。他专事搜集一些互不关联的令人极为不快的琐碎东西，却忘记了研究最重要的研究对象——人。萨德威尔的剧本成了对科学家进行讽刺的众多文学作品的先驱，斯威夫特在《格列佛游记》第三集中对拉普他岛上那些愚蠢可笑的空想者的讽刺是这类批判中最著名的，他嘲笑这些科学学者们是既没有用处又无关紧要的人物。教皇在1728年称科学家是"愚钝女神之子"这大概是对科学家的最严厉的抨击。

科学在19世纪下半叶之前一直是富有的业余爱好者们所垄断的活动，但到19世纪下半叶人们已逐渐开始把科学看作一项职业。文学作品中对这一转变也有所反映，文学家们开始按照他们所了解的实实在在的科学家来塑造作品中的人物，而不是按照以前的某种科学家形象来塑造作品中的人物。乔治·埃利奥特的《米德尔马奇》(1872)就描写了一位医学研究专家里德盖特所做的复杂研究工作。另一位人物是金斯利所写的《两年前》(1857)中的汤姆·萨洛尔，他作为一位既要搞研究、又要过日子的科学家，同样是一位令人感兴趣的典型例子。文学作品中出现的第一批自然科学家之一是伊丽莎白·加斯凯尔的小说《妻子和女儿们》(1866)中的罗吉尔·汉利这位人物，他的原型就是加斯凯尔所认识的著名生物学家查理·达尔文。19世纪的文学作品中也有其他学科的科学人物。托马斯·哈代笔下的地质学家亨利莱特和天文学家斯韦森·圣克利夫，以及乔治·基辛格笔下的地质学家戈德温·皮克，表达了作者们对广阔无垠的时间和空间所表达出的一种世纪末的看法，以及对人类的渺小无能的感叹。

在19世纪下半叶科学所带来的实际利益逐渐被人们所承认，随之而来的则是人们开始对科学采取一种仁慈宽厚的赞助态度。科学与冒险和蛮勇的结合在儒勒·凡尔纳的作品中得到了极为精彩的体现，凡尔纳笔下的科学家多半是活泼愉快，富有幽默感，朝气蓬勃，还有一定程度的乐观精神，这样一类人物只有在

第四章 马克思主义科学技术社会论

19世纪晚期的社会中才会被公众不加批判地接受。凡尔纳并没有深入挖掘他的主人公们内心深处的心理活动,没有把他们彻头彻尾的自信描写成狂妄自大。凡尔纳笔下的科学家大多经历了一番物质世界的漫游,这种漫游是对精神漫游的隐喻,而精神漫游反过来又预示了神奇美好的未来。从这个意义上说,这些科学家们也未能摆脱主人公们偶然遇上一个理想社会的那种乌托邦式漫游的传统。

尽管在19世纪末有人发出了对科学的悲观预测,但20世纪初仍重新出现了一股美化科学家的浪潮。凡尔纳笔下的人物的种种特点变成了众多通俗科学小说的基本要素。文学作品中新出现的几类科学家形象反映了这一社会思潮:造福于人类的发明家;保护世界免受来自敌对星球的入侵者侵略或免受其他邪恶科学家之害的宇宙卫道士;作为乌托邦社会的明智的保护者或统治者的理想主义的科学家;在世风日下的社会中挺身捍卫科学价值的科学家。到20世纪中叶通俗小说中的科学家突然一下子从具有高尚价值观念的救世主或虽然不那么高尚但也没有什么害处的"心不在焉"教授变成了一些极力想借助自己的科学知识谋取世界霸权的邪恶而残暴的人物。20世纪70年代以来,大多数科学小说都把科学家写成了一些并无恶意,但却不小心让某种他无法预见其后果或他所无法控制的发明泄露出来,从而造成悲剧的人物。卡尔·楚克迈耶尔的剧作《冷光》(1955)描写的是著名的原子间谍克劳斯·福克斯的经历,不过楚克迈耶尔按自己特有的方式探索了剧中主人公的动机。20世纪下半叶的文学作品,如果以科学家作为作品中人物,那么几乎总是通过这些科学家来提出某个政治问题或社会问题。不但那些现实主义色彩较浓的小说是如此,甚至连通俗科幻小说也越来越带有这种倾向,这种小说已摆脱了早先那种千篇一律地预言技术奇迹的陈旧模式,而转向对当代社会问题进行更深入的剖析和思考。

【思考讨论】

1. 探讨为什么会形成这些形象,并考察它们对公众的态度所起的影响。
2. 为什么要对科学技术工作者进行伦理规范?
3. 探讨科学技术文化与人文文化之间的关系。

【案例分析】

1. 科学技术的发展和应用要以人为本,促进民生,推动社会的公平和公正,为和谐社会建设服务。为此,就需要建立并完善国家创新体系,大力发展有关国计民生的科学技术。在大力进行基础理论研究的同时,加强基础应用研究;在大力进行战略性基础理论研究的同时,加强战略性基础应用研究;在积极发挥科学技术经济功能的同时,加强环境技术创新等,以充分发挥科学技术的政治、文化及环境保护的功能,实现人与人、人与自然之间的和谐。

2. 技术共同体的伦理规范和责任。人类、社会、自然三者的和谐发展,为技术共同体的伦理规范指明了最高目标。技术共同体的主体是工程师。工程师既是工程活动的设计者,也是工程方案的提供者、阐释者和工程活动的执行者、监督者,还是工程决策的参谋,在工程活动中起着至关重要的作用,对社会的影响巨大。正因如此,工程师在工程技术活动中,应该遵循一定的职业伦理和社会伦理准则,应该承担对社会、专业、雇主和同事的责任,应该对工程的环境影响负有特别的责任,规范自己的行为,负责任地创新,为人类福祉和环境保护服务。一些发达国家公布的工程师伦理准则明确指出,工程技术活动要遵守四个基本的伦理原则:一切为了公众安全、健康和福祉;尊重环境,友善地对待环境和其他生命;诚实公平;维护和增强职业的荣誉、正直和尊严等。

3. 承认科学与人文、科学文化与人文文化之间的内在差异和各自功能的基础上,加强科学工作者与人文工作者之间的沟通和对话,防止科学在生活世界、自然世界对人文的僭越所造成的科学文化与人文文化之间的冲突,深刻理解科学的限度,用正确的人文理念指导我们的生活。作为文化系统的一部分,技术文化的核心是技术理性。技术理性追求发展的物的意义,有可能遮蔽人的意义,人被异化为技术的和物的奴隶,成为"技术—经济人";技术理性以机械世界观及其工具高效性将机械程序导入人们生活的各个层面,用机器模式形塑人们的生活模式,使人们更自觉更严格地按照机器生活方式生活;技术理性向社会各个领域的扩张过程,也是其控制自然及入侵控制人类的过程,为西方文化的"合理化"奠定基础。要走出技术文化的上述困境,必须以社会先进文化来引领科学技术文化,使科学技术发展和应用为经济社会健康全面发展服务。当前得到广泛提倡的环境科学技术就是为了协调人与自然之间的关系所做的努力,是科学技术文化与人文文化、绿色文化的良性互动产物。

案例六:中国传统科技的人文精神[①]

【知识点】科学技术运行的人文引导/科学文化与人文文化的冲突与协调

与西方科学技术自近代以来所形成的强调纯粹的客观性、以逻辑分析和实

---

① 马佰莲. 论中国传统科技的人文精神[J]. 文史哲,2004(2):44-48.

第四章 马克思主义科学技术社会论

验求证为基础的工具理性精神不同,中国传统的科学技术充满了对人的关怀,凸显着人的主体意识,富有浓烈的人文主义气息。

中国传统科技具有重整体、轻个体的有机自然主义特征,强调人与自然和谐相处,在人与自然关系的层面彰显出了人文主义精神。

中国传统科技对自然现象的探索与研究,往往以天与人、自然与社会的和谐统一为出发点。中国古代的农学和医学在这方面的表现尤为明显。中国古代的农学理论把天地人三者看作彼此联系的有机整体,提出农业耕种要顺天时、量地利、致人和,做到了这些就可以用力少而成功多。中国传统的中医理论主张人体与外界环境、气候密切相联,协调统一,天地是一个大宇宙,人体是个小宇宙。人的生理、病理要受到他所处的环境和条件的影响,人体与宇宙是相互对应的。

中国传统哲学的上述思想,影响了中国的科学技术,使得中国传统科技凸显出了讲求人与自然和谐的有机自然主义精神。公正地说,天人合一的有机自然主义精神对于中国古代科学技术的发展,既有积极的意义,也有消极的影响。从积极的方面看,一方面,这种具有整体性和系统性的思想意识使中国古代的科学技术一开始就站到全面、联系和发展的高度推动科学技术的进步,因而它能够为科学研究扫除上帝和神灵的干预,使得人们一切从事实和经验出发,尊重人的价值和尊严;另一方面,强调天地人的整体统一性和不可分割性,对于维持生态平衡,保护自然,克服信仰危机,维护社会关系稳定,促进中国早期社会的发展有着积极的作用。

从消极的方面看,这种天人合一的有机自然主义精神,一方面,由于对客体对象内各部分之间联系的过分强调而忽视了差异,致使科学研究对象的变因太多,主次难分,界限模糊,以致难以达到对客体的定量分析,从而使人们对自然和社会的认识与考察容易发生偏差;另一方面,忽视天与人、自然与社会之间的区别,甚至流于简单的比附,片面地用一方去解释、说明另一方。

中国传统科技具有重直觉了悟、轻实证分析的非理性主义特征,注重个性自由的追求和主体意识的高扬,在人与自我关系的层面彰显出了人文主义精神。

与西方不同,中国古代的科学和哲学是沿着直觉和顿悟的思维路数认识世界的。也就是说,中国人对物质世界的把握既不是像西方的科学和哲学那样,严格按照因果关系来进行的,也不是概念式的分析,而是一种类比推理,即由此一事物推知另一事物,这其中直觉思维占据了认识的很大成分。道家所倡导和强调的对自然的认识与探索,对古代科技发展所产生的积极作用是人所共知的。但是,同时也应看到道家所要求的对客观物质世界的认识从最根本的意义上讲是依靠直觉、顿悟的认知方式来实现的。儒家同样也主张反观内省的直觉主义认识论,如孟子就认为人们认识事物应着意于心,"尽心""知性"以后,就可以"知天",就可以认识整个物质世界。

科学发展的历史表明,直觉顿悟与理性分析是人类思维创造的两翼,科学思维应当是直觉感悟与理性分析二者的融合与贯通。一方面,逻辑分析和科学抽象需要灵感顿悟和直觉来实现科学认识上的飞跃;另一方面,直觉和顿悟的实现又必须以科学家长期艰苦的实践活动和科学知识积累为基础,并以理性思维为前提。

中国传统科技具有重实用、轻理论的工具主义特征,推崇"经世致用",呼唤科学技术要关注人的现实发展以造福于社会,从而在人与社会的关系的层面彰显出了人文主义精神。

中国传统科技的工具主义色彩主要表现为传统科学具有明显的经验性和实用性特征。就中国古代相对发达的数学研究来说,虽然取得了重大成就,但始终未能走上纯理论性的学理式的研究道路。数学的存在与发展,在很大程度上只是为历法、建筑、水利、赋税、商业运输等行业而设立和服务的。中国古代的数学长于算术和代数,其计算方式往往与实际问题的解决联系在一起,寓算于理是它的一大特点。中国古代科学技术的工具主义特征还表现在科学往往包含在技术中。中国古代的技术非常发达,据有关资料统计,中国古代的技术成果占整个古代科技成果的80%,纯理论性成果仅占13%。

从先秦哲学的发展来看,中国哲学注重"知周乎万物,而道济天下",凸显着一种强烈的社会责任感,强调了人的素质的提高和人生理想追求。正是这种精神影响了我们的国人和广大的知识分子,使得中国古代的科学家在科学研究过程中,对纯粹抽象的理论问题没有多大兴趣,而是特别关注与人们生活和实践息息相关的现实问题,对理论问题的研究和探索往往通过对具体问题的解决表现出来。对于中国古代科技在其发展过程中所表现出的这种重经验和实用的工具主义精神,我们简单地说好或不好,积极或消极,都是不正确的。我们可以看到,中国传统科技对人的主体意识的高扬及其所彰显出的强烈的人文精神,在中国近代历史的行程中,虽然曾一度阻遏和延缓了中国科学技术发展的进程,但是在科学技术高速发展的大科学时代,中国传统科技中的人文精神又具有了新的生机和活力,它对于克服和遏制当代科学技术发展过程中所出现的负面效应,推动当代科技的健康发展,无疑具有积极的意义。

【思考讨论】

1. 如何评价中国传统科技的特点?

2. 科学研究中如何处理理性主义和非理性主义的关系?
3. 中国传统科技思想对处理现代社会科技与人文关系有何价值?

【案例分析】

1. 英国学者 C. P. 斯诺指出"科学文化与人文文化"这两种文化之间存在分歧与冲突,从事科学文化的人(科学家)和从事人文文化的人(如文学家)之间存在冲突。在当代,这种冲突仍然有其具体体现,需要我们在承认科学与人文、科学文化与人文文化之间的内在差异和各自功能的基础上,加强科学工作者与人文工作者之间的沟通和对话,防止科学在生活世界、自然世界对人文的僭越所造成的科学文化与人文文化之间的冲突,深刻理解科学的限度,用正确的人文理念指导我们的生活。

2. 与西方科技所彰显出的实证主义和理性主义的思想特征不同,中国传统科技受其特定的哲学文化结构的制约,在其久远的历史进程中形成了重整体而轻个体的有机自然主义、重直觉了悟而轻实证分析的非理性主义和重实用而轻理论的工具主义等人文精神特征。中国传统科技所具有的这一充满人文价值关怀的人文精神对于克服和遏制当代科学技术发展过程中出现的负面效应,推动当代科技的全面健康发展,无疑具有积极意义。

案例七:魏晋南北朝时期中国古代天文学的发展[①]

【知识点】科学技术的社会运行/科学技术的社会支撑

魏晋南北朝时期,中国古代天文学发展迎来新的机遇:伴随中原政权的频繁更替,汉族与少数民族融合的加速,社会思潮的风向变化,自然科学的纵深发展,传统的天文观测在科学与神学的矛盾统一中,获得了一系列新的发现与突破性成果;旧有的天文历法在新的宗教理念、测量技术的影响下,发生了诸多"质"的改变;古代天体理论亦随着人们知识的丰富、分析视野的开拓加入了许多崭新的时代元素与创新因子。其结果,中国的天文学乃至整个古代科技体系均得到了充实与提高。细细品读其中的原因与细节,可为当代自然科学发展提供颇具价值的启示。

---

① 康宇.论魏晋南北朝时期中国古代天文学的发展[J].自然辩证法研究,2020(6):74-80.

政治模式导向下的天文观测

与两汉时期相比,魏晋南北朝关于天象类别的记录内容更为丰富,记录数量明显增多。记录恒星的命名、相互位置关系、星占意义、银河位置的"中宫""二十八宿外星""十二次度数"等名目,正式在史书中得以确认;诸多天象有了如天变、月掩犯五纬、五星聚舍、星流陨、云气等类别的严格区分。促成此时天文观测活动兴盛更为重要的原因是政治因素。

本来天体的运行,如日出日落、月盈月缺、日月薄蚀、五星运动等,只是正常的现象。对它们的观测应不受什么观念形态的影响,看到什么记录什么即可。但是由于当时科技的不发达,许多异常天象没有办法得到合理解释。加之,因国家政治生活的需要,统治者想刻意利用这些天象与神意建立关系,以使自己的行为具有合法性。于是,占星术便获得了与天文观测工作共生的属性。在中国古代社会中,如果只是为了生产的需要,根本用不着去观测那么多的天象,认清北斗,判定方位,能够编制出简单的历法,似乎就足够了。但是,因为政治迷信的存在,使得天文观测活动具有了强大的发展动力。这一特点在魏晋南北朝时期,表现尤为明显。

星象占卜在魏晋南北朝时起着双向政治作用,君主与臣子均可以之作为影响对方的工具。就这一点来说,其似乎与汉代盛行的"天人感应"说并无太多差异。然而,毕竟时代在发展,新时期的星占自然也会具有新的特质。最为突出的是,此时出现了大量皇家"即用即禁"的双重政策。一方面,朝廷大力收用占星人才以充实官僚队伍;另一方面,又明令禁止民间开展星占活动,严控社会中的"天文类"书籍,以防其被反抗力量利用。再者,随着社会中自然科技水平的提升,汉代谶纬中流行的数字神秘主义日益不为人重视。所谓的"易数"地位,在此时天文观测数据中的神圣性已大大削弱。也正因如此,魏晋南北朝时期的天文学中虽在目的上侧重服务于政治,但在实现操作中更关注于具体的天象,将天更多地视为"物",而非完全的"神"。人们也更愿意弄清为何太阳东升西落,为何一年四季周而复始,以证明异常天象的存在。换言之,此时期神学政治给科学留出了一片十分广阔的生长空间。

科学与神学对峙中的天文历法编制

以政治为导向的天文观测不仅影响了历法体制,而且也影响到历法的编制。因为不论历法的体制如何,不论历法关注的是什么内容,它都必须符合天象。故天文观测、验影候气成为编制历法的前提。统治者需要历法中能够体现出神学的神秘力量,而社会的发展又期望在历法中融入更多的科学因素。在如此的对峙中,国家频繁改历、换历成为魏晋南北朝时期一道引人注目的风景。

三国伊始,魏、蜀、吴便分别采用不同的历法。蜀汉沿用东汉四分历以证明政权存在的正统性,孙吴用乾象历、曹魏用景初历,意以改制预示天命的改变。晋代历法沿用景初历,但将之改名泰始历。南北朝时,后秦姜岌造出三纪甲子元历,并推算出日食分数,以月食的冲来定太阳的位置,比过去的漏壶测中星所推的太阳位置精准了许多。与北朝不同,南朝历法开始使用定朔法和岁差。然而,由于权臣戴法兴的反对,直到梁天监九年正月大明历才正式使用,以至祖冲之有生之年未见其实施。

魏晋南北朝学者已经认识到天文学中存在一个矛盾:人们虽然可以预测天象,但是不能准确预测天象。时代的进步,使人们从不能测到能测,让科学发展的动力得以加强,而预测的不精准性又让神学有了发挥的空间。其结果,天文学者队伍出现了两派:推算准确的认为日月行度,可以术求之,预知其度,进而高扬科学;推算不准则认为这种误差是对人事政令效果的上天反映,进而崇尚神学。这充分展现了那个时代人们的世界观,亦是该时期天文学发展引人注目的特质。

自然科学进步推动下的天体理论更新

先秦时期,人们认识到天地与自然界中任何事物一样,都是逐渐形成的。到了两汉,相关观念在学者的讨论中演变为具体的天地生成理论——盖天说、浑天说、宣夜说。盖天说认为,天像一个圆锅盖在大地之上;浑天说认为,天是一个圆球,把地包在球中,圆球不停转动;宣夜说认为,天是无限而空虚的,星辰就悬浮在空虚之中,自由自在地运行着。三种学说围绕着"天地何以不坠不陷""为何有冬夏寒暑"等问题,展开了积极的、颇具哲学意蕴的思考,进而在一定程度上激发了汉代宇宙理论的生成。

魏晋时期,人们关于宇宙本原与演化的讨论又趋活跃。穹天、昕天、安天三论出现后,时人将之与汉代盖天、浑天、宣夜三说并举,合称为论天六家。但前三论只活跃于魏晋南北朝时期,且各理论均存在或多或少的局限性,故它们在天文学史上的影响有限。然而,三论的出现却反映了一个事实——魏晋时人对天的认知,渴望有自己的理解,自然科学的进步需要有新的天体理论建构相配合。在中国古代,人们认识的最重要对象便是天。认识了天,也就认识了人,虽然实际上人们往往是将对人的认识移植于天上。在天的范畴下,可以涵盖自然界一切认识对象,甚至于人类自身:人之天,尽心知性知天。但无论如何,毕竟那布满星辰且有日月运行其中的天穹才是真正的天,对它的认识,才是真正对天的认识。魏晋学者期待发现天文现象,探究天文规律,进而将研究成果上升为对宇宙结构、天体演化的认知,使之成为中国古代哲学思想的一个重要组成,其把具体的天文知识引入"天道"与"人事"的相关性探求,在一定程度上引发了社会对于"应用天文学"的重视。况且,南北朝后,中国古代再无新的天体理论出现,这也证明了新学说的涌现的可贵。因此从学术意义上讲,魏晋南北朝时天体理论之更新,价值颇大。

【思考讨论】

1. 星象占卜在魏晋南北朝时期的政治作用如何体现?
2. 魏晋时期天文观测为何出现科学与神学的对峙?

【案例分析】

1. 政治、经济、文化、教育、哲学等都是支撑科学技术发展的社会要素。
2. 魏晋南北朝时期,中国古代天文学有了进一步的发展。天文观测在政治模式导向下,观测频率与记录的规范性有了很大提升,但也使得原本在汉末已现颓势的神学迷信有了生长的机会;在科学与神学的对峙中,天文历法学领域中推动力与阻滞力交织,形成一道独特的风景;盖天论、昕天论、安天论等天体结构理论的发明,让时人的宇宙观焕然一新。它的历史影响深刻而悠远,在隋唐乃至两宋的天文学发展中,均可找到其影响因子的存在。

案例八:科技与冬奥 一起向未来[①]

【知识点】科学技术的社会功能

"科技冬奥"不仅仅是科字口组织的,而是在各部门和地方支持下,广大科研机构、高校和企业的科研工作人员共同努力的结果。500多家单位、超过万名科研人员参与研发的200多项技术成果在测试赛、运动员训练、正式比赛中开展了示范应用,为北京冬奥会高质量办赛和高水平参赛提供了有力支撑。

34秒32,快到很多人还没反应过来的一瞬,让高亭宇成为北京冬奥会速度滑冰男子500米冠军,创造冬奥会新的历史。在"冰丝带""最快的冰"上滑出最棒的成绩,高亭宇的这一滑,是对"科技冬奥"的极致诠释。

2022年1月4日,习近平总书记在北京考察2022年冬奥会、冬残奥会筹办备赛工作时强调:当今世界,科技在竞技体育中的作用越来越突出。建设体育强国,必须实现高水平的体育科技自立自强。要综合多学科、跨学科的力量,统筹

[①] 操秀英.科技与冬奥 一起向未来[N],科技日报,2022-02-18(5)。

第四章　马克思主义科学技术社会论

推进技术研发和技术转化,为我国竞技体育实现更大突破提供有力支撑。

从申办到筹办,"科技"成为北京冬奥会的一大底色。开幕式上,超高清地面显示系统呈现出令人叹为观止的视觉效果;比赛场馆内,"最快的冰"让运动员们感受到速度与激情的快乐;赛场外的屏幕前,5G+8K 转播给观众带来了视觉盛宴……一系列新技术、新应用在冬奥会中落地,也让"科技冬奥"从愿景走进现实。科技感、未来感十足的北京冬奥会,让国际奥委会主席巴赫感慨:"科技的潜力令人惊叹,北京冬奥会在奥运会历史上第一次真正挖掘了这种潜力。"

一场准备充分的战役

"从申办冬奥成功伊始,'科技冬奥'就成为冬奥筹办工作的关键词之一。"在此前举行的北京冬奥组委科技冬奥发布会上,北京冬奥组委技术部部长喻红总结过去几年的"科技冬奥"工作"有规划,有成效,有期待"。

时间回到 2015 年 7 月 31 日,马来西亚吉隆坡,2022 年冬奥会举办权进入最后角逐环节。习近平主席的声音传遍世界:"我相信,如果各位选择北京,中国人民一定能在北京为世界奉献一届精彩、非凡、卓越的冬奥会!"

当巴赫念出"北京"那一刻,神州欢腾,世界瞩目。自此,"双奥之城"如何续写奥运辉煌,成为北京和中国的大课题。在北京获得 2022 年冬奥会举办权后不久,科技部在总结服务 2008 年北京奥运会、2010 年上海世博会和 2010 年广州亚运会做法的基础上,认真分析冬奥会的特点和需求,提出"科技冬奥"的初步设想,报中央领导同意。次年,科技部会同有关部门和地方精心策划,研究制定了"科技冬奥(2022)行动计划"。

其必要性不言而喻。我国冬季运动项目整体实力与世界水平存在差距,亟须借助科技的力量在短期内补短板、强能力;长期以来冬季运动装备特别是竞技用高端装备一直被西方发达国家垄断,我国亟须攻克相关核心技术,培育人才和产业;奥运会是展示国家形象和创新实力的重要载体,也是助推高新技术产业化发展的重要契机……

计划有了,机构有了,要如何具体推进,以什么为抓手?2017 年春天,清华大学公共安全研究院院长、中国工程院院士范维澄接到一个任务,上述问题有了答案。"科技部的同志找我谈,说准备在'十三五'重点研发计划里设立一个'科技冬奥'重点专项,询问我是否能担任这个专项的专家组组长。"范维澄回忆。作为火灾科学与安全工程领域专家,范维澄开始有点憷:"我虽然还算热爱运动,但并不是体育方面的行家。""他们跟我解释,冬奥赛事涉及的面太宽了,需要多领域、多学科交叉的融合协同。"范维澄说。

要办好冬奥会,为它提供科技支撑,需要一个统筹领导过多领域、多学科、多部门,有应对复杂局面经验的专家领衔。从这个角度看,范维澄无疑是合适人选。他所在的公共安全领域本身跨度就非常大,自然灾害、安全生产、公共卫生等领域的项目构思和立项,他都参与过。"反正简单地说就是'科技冬奥'这个领域没有内行,都是外行,大家从外行里边把我找着了,那我就努力做。"范维澄笑着说。"科技冬奥"千头万绪,专项从哪儿切入,怎么才能抓住重点?"'科技冬奥'专项的实施框架是根据总书记对冬奥会的指示来制定的。"范维澄说。

除了"精彩、非凡、卓越"的承诺,2015年8月20日,习近平总书记主持召开中共中央政治局常委会会议,作出坚持绿色办奥、共享办奥、开放办奥、廉洁办奥的重要指示,为如何筹办冬奥会确立了总原则,亦为"科技冬奥"重点专项的实施指明方向。

根据总书记的指示,科技部会同有关部门、地方提出,围绕零排供能、绿色出行、5G共享、智慧观赛、运动科技、清洁环境、安全办赛、国际合作8个方面统筹设计重点任务。在此基础上,最终专项确定了科学办赛、运动科技、智慧观赛、安全保障、绿色智慧示范5个大方向。

一次通力协作的攻关

有了2008年"科技奥运"的实践,有诸多目标导向明确的科研攻关经验,对中国科技界来说,"科技冬奥"难度系数应该不算高。其实不然。最大的难点是各方对冰雪运动了解太少。

"由于寒冷气候地域分布的原因,我国冰雪运动的基础相对薄弱,冬奥参赛项目不全,大型冬季项目竞赛体系及备战经验相对缺乏,备战冬奥的全面训练参赛体系更是需要重新构建,科研与科技服务成为冬奥备战直接的需求且挑战巨大。""科技冬奥"重点专项总体专家组成员、广东省体育局教授李捷分析。

正因底子薄、基础差,科技之于北京冬奥会的意义更大。实际上,科研攻关本身同样面临巨大挑战。作为国家体育总局奥运专家组成员,李捷在夏季奥运项目训练方面有着丰富经验,有关冬奥项目的积累则少得多。中国体育界和科研界的大部分人员亦如此。李捷分析,以运动科技为例,因为冬奥项目的特殊性,如何通过科技辅助提升运动员竞赛表现水平,在中国乃至世界范围,都是全新的课题和科学挑战。

为加快推进"科技冬奥(2022)行动计划",2019年,科技部会同北京市、河北省政府及国家体育总局等部门,成立了以科技部部长王志刚为组长的"科技冬奥"领导小组。与此同时,北京市、河北省一方面组织本地科技力量承接国家重点研发计划,另一方面设立了省级"科技冬奥"专项。北京冬奥组委制定了《科技冬奥重点项目实施方案》,围绕冬奥会筹办的重点场景全面推动项目成果落地

第四章 马克思主义科学技术社会论

应用。

2018年12月,科技部和国家体育总局签订"科体协议",建立"科体协同"工作机制,重点围绕"办赛精彩,参赛也要出彩"的目标,开展冰雪运动科技、冰雪运动装备和器材等领域的科技攻关。国家体育总局研究提出参赛等方面科技需求,并积极推动项目成果在国家队训练和比赛中落地应用。

为直接、准确对接需求,"科技冬奥"重点专项创新实施机制,由科技部会同北京冬奥组委、体育总局等用户部门和北京市、河北省等属地单位,按照"三个共同",即共同凝练科技需求、共同设计研发任务、共同组织项目实施,保障任务可落地、可实施、能应用。

在此基础上,精准部署研发任务,创新项目形成机制。例如,对冬奥场馆类任务,直接由业主单位作为项目主体,实现项目研发和工程建设的深度融合;对火炬研发任务,实行"揭榜挂帅"机制,实现项目研发与最终用户北京冬奥组委的精准对接。

"'科技冬奥'重点专项确实解决了很多关键性的技术难题,而且成果最终都应用得很好,这与专项立项时就紧扣需求,紧紧围绕为冬奥会服务分不开。"喻红告诉《科技日报》记者。范维澄认为,专项面向北京冬奥会重大需求提供创新供给,目标任务的实现体现在"应用"和"带动"效应上,突出科技创新成果的集成、示范。

基于此,专项在实施过程中强调边研发边应用。

"专项采取项目群管理机制,围绕任务目标和重点问题,加强同类项目的集成和信息共享,以项目群为单元组织做好技术成果落地,利用测试赛推动项目技术成果的集成应用、测试和全面展示。"科技部社发司司长祝学华表示。李捷补充说:"还有一点特别好的是,项目管理专业机构——中国21世纪议程管理中心建立了定期调度工作机制,组织项目承担单位与用户单位定期召开调度会,及时研究解决项目实施中遇到的实际问题。"

2021年10月份,科技部部长王志刚、副部长李萌会同北京冬奥组委、国家体育总局、北京市、河北省有关负责同志调研"科技冬奥"工作并召开专题座谈会,部署推动倒计时100天"科技冬奥"冲刺任务。

在北京冬奥组委赛时指挥体系的领导下,"科技冬奥"领导小组还成立了赛时临时工作专班,全面跟踪"科技冬奥"技术成果在赛时的应用情况,与项目承担单位现场保障人员、赛区场馆业主、属地管理部门等保持密切沟通,及时了解并协助解决项目成果在冬奥会赛应用中遇到的困难,确保各项新技术用得上、用得好。

最终,围绕场馆、运行、指挥、安保、医疗、气象、交通、转播、观赛等关键场景,

500多家单位、超过万名科研人员参与研发的200多项技术成果在测试赛、运动员训练、正式比赛中开展了示范应用,为北京冬奥会高质量办赛和高水平参赛提供了有力支撑。

"北京冬奥会开幕以来,中国体育代表团整体表现出色,我们实现了全项目参赛,多个项目实现历史性突破。这些成绩的取得,离不开科技对训练的强有力支持。"国家体育总局科教司副司长李志全评价。

在祝学华看来,"科技冬奥"不仅仅是科字口组织的,而是在各部门和地方支持下,广大科研机构、高校和企业的科研工作人员共同努力,在工作中渗透"科技冬奥"的理念,实施科技研发项目,集成应用我国多年来在相关领域的科技成果,为更好办赛、参赛、观赛提供了科技支撑。

"不是简单给一笔经费"

李志全不吝对"科技冬奥"重点专项的赞美:"科技冬奥"项目为国家队跨界跨项选材和科学化训练方案选择提供了支持;为国家队设计了模拟训练系统;用科技抢时间;为国家队提供了高性能器材装备。

林波荣是科技部城镇化领域的专家,也是冬奥组委可持续委员会专家。在重点专项启动前,他已对冬奥会场馆建设有了充分了解,因而成为专项办赛部分的总体组专家。"我记得第一批项目启动时,专家们从早上八点半讨论到下午,一致认为要提炼这些场馆建设中的共性关键技术难题,让场馆建设的业主单位、设计单位、建造单位联合攻关,而不是一个场馆一个场馆地支持。"林波荣说,最后确定了在场馆建设方面先行启动"复杂山地条件下冬奥雪上场馆设计建造运维关键技术"和"人工剖面赛道类场馆新型建造、维护与运营技术"两个项目。

承担"人工剖面赛道类场馆新型建造、维护与运营技术"项目的正是北京冬奥会张家口赛区总规划师、清华大学建筑学院院长张利。

此前我国从未有过符合国际标准的人工剖面赛道类场馆。为实现赛道曲线的精准表达、山地赛区的生态可持续、竞赛场馆的赛后长期利用,张利团队创造性地运用人因技术,结合赛后利用,进行场馆可持续设计。比如,"雪飞天"实现世界首例单板大跳台与空中技巧的赛道剖面转换。团队还研发了一整套人工剖面赛道类场馆的设计建造与检测监测技术。

挪威自由式滑雪运动员、自由式滑雪男子大跳台冠军比尔克·鲁德评价,场馆十分惊艳,在这里比赛令人着迷。美国运动员亚历山大·霍尔说:"这个场馆创造了历史,有这么好的场馆,技术提高是自然的事。"

"正是在'科技冬奥'重点专项的支持下,我们攻坚克难,为北京冬奥会的举办、冬奥健儿的竞技实力发挥提供科技支撑。"张利说。

第四章 马克思主义科学技术社会论

这正是"科技冬奥"重点专项的意义和价值。

"有人可能会问,有没有专项支持,冬奥场馆不都得建?专项到底起到什么样的作用?"在林波荣看来,"专项的作用是针对场馆建设中的共性技术难题,聚集全国优势力量来解决,而不是简单地给一笔经费,让大家还是做原来的事情。"以场馆建设为例,立项时就必须回答:设计建造运维有没有掌握原先国外有、国内没有的技术,国内有没有更好的替代方案,有没有解决冬奥会场馆建设史上碰到的独一无二的难题。"必须很好地满足上述一条或多条标准,才有可能立项。"林波荣说。

从立项开始就科学布局,最终的成绩有目共睹。在冬奥重点场馆建设方面,赛道设计、结构建造、关键用材等方面多项技术实现新突破。例如,毫米级混凝土喷射成型技术首次被用于国家跳台滑雪中心和雪车雪橇中心等场馆建设,打破国外技术垄断;在赛事保障方面,自主研发"百米级、分钟级"高精度气象预报系统,填补国内复杂地形短临预报领域的空白;创新研发的我国首辆国产双人雪车,风阻系数较国际同类产品降低8%,满足国家雪车队的需求……

科技部提供的数据显示,源自"科技冬奥"重点专项的212项技术成果在北京冬奥会得到应用和展示。

【思考讨论】

1. 结合案例谈谈科学技术的社会体制和组织机构对科学技术的发展有何意义?

2. 国际奥委会主席巴赫曾感慨说道:"科技的潜力令人惊叹,北京冬奥会在奥运会历史上第一次真正挖掘了这种潜力。"结合案例,谈谈你对"科学是一种在历史上起推动作用的、革命的力量"这句话的认识。

【案例分析】

1. 作为社会建制的科学技术体制是在一定社会价值观念支配下,依据相应的物质设备条件形成的一种社会组织制度,旨在支持推动人类对自然的认识和利用。科学技术的体制化以相应的职业化为核心,其内涵随着科学技术的发展而不断拓展和丰富。科学技术的社会体制包括:组织领导体制、经济支持制度、法律保障体制、交流与传播体制、人才教育培养制度等。

科学技术与其他各种事业密切相关,需要建立相应的组织机构以保证科学技术活动的顺利进行。科学技术组织机构随着历史的演化而变化,具有各自的特点和功能,是实现科学技术现代化的组织保证。在科学技术社会史上形成与发展起来的组织机构有:科学技术决策、管理与咨询机构,科学技术活动组织机构,科学技术传播机构,科学技术人才培养机构。

　　社会建制化是科学技术持续发展的基本条件。推进科学技术的发展和应用,已经成为国家战略的一部分。冬奥筹办之初,科技部就联合北京市政府、河北省政府、北京冬奥组委、国家体育总局等研究制定了"科技冬奥(2022)行动计划",围绕"零排供能、绿色出行、5G共享、智慧观赛、运动科技、清洁环境、安全办赛、国际合作"8个方面开展工作。国家在完善的科学技术的社会体制与组织机制下,通过系统布局科技冬奥重点任务,在短时期内迅速集中所需的人力、物力与财力,用于解决迫切的科技难题,助力冬奥筹办各项工作。

　　2.科学是一种在历史上起推动作用的、革命的力量。科学革命的出现,打破了宗教神学关于自然的观点,使人类的关注回到人类自身。科学与技术的结合推动了产业革命,产业革命促使市民社会在经济结构和社会生产关系上发生了全面变革。科学技术是生产方式和生产关系革命化的因素。马克思认为,科学技术的发展,首先必然引起生产方式的变革,"随着新生产力的获得,人们改变自己的生产方式,随着生产方式即谋生的方式的改变,人们也就会改变自己的一切社会关系。手推磨产生的是封建主的社会,蒸汽磨产生的是工业资本家的社会"。

案例九:科技创新引发人的社会交往异化[①]

【知识点】科学技术与社会发展/科学技术的社会建制

　　2020年10月,党的十九届五中全会审议通过《中共中央关于制定国民经济和社会发展第十四个五年规划和二〇三五年远景目标的建议》。这一远景规划建议的通过绘就了中国经济社会未来15年发展的蓝图,其中,"新型基础设施、数字产业化以及产业数字化"等基于科技创新发展的目标,必将推动新时代中国科技发展逐渐从跟跑转向并跑甚至迈向领跑。然而,在科技创新发展中,一把悬挂在人与社会、人与人、人与自身之间关系的"达摩克利斯之剑"始终在场。一方面,科技创新创造了巨大的物质文明和精神文明,实现了人类生产、生活和思维方式的巨大跃迁;另一方面,科技创新对不同年龄段人群也产生了负面影响。

科技创新引发人的社会交往异化呈现

　　从青少年来看,他们过度依赖网络,出现了"被网络绑架"的现象,对其正常

[①] 万伟伟.科技创新引发人的社会交往异化及对策[J].中国科技论坛,2021(7):3-5.

的学习、生活、工作造成负面影响。有学者研究发现：网络依赖和孤独、人格障碍、社会行为障碍等动机变量存在显著正相关。无疑，现实场景的面对面社交演变为虚拟符号之间的文字和语音互动，赋予处于叛逆时期的青少年高度自由的话语权，改变其被支配或被控制的生存样态，缺乏规则的网络时空场域正是引发青少年网络暴力的重要原因。从中年群体来看，科技创新的日新月异改变了传统商业的模式，借助于大数据、云计算、物联网、区块链等信息技术，科技赋能取代人力劳动，自动化设备、人工智能等已使接线员、打字员、铁匠等诸多职业消失。物理学家斯蒂芬·霍金曾警告说，人工智能"可能意味着人类的终结"。事实上，中年群体因"技术性失业"已经成为不可避免的社会难题。从老年群体来看，科技创新发展与老年人群体特征的需求匹配度较弱，导致老年群体出现数码疏离。例如，老年人搭乘公交车不会使用智能手机扫码支付；老年人看病就医难以消化医院挂号、买病历本等"复杂"的应用程序，导致老年群体在智能产品创新之初就产生疏离感。

科技创新作为一种物化创新，并非一开始就将人的尊严和价值融入其发展的宏大叙事当中，在现代性社会时空场域下，科技创新更多倾向于资本增值的追求。海德格尔认为，科技文明只为人类留下一个冷冰冰的"科学世界"。无论出于何种原因，落后于科技创新发展的"数字穷人"更容易错失生活中的机会，"技术性失业"和"社会排斥"是我们面临的重大时代课题。

科技创新引发人的社会交往异化的缘由

"资本逻辑"的非理性。现代社会以资本增值的形式展开，资本以追求增值为目标，引发"资本的逻辑"无孔不入，导致理性从道德价值领域退出。资本以一种非理性方式用市场的疯狂替代了人类所需的有节制的满足，成为一种与社会符号、社会地位密切相关的社会权力，加之缺失相应的经济规律、社会政策和法律规范予以保障，致使社会结构和治理方式发生深刻变革，人的物化、异化现象愈发突出。拥有资本的人群在科技创新活动中获益，而缺乏知识创新和应用能力的人群则更加边缘化，并继续遭遇资本的盘剥，加剧人与社会疏离的风险。

"技术逻辑"的非人道。海德格尔认为，现代技术在本质上有一种非人道的价值取向。科技发展以"价值中立"为理念，然而，在"工具理性"加持下，现代科技的异质性发展正在使其"价值中立"发生嬗变，科技创新"限定"现代人的生活，成为现代人无法摆脱的历史命运。互联网技术构建了一个强大的社会交往网络，使深陷其中的每一个个体难以抽离，虚实结合的"数字化生存"演变成为现代人的基本样态，而"技术沉溺"引发的诸如网购瘾、游戏瘾等，将人置于网络的统治之下，剥夺了人的自由，造成人的自我异化和社会异化。

"个体化生存"的困境。在"资本逻辑"非理性和"技术逻辑"非人道的双重制约下,个体的生活方式受到"技术范式"公开或隐蔽的宰制,物本主义的流行,形成"个体化生存"的样态,人看似拥有更多的自主权却又因技术依赖而失去自我。技术创新以其"自主性逻辑"来限定个体,解构个体原生的自我认同,带来个体发展各种未知的不确定性风险。"技术伦理"破坏传统社会的价值准则,形成各种物化的道德准则和社会规则,与传统以人性道德为基础的价值准则相背离,产生了"个体化"危机。另外,生活体验日益丰富,生命情感却日益匮乏,物欲、功利、技术和实用把人引离故土,人类赖以生存的"精神家园"却全面失落。

科技创新引发人的社会交往异化的应对之策

重构科技伦理体系,关注技术与人情的边界。科技伦理是科技活动必须遵守的价值准则。在科技创新中,必须关注技术与人情的边界,彻底反思"人是什么"和"人希望是什么"的伦理议题。因此,从政府层面而言,应主动承担伦理责任,提高领导干部科技伦理素养,建立科技价值全面评估机制,建立政府领导的科技价值专门评估机构,及时将科技创新评估报告向社会公布,引导科技朝人性化方向发展。从个体层面而言,应强化伦理道德评价、提高科技工作者对权责规定和道德规范的认知和自觉,严格遵守科技道德规范。从企业层面而言,应强化自觉提高伦理意识,通过自觉接受社会监督、增强企业科技创新与社会公众需求之间的互动,推动企业科技创新与"公共之善"相吻合。

强化科技立法规制,规范权利与义务的范畴。科技立法是防范科技风险的重要基础。需要加强科技创新行为和科技成果应用立法,建立体系化法律法规制度,筑牢科技创新的底线,确保各类科技创新活动依法实施。例如,需要针对人工智能发展造成的伦理困境,制定诸如智能驾驶规范、数据伦理规范、智慧医疗伦理规范、智能制造规范、助老机器人规范等,使科技创新尊重人的尊严,让"数字穷人"得以体面生存。需要严格执法,对"越界者"终身追责,针对科技创新可能存在的伦理风险,必须建立体系内的自纠机制和体系外的监督机制,对已成事实的违法行为,必须及时动用法律武器,严格按照惩戒性规定进行处理。

创新科技伦理治理,划定创新与应用的界限。一是推动治理方式转型。改变传统科技创新"做了再说"的滞后性治理方式,变革为把"人的福祉""尊重人"等作为科技创新基本价值遵循的"适应性"治理方式。例如,建立科技创新课题或立项的全国性注册平台,便于治理者或监管者及社会公众对风险与受益比做出评估,并实现对科技创新的全程监督。二是完善监管机制。通过构建严密的监管制度、监管程序及伦理规制,使"以人为本"成为科技创新的基本原则,确保科技风险能够控制在社会所能承受的范围。三是构建科技伦理审查机制。通过强化对科技创新组织的行业规范,加强对科技创新活动事前审批、事中监督和事后跟踪的监管,实现对科技创新的源头治理。

第四章 马克思主义科学技术社会论

防范科技创新风险,营造科技向善环境生态。一是建立全民性科技伦理教育体系,从抓好科技伦理普及教育体系顶层设计入手,构建体系健全、高效务实的全民性科技伦理教育机制,使科技创新主体自觉接受科技伦理熏陶、科技应用主体自觉辨识科技创新成果的伦理问题,推动科技创新为增进人类福祉服务。二是构建科技创新与伦理之间的对话机制,加强科技创新立项、课题或成果在社会领域的宣传,引导公众开展关于科技创新的伦理对话,制造良好的舆论氛围。三是推动科技创新的跨学科研究,科技创新风险涉及多个学科,需要从人际关系、就业结构、社会稳定、法律制度、个人隐私、伦理道德等方面进行系统研究,提出切实可行的对策,为防范科技风险提供"养料"。

【思考讨论】

1. 科技创新引发人的社会交往异化的根源是什么?
2. 如何消解科技创新所带来的伦理冲击?

【案例分析】

本案例集中探讨科技创新引发人的社会交往异化问题:第一部分主要介绍了科技创新带来的不同群体的社会交往异化表征;第二部分分析了造成这一问题的三大缘由;第三部分则从伦理体系、立法规制、科技治理、防范风险等四方面提出了应对之策。

1. 在数字化生存成为必然的高科技时代,人的社会交往异化的根源既有技术的异质化特性,更有资本的非理性扩展及人自身的物化需求。人类在技术的宰制下,愈发丧失自由与理性,逐渐成为技术的附属物或牺牲品。本案例要让学生认识到,交往异化不仅仅是技术问题,更是社会问题。

2. 面对科技创新带来的伦理冲击,布丁格等人提出的"4A策略"值得借鉴:以把握科技与伦理冲突的事实作为依据和出发点,寻求克服、限制和缓冲伦理问题的替代性科学研究与技术应用方案,开展跨学科研究和对话对替代性方案进行科学评估,根据科技发展进行动态调整。案例中提到的应对之策,正是"4A策略"的生动体现。

案例十:科学的社会功能——历史上的重大变革[①]

【知识点】科学技术的社会功能

要全面地理解科学的社会功能,有必要将其置于尽可能广阔的历史背景下。

[①] 贝尔纳.科学的社会功能[M].王骏,译.北京:北京大学出版社,2021:182-186.

一直以来,对当下历史事件的关注阻碍了我们去理解历史上的重大变革。毕竟,在地球演化的舞台上,人类出现得很晚,而地球本身又是宇宙演变的晚期副产品。迄今,人类生活发生了三次重大变革:社会的建立、文明的诞生——这两次都发生在史前时期——科学的革命,后者正在发生中,虽然我们还不知道如何来命名它。

社会与文明

第一次变革是社会的建立,人类因此而区别于动物,并通过世代经验的传承,找到了一种新的进步方式,优于自然进化的无序竞争。第二次变革是文明的诞生,这种文明以农业为基础,伴随着专门技术的全面发展,最重要的是城市和贸易这两种社会形态得以形成。由此,人类整体就脱离了依赖自然的寄居生活,几乎完全从食物生产的苦差中解放出来了。但文明的诞生仅是局部性的。公元前6000年,人类文明几乎所有的基本特征已经具备,但这文明中心仅出现在美索不达米亚与印度之间。随后的几千年中,直到文艺复兴和我们这个时代的开启,人类文明的内涵并没有什么重大的变化。整个这段的历史记录仅仅呈现出文化和技术的细微改进,而其中的绝大部分都具有周而复始的特性。一种文化接着一种文化,兴起又衰亡,每一种文化虽有所不同,但本质上并不比前一种更进步。真正的微小进步也只是限于疆域开拓。文明的每一次崩溃,无论内在原因或异邦侵犯,从长远看来,都意味着经一时混乱之后,该文明逐步传播到异邦去了。直到这段时期的结束,世界上所有适宜的土地都已经开化了。

科学的革命:资本主义的作用

直到15世纪中叶,开始出现一种新气象,我们今天都明白,但当时的人们显然并没意识到。文艺复兴一直被看作是资本主义兴起的预兆,但直到18世纪,人们才普遍认识到重要的变化。此时,由于科学的发明与应用,人类拥有了新的可能,这对于人类未来的影响可能更甚于早期文明中农业和技术的影响。只有到了今天,我们才能够在思想上辨别,资本主义发展与科学发展分别对于人性普遍解放的意义。两种发展似乎都与"进步"密切相关,可是与此同时又有点悖论,因为这意味着人类正在"回归"自然状态,摆脱宗教或封建权威的专制统治。我们现在明白,虽然资本主义首次赋予了科学以实际价值,因而对科学的早期发展是必不可少的,但是科学对人类社会的重要性,在任何方面都远远超越了资本主义,而且事实上,充分发展科学为人类服务与持续发展资本主义,在本质上是不相容的。

第四章 马克思主义科学技术社会论

科学的社会意义

科学意味着对于整个社会生活的统一、协调以及自觉的管理，它摆脱了人类对物质世界的依赖性，或者说为此提供了可能。从此，社会仅受制自身而非自然。毋庸置疑，人类的确抓住了这种可能性。只要存在这种可能性，人类就会努力去实现。一个社会化的、综合的、科学的世界体系正在到来，但是若自认为这已经实现或无需经过严峻斗争和长期混乱就会实现，那是荒谬的。我们必须明白，我们正处于人类历史上一个重要的过渡时期。我们目前最紧迫的问题就是确保尽快完成这个过渡，并尽量把物质、社会和文化层面的破坏程度降到最低。

科学在过渡时期的任务

科学显然将成为人类历史上第三次变革的独有特征，但是唯有当这个阶段完全确立后，人们才会充分意识到其重要性。我们既然处于过渡时期，这样的任务就首先与我们相关，在这里，科学只不过是复杂的经济和政治力量中的一个因素而已。我们的任务关乎科学此时此地该做什么。而且科学在这场斗争中的重要性，很大程度上取决于对这种重要性的认识。一旦意识到自己的目标，科学就能持续成为社会变革的主要力量。由于它所蕴藏的巨大力量，它最终就能驾驭其他的力量。但是，科学如果没有意识到自身的社会意义，就会沦为那些邪恶势力手中的工具，进而被驱使而背离社会进步的方向。更可怕的是，在这一过程中，自由探索的精神作为科学的精髓，也将遭到毁灭。为了能让科学自觉意识到自身价值与潜在力量，就必须结合当下及可预期未来所存在的问题来看待它。如此，我们才能明确，科学目前的功能是什么。

可预防的灾祸

今天世界的诸多灾祸——饥饿、疾病、苦役和战争，在以前都可以归为自然灾害或神灵惩戒，而如今完全是因为那些腐朽的政治经济制度的捆绑。没有任何技术上的理由可以解释，为什么今天的人们依然无法填饱肚子；也没有任何理由可以解释，为什么今天的人们依然不得不迫于生计而每天重复着单调无味的劳作。在本可以享受富足和悠闲的今天，战争行为完全是出于愚蠢和残暴。人类目前的大部分疾病，直接或间接都是由于缺乏食物和良好的生活条件，而所有这一切显然本来都是可以消除的。只有当这些灾祸从地球上消失了，人们才可以感受到，科学已经被很好地应用于为人类服务了。

但这只是开始。有许多灾祸，如疾病或迫不得已的劳作，似乎难以避免，但我们有充分理由相信：只要有充足的经费支持，严谨的科学研究将会发现灾祸背后的原因并予以解决。让那些对人类有潜在价值的科学研究得不到应有的支持,无异于造孽。

需求的满足与实现

当然,这些都只是一些消极的层面。对于科学来说,仅消除灾祸显然是不够的。我们必须期待科学能够创造出新的美好事物,更向善的、更积极的、更和谐的生活方式。到目前为止,科学尚未触及这些领域,它只是满足了前科学时期的原始需求,而没有试图加以分析和提升。像研究自然那样去研究人,去发现社会发展和社会需要的意义和方向,才是科学的功能。人类的悲剧往往就在于成功地实现了想象中的目标。科学有能力看到未来并能同时理解问题的多个层面,所以它就应该能够更清晰地判断,对于个人需求或社会需求,哪些是真实的、哪些是虚幻的。科学既可以实现人类的真实需求,也可以显明人类的某些需求的虚幻和不现实,从而赋予自身现实的力量和观念的解放。今天,科学已经成为改变人类物质文明的主动性力量,它必然越来越深远地影响人类文化的进程。

【思考讨论】

1. 结合案例,谈谈你对科学技术与社会变迁的理解。
2. 如何理解科学技术的社会功能?
3. 如何辩证看待科学技术的社会功能?

【案例分析】

1. 马克思认为,科学技术是一种在历史上起推动作用的、革命的力量。马克思意识到,作为强大精神力量的科学技术,能够促进人类思想的解放,在产业革命的基础上推动社会变革,对社会生产关系产生巨大影响。在马克思的视野中,科学是经济和社会发展的重要组成部分,正是科学技术的发展引起人类社会生产力的巨大进步,推动旧的生产关系发生不可逆转的变化,直接参与到不可阻挡的人类历史发展进程当中,为资本主义制度的建立创造条件。

2. 马克思认为,科学技术的发展,首先必然引起生产方式的变革,也必然会引起生产关系本身的变革。科学革命的出现,打破了宗教神学关于自然的观点,使人类的关注回到人类自身。科学与技术的结合推动产业革命,产业革命促使市民社会在经济结构和社会生产关系上发生全面变革。

3. 科学技术是历史发展的火车头,这是马克思主义的基本观点。科学技术推动生产力内部各要素的变革,促进产业结构的调整、经济形式的变化和经济增长方式的转变,实现了经济转型;变革生产关系,增进人类自由而全面的发展,推动人类社会进入发展的新阶段。但也产生劳动异化现象,造成工具理性的张扬以及意识形态的科学技术化倾向。我们应该以辩证的态度看待科学技术的社会功能。

第五章 中国马克思主义科学技术观

中国马克思主义科学技术观是马克思主义科学技术论的重要组成部分,是对当代科学技术及其发展规律的概括与总结,是马克思主义科学技术观与中国具体科学技术实践相结合的产物。

中国马克思主义科学技术观,是毛泽东思想、邓小平理论、"三个代表"重要思想、科学发展观、习近平新时代中国特色社会主义思想中的科学技术思想的概括和总结,既一脉相承,又与时俱进。中国马克思主义科学技术观的主要内容包括科学技术的创新观、人才观、发展观等基本内容,体现出时代性、实践性、科学性、创新性、自主性、人本性等特征,凸显了中国特色社会主义科学技术观具有的独特的思想品格、鲜明的时代特征和重要的历史地位。

案例一:中国共产党百年科技政策思想的"十个坚持"[①]

【知识点】中国马克思主义科学技术观

中国共产党已走过100年的光辉历程。百年来,中国科技事业取得空前进展。2021年5月,习近平总书记在中国科学院第二十次院士大会、中国工程院第十五次院士大会、中国科协第十次全国代表大会上(以下简称"2021年'科技三会'")的重要讲话中指出:"在革命、建设、改革各个历史时期,我们党都高度重视科技事业。从革命时期高度重视知识分子工作,到新中国成立后吹响'向科学进军'的号角,到改革开放提出'科学技术是第一生产力'的论断;从进入新世纪

---

① 贾宝余,刘立.中国共产党百年科技政策思想的"十个坚持"[J].中国科学院院刊,2021(7):835-844.

深入实施知识创新工程、科教兴国战略、人才强国战略,不断完善国家创新体系、建设创新型国家,到党的十八大后提出创新是第一动力、全面实施创新驱动发展战略、建设世界科技强国,科技事业在党和人民事业中始终具有十分重要的战略地位、发挥了十分重要的战略作用。"我国科技政策的核心是党的科技政策思想。科技政策思想是党的主观意愿在科技发展客观规律、科技发展现状及未来趋势的启示下,联系到政治、经济、文化发展的需要而产生的对策性思想,它决定或影响科技政策的制定,进而决定或影响科技的发展规模、方式和方向。

坚持运用马克思主义科学技术观,明确科学在革命、建设、改革各历史时期的战略位置

充分认识科学技术的重要性,摆正科学在社会发展全局中的位置,是马克思主义科学技术观的重要主题,也是中国共产党科技政策思想的逻辑起点。科技立则民族立,科技强则国家强。

党的十八大以来,以习近平同志为核心的党中央坚持创新发展,把科技创新摆在国家发展全局的核心位置,提出"发展是第一要务,人才是第一资源,创新是第一动力"等重要论断,做出"实施创新驱动发展战略"的重要决策,发出建设世界科技强国的"动员令"和"向科学技术广度和深度进军"的号召,开辟了马克思主义科学技术观中国化的新境界。立足新时代,要实现中华民族伟大复兴的中国梦,必须真正用好科学技术这个最高意义上的革命性力量和杠杆,走出一条从人才强、科技强到产业强、国家强的发展道路。

坚持走中国特色自主创新道路,独立自主、自力更生,自主创新、自立自强

坚持独立自主的发展道路是保证我国科技生命力的根本所在,是中国共产党科技政策思想的战略基点。从独立自主、自力更生到自主创新、自立自强,历史地、具体地诠释了中国共产党领导的科技创新要把"方针放在自己力量的基点上"这个中国特色自主创新道路的根本原则。

2020年10月,党的十九届五中全会提出,把科技自立自强作为国家发展的战略支撑。习近平总书记在2021年"科技三会"上强调:"我国广大科技工作者要以与时俱进的精神、革故鼎新的勇气、坚忍不拔的定力,面向世界科技前沿、面向经济主战场、面向国家重大需求、面向人民生命健康,把握大势、抢占先机,直面问题、迎难而上,肩负起时代赋予的重任,努力实现高水平科技自立自强!"

高水平科技自立自强更加强调原始创新、自主创新,但不排斥引进消化吸收再创新和集成创新,其关键是把创新主动权、发展主动权牢牢掌握在自己手里,为构建新发展格局奠定基础。

第五章 中国马克思主义科学技术观

坚持以战略规划引领科技创新,根据国家发展实际和世界科学态势规划科技发展,抓重大、抓尖端、抓基础

根据不同历史阶段科技发展态势和国家发展实际,制定战略规划,明确发展科学技术的指导思想和战略方针,出台加速科技事业发展的政策举措,引领科技创新和社会进步,是中国共产党科技政策思想的鲜明特征。通过采用"规划"这个重要的政策工具,党和国家明确了特定的赶超目标、阶段重点和政策措施,成为落实党的科技政策思想的行之有效手段。

2016年,中共中央、国务院制定了《国家创新驱动发展战略纲要》,明确我国科技事业发展的战略目标:到2020年进入创新型国家行列,到2030年跻身创新型国家前列,到2050年建成世界科技创新强国。当前,我国正在制定新一轮中长期科技创新规划,充分考虑世界科学技术和产业发展呈现出新的变革态势和特征,考虑中美科技"脱钩"甚至"科技战"的风险,坚持"四个面向",勇闯"无人区",在目标上兼顾追赶型与引领型、举措上兼顾现实性与前瞻性、落实上兼顾约束性与灵活性,引领和促进高水平科技自立自强。

坚持集中力量办大事的制度优势,统筹构建科研布局,完善国家创新体系,强化国家战略科技力量

发挥举国体制优势、坚持集中力量办大事,是我国国家制度和国家治理体系的一项显著优势,也是中国共产党科技政策思想的直接体现。

党的十八大以来,习近平总书记强调"世界科技强国竞争,比拼的是国家战略科技力量",提出"国家实验室、国家科研机构、高水平研究型大学、科技领军企业都是国家战略科技力量的重要组成部分,要自觉履行高水平科技自立自强的使命担当",并对中国科学院提出了"四个率先"和"两加快一努力"的要求。我国不断健全社会主义市场经济条件下新型举国体制,发挥市场对资源和要素流动的决定性作用,在科研布局、项目决策、协同机制、研发组织、利益分配等方面深入探索;通过国家实验室建设、国家重点实验室体系的"重组"创新、为国家科研机构和高水平研究型大学"赋能"创新、推动科技领军企业和区域创新高地"迭代"创新等方式,不断强化国家战略科技力量,打好关键核心技术攻坚战,构建充满活力的国家创新体系和各具特色的区域创新体系。

坚持科技创新为民的价值观,从"为人民服务"到"以人民为中心"一脉相承

科技创新为民的价值观,是落实"为人民服务"这一党的根本宗旨的要求,也是理论联系实际的思想路线在科技领域的运用,体现了中国共产党科技政策思想的价值追求。

党的十八大以来,习近平总书记提出,"加快科技创新是实现人民高品质生活的需要","要把满足人民对美好生活的向往作为科技创新的落脚点,把惠民、利民、富民、改善民生作为科技创新的重要方向"。新时代的科技创新,强调把"以人民为中心"的发展思想贯彻到科技创新活动之中,坚持问题导向、需求导向,奔着最紧急、最紧迫的问题去科技攻关,同时重视科学家的兴趣和好奇心在实现原始创新和颠覆性创新中的重要性,做到发展为了人民、发展依靠人民、发展成果由人民共享,更好增进人民福祉,更好发展中国特色社会主义事业。

坚持党的知识分子政策,尊重劳动、尊重知识、尊重人才、尊重创造,建设宏大的创新人才队伍

科技创新,人才为本。落实好党的知识分子政策,建设宏大的创新人才队伍,是中国共产党科技政策思想的重要着眼点。加强对人才的政治引领、工作保障、生活关心,是落实好党的知识分子政策的关键。

党的十八大以来,习近平总书记强调"我国要实现高水平科技自立自强,归根结底要靠高水平创新人才","加快构建具有全球竞争力的人才制度体系,聚天下英才而用之。……做好团结、引领、服务工作,真诚关心人才、爱护人才、成就人才",要求"广大知识分子要坚持国家至上、民族至上、人民至上,始终胸怀大局、心有大我","把论文写在祖国大地上","放手让广大知识分子把才华和能量充分释放出来"。

目前,我国科技人力资源总量超1亿人,规模继续保持世界第一;强化引领、优化服务、提升质量、激发活力应成为未来科技人力资源发展战略的重点。全方位优化改进人才培养、使用、汇聚、激励和评价机制,进一步释放人才活力,重视科技人才培养,努力造就一批具有世界影响力的顶尖科技人才,稳定支持一批创新团队,培养更多科学巨匠、能工巧匠、大国工匠,建设全球创新人才高地,为建设世界科技强国奠定人才基础。

坚持贯彻党的群众路线,处理好重点攻坚与群体突破、原始创新与转移转化、科技创新与科学普及等辩证关系

群众路线是党的生命线和根本工作路线,是党永葆青春活力和战斗力的重要传家宝,也是中国共产党科技政策思想的智慧源泉。处理好重点攻坚与群体突破、原始创新与转移转化、科技创新与科学普及等辩证关系,是党的群众路线在科技工作的集中体现。

科学工作是探索未知的工作,既需要精英科学家带头重点攻坚,也需要普通科技工作者从不同角度去研究,这种"多路探索"模式,有助于实现科学的"群体突破"。在2016年召开的全国科技创新大会、中国科学院第十八次院士大会和中国工程院第十三次院士大会、中国科学技术协会第九次全国代表大会上,习近平总书记强调,科技创新、科学普及是实现创新发展的两翼,要把科学普及放在与科技创新同等重要的位置。没有全民科学素质的普遍提高,就难以建立起宏大的高素质创新大军,难以实现科技成果迅速转化。广大科技工作者要把普及科学知识、弘扬科学精神、传播科学思想、倡导科学方法作为义不容辞的责任,在全社会推动形成讲科学、爱科学、学科学、用科学的良好氛围。

坚持弘扬科学精神,塑造科学理性的国民精神,为科技创新提供磅礴精神动力

"伟大事业铸就伟大精神"。大力弘扬科学家精神,是中国共产党科技政策思想的重要内容。科学家精神是科学精神在科学家群体身上的投射,具有鲜明的主体性、人格性、群体性。在中国共产党领导的科技创新事业中,既注重在全社会弘扬科学精神,又注重在科技共同体发扬科学家精神。在全社会弘扬科学精神,有助于繁荣社会主义文化、塑造科学理性的国民精神;在科技共同体发扬科学家精神,有助于促进科研诚信、营造创新文化,激励科技工作者主动肩负起历史重任。

党的十八大以来,习近平同志提出了新时代科学家精神、工匠精神、新时代北斗精神、中国载人深潜精神、探月精神等,这些精神成为科学精神图谱中的闪亮坐标,不断丰富了中国共产党人的精神谱系。广大科技工作者弘扬"两弹一星"精神和爱国、创新、求实、奉献、协同、育人的新时代科学家精神,潜心研究、奋勇争先,把自己的科学追求融入建设社会主义现代化国家的伟大事业中去,谱写新时代科技创新事业的新篇章。

坚持国际科技合作,把握世界科技发展的大方向,积极融入全球创新网络,建设开放创新生态系统

科学技术是世界性的、时代性的,是人类共同的财富,发展科学技术必须具有全球视野。在自立自强的基础上坚持更高层次的国际科技合作,是中国共产党科技政策思想的重要方略。

国际合作是当代科学技术发展的基本规律,自力更生是立国、强国的基本原则。习近平总书记在2021年"科技三会"上指出:"要统筹发展和安全,以全球视野谋划和推动创新,积极融入全球创新网络,聚焦气候变化、人类健康等问题,加强同各国科研人员的联合研发。要主动设计和牵头发起国际大科学计划和大科学工程,设立面向全球的科学研究基金。"深度参与全球科技治理,主动布局和积极利用国际创新资源,共同应对人类共同挑战,推动全球范围平衡发展,是"构建人类命运共同体"的重要内容,是新时代国际科技合作的重要任务,是推进高水平科技自立自强的必要途径。

坚持党对科技事业的全面领导,加强科技战线党的建设,观大势、谋全局、抓根本,为科技创新提供坚实政治保证

中国共产党领导是中国特色科技创新事业不断前进的根本政治保证。坚持加强科技战线党的建设,是党的建设的一个重要方面,为落实好中国共产党科技政策思想提供坚实组织保障。

党的十八大以来,党中央对提高党的建设科学化水平、提升党建工作质量、加强党对科技工作的领导提出明确要求。科技战线以习近平新时代中国特色社会主义思想为指导,全面贯彻新时代党的建设总要求,坚持和加强党对科技事业的领导,坚持党要管党、全面从严治党,以党的政治建设为统领,坚持正确政治方向,着力深化理论武装,着力夯实基层基础,发挥党的领导政治优势,深化对创新发展规律、科技管理规律、人才成长规律的认识,紧密结合科研院所和科技创新的实际,推进党建和科研的深度融合,提高党建质量,为科技创新提供了坚强政治保证。

【思考讨论】

1. 试分析中国共产党百年科技政策思想对经典马克思主义科技观的继承与发展。

2. 如何理解习近平新时代中国特色社会主义思想中的科学技术观的时代意义?

【案例分析】

1. 经典马克思主义科技观是中国共产党百年科技政策的指导思想,中国共产党百年科技政策体现了经典马克思主义科技观的实践伟力,以经典马克思主义科技观为指导的中国共产党百年科技政策思想具有强大生命力。

2. 习近平总书记的科学技术观有着鲜明的问题导向,紧扣我国社会主要矛盾变化,提出了一系列新思想、新论断,为新时代中国特色社会主义科技创新指明了前进方向,提出了具体要求,是新时代中国特色社会主义科技创新的科学指南和根本遵循,并为全球范围内科技创新事业贡献了中国智慧和中国方案。

第五章　中国马克思主义科学技术观

案例二：共和国初期自然观[①]

【知识点】科学技术发展观

中国共产党历代领导集体把马克思主义生态自然观与中国具体实际相结合，形成了一系列中国化的马克思主义生态自然观的理论成果。而毛泽东思想包含着马克思主义生态自然观中国化的初步探索和尝试，形成了早期中国化马克思主义的生态自然观理论。

首先，在自然观上，毛泽东认为，人类实践既是人与自然相联系的基础，又是两者相区别的前提。一方面，他认为劳动是人与自然联系的中介。他指出生产实践是人与自然联系的中介，人类只有通过生产活动才能认识自然规律并与自然和谐相处。另一方面，毛泽东也指出了人类实践又是人与自然相区别的前提，说明人与自然本来是混沌融为一体的，但是随着生产活动的发展，人通过劳动使其成为真正的人并与自然分离开来。人类劳动不仅标志着人类自我意识的产生，更是人类文明产生的基础和前提。同时，毛泽东还利用自由与必然的认识阐述了人类只有尊重自然、承认自然规律，才能认识自然和改造自然，才能从自然中获得自由。

其次，在生态环境保护和建设上，毛泽东提出了"植树造林、绿化祖国、建设美好家园"的生态环境建设思路。这是中华人民共和国成立后，中国共产党领导人在这一问题上的自觉意识和探索尝试。首先在思想观念和意识上强化生态环境建设。在1955年，他指示道，"在十二年内，基本上消灭荒山荒地，在一切宅旁、村旁、路旁、水旁，以及荒地上荒山上，即在一切可能的地方，均要按规格种起树来，实行绿化。"同时，针对"大跃进"对自然环境，特别是对森林造成的毁坏和破坏，指出"要使我们祖国的山河全部绿化起来，要达到园林化，到处都很美丽，自然面貌要改变过来"。总之，毛泽东在以后工作中多次强调要绿化祖国，保护生态。

最后，毛泽东不仅在思想上重视生态环境建设，更是从实践上践行这一思想。在具体工作中，他提出，农、林、牧、副、渔协调发展，兴修水利，植树造林，防止水土流失，垦荒要以避免水土流失为限度等。毛泽东更是从统筹兼顾和综合发展的角度出发，为了广大人民的利益，提出改土和治水相结合的原则。不仅为

---

① 潘鈜.论毛泽东生态文明思想[J].党史文苑，2017，(12):38-42.

以后农业的发展创造了有利条件,更为以后的工业化建设减缓了环境压力。

总而言之,毛泽东在自然观和生态环境建设上提出一系列有价值的理论观点和建设思路,为中国社会主义建设提供了正确的理论指导,使社会主义建设取得了巨大成就。

【思考讨论】

1. 根据毛泽东的科学技术创新观,试述中华人民共和国成立初期开创的自力更生的科技创新之路。
2. 毛泽东关于科技人才概念的内涵和外延是什么?

【案例分析】

1. 科学技术促进生产力发展的科技创新功能论。毛泽东认为科学技术及其创新是立国兴国的先决条件之一,他特别重视科学技术创新的生产力功能和军事功能。毛泽东认为,在科学技术的多种社会功能中,最突出的功能是它对社会生产力发展的巨大推动作用。毛泽东系统总结了世界各国科学技术经济发展的经验,自力更生是毛泽东科技创新思想的根本立足点。新中国面临的国际环境决定了毛泽东选择走自力更生之路来推动科技创新的必然性。毛泽东强调,现代武器装备的研制和生产必须充分发挥我国科技人员的积极性和自主创新精神,坚持自力更生为主,必须始终将国家安全的命运牢牢掌握在我们自己手中。

2. 毛泽东关于科技人才概念的理解,主要包含在他关于知识分子,尤其是关于科技界的知识分子的论述中。虽然毛泽东很少使用"科技人才"这个概念,但其科技人才概念的内涵丰富、外延广泛。从内涵上来说,毛泽东的科技人才概念包括质和量两个方面。就量而言,它是"数量足够的";就质而言,它是"优秀的"。延安时期,毛泽东就非常重视知识分子的作用。在党的八届三中全会上,他明确指出:"无产阶级没有自己的庞大的技术队伍和理论队伍,社会主义是不能建成的。"人民的解放事业和新中国的建设事业都需要大批的科学家、工程师和技术人员。毛泽东在党的七大政治报告中指出:我们"需要大批的人民的教育家和教师、人民的科学家、工程师、技师、医生、新闻工作者、著作家、文学家、艺术家和普通文化工作者","中国的人民解放斗争迫切地需要知识分子,因而知识分子问题就特别显得重要"。

案例三:20世纪中国红色文化中的自然观[①]

【知识点】中国马克思主义科学技术观/辩证唯物主义自然观

自然观是人们认识世界的基础,是人们对自然界的总的看法,是世界观的重要组成部分,是人们衡量人与自然关系的一把尺子,包括对自然的本源、演化规律、结构及人与自然的关系等方面的根本认识。马克思恩格斯坚持辩证唯物主义和历史唯物主义的立场观点,把人、自然、社会看作一个整体,立足于对当时的生态事件的批判和反思,提出了人是自然界的一部分、自然界是人的无机身体、劳动实践是人与自然统一的媒介等思想,是我们党的自然观的指导思想。我国五千年的文明史,也形成了"天人合一"的自然观,是我们党的自然观的重要的历史渊源。中华人民共和国成立以来,我国的自然观先后经历了从中华人民共和国成立至改革开放前的征服自然、改革开放以来的人与自然和谐相处、党的十八大以来的尊重和敬畏自然的发展演进过程。这是自然观的历史飞跃。这些思想集中体现在我们党和国家领导人的讲话中及我们党的文献中。加强对我们党的自然观的研究,有利于我们进一步处理好人与自然的关系,加快"美丽中国"的构建和"中国梦"的实现进程。为此,本文拟就中华人民共和国成立以来中国共产党自然观的历史演进问题进行分析和探讨。

中华人民共和国成立至改革开放前中国共产党的自然观:征服自然

自然观是与人口、资源、环境紧密联系在一起的。中华人民共和国成立初期,面对满目疮痍、一穷二白的实际情况,刚刚从战争年代走出来的中国共产党,首先考虑的是尽快医治战争的疮痍,恢复和发展生产,解决人民群众的吃饭问题。为此,我们一度被迫接受了急功近利的自然观,走了西方"先污染,后治理"的老路,主要表现在自然的地位方面。曾经认为人与自然的关系是主从关系,甚至是对立的。自然是为人类服务的,人是自然的主人。

毛泽东同志曾多次强调要绿化祖国,保护生态。他曾于1958年作出指示:"要使我们祖国的河山全部绿化起来,要达到园林化,到处都很美丽,自然面貌要改变过来。"在对"大跃进"运动的不断反思、认识的不断深化的过程中,1973年8月召开的第一次全国环境保护会议,通过了中国第一个环境保护文件《关于保护

[①] 毛华兵,闫聪慧. 习近平生态文明思想对马克思主义自然观的发展[J]. 学习与实践,2020,(7):5-12.

和改善环境的若干规定》,制定了全面规划、合理布局、综合利用、化害为利、依靠群众、大家动手、保护环境、造福人民的环境保护工作基本方针,标志着我们党的自然观正在发生新的转变。但是,由于客观条件的限制,这一阶段保护自然的举措还仅仅是起步,还不完备,有待于进一步完善。

改革开放至十八大前的自然观:人与自然和谐共处

改革开放初期,由于发展经济的迫切需要,我们仍然在重复"先污染、后治理"等资本主义国家走过的急功近利的老路。为此,带来了森林锐减,水体、土壤、大气污染,土壤沙漠化、石漠化等环境问题,生态环境几乎处于崩溃的边缘。事实证明,这种自然观是片面的。因为生态环境危机、能源危机、发展危机是相互联系的,实质上是一个危机。1987年2月联合国世界环境与发展委员会发表的《我们共同的未来》的研究报告,提出了"可持续发展"的思想。它告诫人们,要引导人们从单纯考虑环境保护转变为把环境保护与人类发展切实结合起来。这一报告对我们党产生了深刻的影响。

对自然的重要地位的认识进一步提高。这一时期,我们党的第二代中央领导集体深刻认识到环境污染是大问题,以新的发展眼光重新审视人与自然的关系。特别是随着改革开放的不断向纵深推进、国际交往的日益扩大,学术界对人与自然关系探讨逐步深入,我们党的自然观逐步得到深化。1983年12月召开的第二次全国环境保护会议确立了环境保护工作的基本定位,环境保护被上升为基本国策。之后,对自然的重要性的认识进一步增强,胡锦涛明确提出:"自然界是包括人类在内的一切生物的摇篮,是人类赖以生存和发展的基本条件。"

党的十八大以来的自然观:尊重自然、敬畏自然

随着党的十八大报告把生态文明建设纳入中国特色社会主义建设事业"五位一体"总体布局,纳入到美丽中国、中国梦的重要建设内容,生态文明建设进一步上升为党和国家的意志,我们党的自然观又迎来了新的发展,自然的地位进一步得到确认。经过改革开放以来的理论与实践,自然界是人类生存和发展的基础的观念逐步深入人心,保护自然的举措更加具体。我们党不仅大力宣传和弘扬杨善洲精神、塞罕坝精神,同时党的十八大提出中国特色社会主义事业"五位一体总体布局",把生态文明建设放到更加突出的位置,强调要实现科学发展,要加快转变经济增长方式。

中华人民共和国成立以来中国共产党自然观的不断成熟与发展,促进了我国环境质量的不断提高。根据2018年5月22日国家生态环境部发布的《2017

第五章　中国马克思主义科学技术观

年中国生态环境状况公报》显示：目前，我国大气和水环境质量进一步改善，空气质量大幅提高，土壤环境风险逐步得到遏制，生态系统格局总体趋于稳定。一句话概括：天更蓝、山更绿、水更清。人民群众真切实感受到自然观转变带来的实惠，为建设美丽中国、实现中华民族的复兴奠定了坚实的基础。

【思考讨论】

1. 生态自然观的作用是什么？
2. 如何认识生态自然观和生态文明建设之间的辩证关系？
3. 如何理解"绿水青山就是金山银山"等新发展理念？

【案例分析】

生态自然观的作用主要体现在：它以人类生态学为理论基础，丰富和发展马克思主义自然观；它强调人和生态系统和谐发展，为贯彻新发展理念，有效开展生态文明建设奠定理论基础；它随着生态科学的发展而不断得到完善，并在生态文明建设中发挥重要作用。

1. 丰富和发展了马克思主义自然观。它倡导系统思维方式，发挥人的主体创造性，强化人与自然界协调发展的生态意识，促进了马克思主义自然观在认识人类与生态系统关系方面的发展。

2. 有助于深入理解新发展理念。旨在解决发展的动力问题、不平衡问题、人与自然和谐问题、内外联动问题和社会公平正义问题，它们彼此"相互贯通、相互促进，是具有内在联系的集合体"。生态自然观强调人和生态系统的和谐发展，有助于人们"以新的发展理念引领发展""把新发展理念落到实处""坚持节约资源和保护环境的基本国策""加强生态文明体制改革，建设美丽中国"。

3. 有助于生态文明建设。"生态文明建设是'五位一体'总体布局和'四个全面'战略布局的重要内容"，它功在当代、利在千秋，是中华民族永续发展的千年大计。生态自然观强调人类与自然界的共生关系，强调"环境就是民生，青山就是美丽，蓝天也是幸福，绿水青山就是金山银山""保护环境就是保护生产力，改善环境就是发展生产力"，为建设生态文明奠定了理论基础。"弘扬塞罕坝精神，持之以恒推进生态文明建设""加快构建生态文明体系""走出一条生产发展、生活富裕、生态良好的文明发展道路""努力走向社会主义生态文明新时代"。

案例四：新中国早期的"大科学"体制[①]

【知识点】中国马克思主义科学技术观/马克思主义科学技术社会论

1949年中华人民共和国成立后，我国完成了科学体制的重要转换，建立的"大科学"体制成为一种代表性科学体制。随着社会的转型与人民民主政权的建立，确立了人民科学文化观，它适应了当时中国社会经济与科学事业发展的要求，对中国社会与科学的发展都产生了重大影响。在人民科学文化观的指导与影响下，我国的科学体制逐渐走向完善，并在20世纪五六十年代形成了具有中国特色的"大科学"体制。

中华人民共和国建立初期，在"大科学"体制下，国家在短时期内迅速集中全国人力、物力与财力，用于解决国家建设面临的科技难题，取得了很大的成就。中国"大科学"体制的形成体现了中国共产党所一贯主张的独立自主、自力更生的原则和发动群众的路线，这不仅构成了中国"大科学"体制运行的特色，也是中国"大科学"体制成功的基本保证。

在中国"大科学"体制运行的起始阶段上，毛泽东始终强调要贯彻自力更生的原则，科学技术的发展要建立在自己民族能力的基础上。从理论上来说，独立自主、自力更生的原则与群众路线是相互配合、相互衬托的，其理论核心在于相信人民群众的聪明才智和力量可以完成任何艰巨而伟大的事业。

毛泽东将群众路线应用于中国的科学实践活动，构成了中国大科学的一个重要特征。如中国的原子能事业采取了完全不同于西方以高度专业化为模式的道路，而是采取了核能技术决策、科技专家与全民动员同时进行的方式，即通过对民众普及原子能知识、出版有关原子能方面的通俗读物及宣传讲话等方式，发动全国人民来共同推进原子能事业，提出了"全民办铀矿""大家办原子能"的口号。正是群众的参与使中国的科学共同体与社会有了更为直接的关系，人民群众的主动精神和自信心通过中国共产党群众路线的导引构成了中国"大科学"体制运行所必需的动力资源。

[①] 段治文,钟学敏.论20世纪五六十年代中国式"大科学"体制[J].天津社会科学,2006(2):134-138.

◀◀◀ 第五章　中国马克思主义科学技术观

1956年社会主义改造基本完成后，我们党领导全国人民开始转入全面的大规模的社会主义建设。以1966年同1956年相比，全国工业固定资产按原价计算，增长了3倍。棉纱、原煤、发电量、原油、钢和机械设备等主要工业产品的产量，都有巨大的增长。全国农用拖拉机和化肥施用量都增长6倍以上，农村用电量增长了70倍……在1964年底到1965年初召开的第三届全国人民代表大会，提出要把我国逐步建设成为一个具有现代农业、现代工业、现代国防、现代科学技术的社会主义强国。在"大科学"体制下，在科学发展规划的制定、新兴国防尖端技术的崛起、工农业科研水平的迅速提高等方面取得的成功，集中地体现了我国"大科学"体制所特有的优越性。

但是，在特定的时代背景之下，随着科学体制与科学文化建设的深入，以群众运动的方式来推进中国的科学技术，使得"大科学"体制本身的一些弊端和局限性也开始显现，如它具有明显的政治化倾向，科技管理制度、科技人员组织制度等都实行高度行政化管理。如果剔除其中的不合理因素，中国"大科学"体制中的群众参与机制无疑是现代科学运行的大胆尝试。从更为广泛和深刻的层次来看，中国"大科学"体制运行中的群众科学基础和群众路线问题，还有待进行更为深入的探讨和研究。

在中国的"大科学"体制运行中，中央决策者、科技专家与人民群众团结一致地投入共同事业的基础还在于科学共同体与社会基本价值的认同。首先，爱国主义是近代以来中国人民在"积弱"的历史中不断被强化起来的民族情感，并在中华人民共和国成立以后以极大的渗透力扩展到社会各个层面，从而形成政治力量和道德力量的有机结合，这是构成中国"大科学"体制的社会价值基础。其次，在爱国主义原则基础上形成的政治与道德的荣誉感和使命感，构成了中国"大科学"体制中集体主义精神的坚实的思想基础。在社会价值观和政治信仰上的高度认同形成了中国科学共同体内部成员之间的集体主义精神，这也是构成中国"大科学"体制不同于其他国家运行机制的重要动力资源和道德基础。

回顾"大科学"体制在中国形成和发展的历史经验，从中国国情条件出发，加强科学管理，是加速中国科技现代化的重要条件。在中国高科技事业的发展中，形成了集中统一领导，科研、生产、使用相结合，统筹规划的领导管理体制，根据高科技发展必须遵循的客观规律，建立了"大科学"组织管理的具体形式，这对于加强科学管理，克服分散、重复现象，提高科技投资的综合效益，加速国防科技的发展起了良好的作用。

【思考讨论】

1. 简述毛泽东思想中的科学技术观。
2. 如何理解新中国早期的"大科学"体制与科学文化？

【案例分析】

1. 以毛泽东同志为核心的党的第一代中央领导集体带领全党全国各族人民成功实现了中国历史上最深刻最伟大的社会变革，为当代中国一切发展进步奠定了根本政治前提和制度基础，取得了独创性理论成果和巨大成就，为新的历史时期开创中国特色社会主义提供了宝贵经验、理论准备、物质基础。毛泽东的科学技术思想是毛泽东思想的重要组成部分。学生可以从毛泽东思想中科学技术创新观、科学技术人才观、科学技术发展观等方面来分析毛泽东思想中的科学技术观。

2. 新中国成立后，我国完成了科学体制的重要转换，建立的"大科学"体制作为一种代表性科学体制，更是与科学文化具有密切关系，案例中就二者之间的互动关系展开论述。"大科学"体制适应了我国国家建设的现实需求，进一步推进了我国的科学文化建设，使我国在20世纪五六十年代取得了灿烂辉煌的科学文化成果，使得"大科学"体制与科学文化之间形成一种良性互动关系。但是，在特定的时代背景之下，也显现了"大科学"体制本身的一些弊端与局限性。

案例五：毛泽东与科技界"三钱"[①]

【知识点】毛泽东思想中的科学技术观

早在延安时期，毛泽东就精辟地指出："我们应当重视专门家，专门家对于我们的事业是很宝贵的。"1949年9月，在人民政协第一次全体会议期间，他在会

[①] 水新营."专门家对于我们的事业是很宝贵的"：毛泽东与科技界"三钱"[J].湘潮，2013(12):12-14.

第五章　中国马克思主义科学技术观

见科技界代表时充满感情地谈道:"你们都是科技界的知识分子,知识分子很重要,我们建国,没有知识分子是不行的。"中华人民共和国成立后,他对投身社会主义建设的各类专家倾注了极大的热情。尤其是对大名鼎鼎的科技界"三钱"——钱学森、钱伟长、钱三强,毛泽东给予了更多的关心和关注。"三钱"这个别号最初就是由毛泽东喊出的。

"对我们来说,你比5个师的力量大多啦"

钱学森是"三钱"中名气最大的一位,被誉为"中国航天之父""中国导弹之父",美国海军部副部长丹尼尔·金贝尔曾说:钱学森抵得上5个师。

1956年2月1日晚,毛泽东在中南海怀仁堂举行盛大宴会,招待参加全国政协二届二次会议的全体委员。宴会厅内,党和国家领导人同各界知名人士欢聚一堂。钱学森拿着一张大红请柬走到自己所在的第37桌。然而,第37桌并没有他名字。正在纳闷之际,一位会议工作人员上前拦住了他,并把他引领到了宴会最前方正中的第1桌,只见钱学森的名牌赫然放置在国家最高领导人毛泽东的右边。钱学森开始有点疑惑,但随即感到无上光荣。

此时,毛泽东在全场雷鸣般的掌声中走到了第1桌,他热情地招呼钱学森:"学森同志,请坐这里。"钱学森坐在毛泽东身边,成为宴会厅里最瞩目的人物。事后钱学森才知道,是毛泽东在审看宴会来宾名单时,亲笔把他的名字从第37桌勾到了第1桌。

席间,毛泽东高兴地对钱学森说:"听说美国人把你当成5个师呢!我看呀,对我们来说,你比5个师的力量大多啦!我正在研究你的《工程控制论》,用来指导我国的经济建设。"在交谈中,毛泽东说得最多的,是新中国的建设事业需要大量的科技人才,希望他多多培养年轻人。

钱伟长是个好教师,要保留教授职位

在1956年国家科学规划会议上,钱伟长着眼于国家整体科技实力的提升,提出5项国家科学优先发展重点:一是原子弹,二是导弹,三是航天,四是自动化,五是计算机。没想到,与会的学界元老们有400人不同意。1比400,钱伟长很孤立。只有两个人支持他,一个是钱三强,另一个是钱学森,都是刚从国外回来的。最后,周总理拍板:"'三钱'说的是对的。我们国家需要这个。"

钱伟长被后人誉为"中国力学之父"。在1957年的反右派运动中,钱伟长因

在《人民日报》上发表的《高等工业学校的培养目标问题》一文中,对当时清华大学照搬苏联模式的办学思想提出了不同意见。一些人不能接受钱伟长的观点,甚至批评他对科学问题的意见是"反党科学纲领"。因此,钱伟长备受打击,最终被错划为"右派分子"。

所幸的是,钱伟长被错划为"右派分子"的消息,毛泽东听说了。毛泽东说,钱伟长是个好教师,要保留教授职位。在毛泽东的关注下,钱伟长继续留在了清华大学,留在了教授岗位。

1972年初秋的一天,钱伟长接到了通知,周恩来要接见他。原来,我国即将派出科学家代表团出访英国、瑞典、加拿大、美国,毛泽东、周恩来点名要钱伟长参加。

"今天,我们这些人当小学生"

钱三强是中国原子能事业的主要奠基人之一,享有"中国原子弹之父"的美誉。

中华人民共和国成立后,钱三强全身心地投入到原子能事业的开创中。1955年1月15日,毛泽东主持召开中央书记处扩大会议,研究发展原子能事宜时,特地把钱三强、李四光等人请到中南海的会场,并说:"今天,我们这些人当小学生,就原子能有关问题,请你们来上一课。"显然,共和国的领袖们是想从科学家那里得到可靠的依据,然后再下定决心。

1956年11月,第一届全国人大常委会决定,成立主管原子能工业的第三机械工业部(后改为二机部),宋任穷任部长,钱三强等为副部长。钱三强是副部长之中唯一的科学家。钱三强身为二机部副部长兼中国科学院副秘书长和原子能研究所所长,承担着各相关技术协作项目的具体组织领导工作。当时负责国防科技工作的聂荣臻曾经对钱三强说过:"搞原子能,你是行家,就请你提建议,我们大家商讨决定。"

作为新中国研制核武器的主要组织者,钱三强担负着特殊的使命。他牢记毛泽东等共和国领袖们的嘱托,为了国家的全局利益,完全放弃了个人在科研上继续有所成就的机会。他所考虑的,就是如何调兵遣将,做好多方协调、组织攻关等工作,确保将最好的科学家放在最重要、最能发挥作用的岗位上。研制原子弹的日日夜夜,尽管钱三强压力巨大,但却是他心情最舒畅的日子。他后来回忆说:"曾经以为是艰难困苦的关头,却成了中国人干得最欢、最带劲、最舒坦的黄金时代。"

◀◀◀ 第五章 中国马克思主义科学技术观

【思考讨论】

1. 结合案例阐述毛泽东思想中的科学技术人才观。
2. 结合案例论述毛泽东思想中的科学技术发展观。

【案例分析】

1. 毛泽东十分重视对科技人才的使用和管理,充分调动他们的积极性,使他们更好地为社会主义革命和建设服务。毛泽东从战略的高度论述了科技人才使用的一般要求:一是团结和信任科技人才,二是尊重和优待科技人才,三是关心和爱护科技人才。学生可以结合案例对以上三点展开论述。

2. 毛泽东提出社会主义建设要依靠科学技术,号召向科学进军,目标是世界科学技术前沿,努力接近与赶上世界科学发展的先进水平。他提出:"我国人民应该有一个远大的规划,要在几十年内,努力改变我国在经济上和科学文化上的落后状况,迅速达到世界上的先进水平。"学生可以结合案例,从维护国家国防安全的战略高度论述毛泽东思想中的科学技术发展观。

案例六:"科学技术是第一生产力"的提出[①]

【知识点】邓小平理论中的科学技术观

中国共产党夺取全国政权后,面临着一个积贫积弱又饱经战乱的烂摊子。1949年10月31日,新中国诞生还不到一个月,毛泽东便亲自将中国科学院印信颁给院长郭沫若。第二天,中国科学院正式成立。这一举措在全国及海外华裔科技人员中引起了强烈反响,同时也体现出党中央对建立与发展中国自己的科学事业寄予厚望。

1956年1月,中共中央召开全国知识分子问题会议。毛泽东、周恩来在会上要求全党、全军和全国人民努力学习科学知识,为迅速赶上世界科学技术先进水平而努力奋斗。就是在这次会议上,党中央发出了"向科学进军"的伟大号召。不久,毛泽东在最高国务会议第六次会议上指出:社会主义革命的目的是解放生

---

① 刘亚东.重温毛泽东邓小平江泽民关于科技和创新的论述[EB/OL].[2006-01-08]. https://www.cctv.com/news/science/20060108/100333.shtml.

产力。4月,毛泽东又在中央政治局扩大会议上提出发展尖端技术的问题。他从巩固国防安全的角度提出,不仅要有更多的飞机大炮,而且要有原子弹,要想不受人欺负就不能没有这个东西。

根据毛泽东的一系列指示,由周恩来和聂荣臻等牵头,成立了科学技术规划委员会,制定了《1956—1967年科学技术发展远景规划》。这一规划以"重点发展、迎头赶上"为方针,对百废待兴的新中国尽快建立自己的科学技术体系并支撑经济社会发展发挥了重要的指导作用,极大地促进了我国科学技术的发展,缩短了与先进国家的距离。

1958年,毛泽东又提出要把工作重点转移到技术革命和经济建设上去,还发出了"我们也要搞人造卫星"的号令。特别值得一提的是,毛泽东从时代发展的高度,对我们党和国家领导班子的人才结构进行了思考。他在党的八大预备会议上说:"我们现在的中央委员会是一个政治中央,还不是科学中央,将来它的成分是会改变的,应该有许多工程师、科学家,那样就是一个科学中央委员会了。"

1963年12月,毛泽东在听取聂荣臻和中央科学小组汇报科技工作十年规划时,更加明确地指出:"科学技术这一仗,一定要打,而且必须打好。过去我们打的是上层建筑的仗,是建立人民政权、人民军队。建立这些上层建筑干什么呢?就是要搞生产。搞上层建筑、搞生产关系的目的就是解放生产力。现在生产关系是改变了,就要提高生产力。不搞科学技术,生产力无法提高。"

1978年3月18日,全国科学大会在北京隆重举行,邓小平发表重要讲话。他驳斥了"四人帮"打击迫害知识分子、破坏我国科学技术事业的种种谬论,阐明马克思主义关于科学技术在社会发展中的地位、作用的理论,旗帜鲜明地指出"科学技术是生产力",重申知识分子是工人阶级的一部分,是"为社会主义服务的脑力劳动者,是劳动人民的一部分",强调"必须打破常规去发现、造就和培养杰出的人才",把"尽快培养出一批具有世界第一流水平的科学技术专家,作为我们科学、教育战线的重要任务"。这次科学大会,在科技界乃至全社会产生了异乎寻常的反响。人们说,科学的春天来了。

在"文革"的余尘尚未完全消散的背景下,邓小平以巨大的理论勇气提出了"科学技术是生产力"的论断,在中共历史上首次把反映人与自然关系的科学技术同作为经济社会发展现实基础的生产力紧密联系在一起,这对当代中国科学技术事业发展产生了难以估量的影响。十一届三中全会后,邓小平高举毛泽东思想的伟大旗帜,在率领中国人民开创建设有中国特色的社会主义道路的进程

第五章 中国马克思主义科学技术观

中,根据国际科学技术与经济发展的新态势,构建起指引新时期科技发展的战略思想。

邓小平的科技思想的形成与他对世界形势的判断和对时代脉搏的把握分不开。全球性的战略眼光得益于一种开放的思维和胸怀。20世纪70年代中后期,邓小平多次出国参加重要国际会议和进行国事访问,在国外目睹了科学技术的突飞猛进给人类的物质文明和整个社会生活带来的巨大变化。这些无疑在他内心深处引起强烈震撼。1985年,邓小平指出:"世界新科技革命蓬勃发展,经济、科技在世界竞争中的地位日益突出,这种形势,无论美国、苏联、其他发达国家和发展中国家都不能不认真对待。"1987年,他又强调:"现在世界突飞猛进地发展,科技领域尤其如此。中国有句老话叫'日新月异',真是这种情况。我们要赶上时代……"

1988年,邓小平在视察北京正负电子对撞机工程时指出:"现在世界的发展,特别是高科技领域的发展一日千里,中国不能安于落后,必须一开始就参与这个领域的发展。搞这个工程就是这个意思。还有其他一些重大项目,中国也不能不参与,尽管穷。因为你不参与,不加入发展的行列,差距越来越大。总之,不仅这个工程,还有其他高科技领域,都不要失掉时机,都要开始接触,这个线不能断了,要不然我们就很难赶上世界的发展。"1992年,他在视察南方时进一步强调:"近一二十年来,世界科学技术发展得多快啊!高科技领域的一个突破,带动一批产业的发展。我们自己这几年,离开科学技术能增长这么快吗?"

科技的发展,其核心是人才问题。邓小平基于激烈的国际科技竞争和中国社会主义现代化建设的迫切需求,一再强调要有战略眼光,要懂得知识和人才的重要,懂得教育的重要。"我们国家,国力的强弱,经济发展后劲的大小,越来越取决于劳动者的素质,取决于知识分子的数量和质量","一定要在党内造成一种空气:尊重知识,尊重人才"。

中华人民共和国成立以来,由于体制等方面的原因,科技发展与经济发展相互脱节,科学技术作为第一生产力对经济发展的巨大推动作用远远没能发挥出来。有鉴于此,邓小平一方面决定进行经济体制改革,另一方面着手解决科技体制问题。1985年3月,中共中央做出《关于科学技术体制改革的决定》,从宏观上制定了科学技术必须为振兴经济服务、促进科技成果商品化等方针和政策,从而为科技成果向现实生产力的转化以及高新技术产业化的发展奠定了政策基础。

中国人应当以自己的方式发展自己的高科技。邓小平认为:"只要我们充分

▶▶▶ 自然辩证法新时代教学案例

发挥社会主义制度的优越性,把力量统一地合理地组织起来,人数少,也可以比资本主义国家同等数量的人办更多的事,取得更大的成就。"1986年3月,邓小平亲自批准实施瞄准世界高新技术前沿的"863计划"。1988年8月,国务院批准实施以高新技术商品化、产业化、国际化为宗旨的"火炬计划",先后批准建立了53个国家级高新技术产业开发区。中国高新技术产业从此迅速壮大。邓小平科技思想在实践中不断深化和升华。当今世界"社会生产力有这样巨大的发展,劳动生产率有这样大幅度的提高,靠的是什么?最主要的是靠科学的力量、技术的力量"。1988年9月5日,在会见捷克斯洛伐克总统胡萨克时,邓小平说:"马克思说过,科学技术是生产力,事实证明这话讲得很对。依我看,科学技术是第一生产力。"邓小平的这一论述精辟地阐明了科学技术是经济发展的首要推动力,继承并发展了马克思主义的生产力学说。

【思考讨论】

1. "科学技术是第一生产力"提出的背景是什么?
2. "科学技术是第一生产力"如何丰富发展马克思主义关于科技的学说?
3. "科学技术是第一生产力"指导下的重要科技实践成果有哪些?

【案例分析】

1. 1978年3月,全国科学大会召开期间,邓小平同志在继承马克思主义科学技术思想的基础上阐述了"科学技术是生产力"的观点。20世纪80年代中期到90年代,和平与发展成为时代主题,中国改革开放与现代化建设不断推进。邓小平同志敏锐地把握时代变化特征,系统总结了中华人民共和国成立以来科学技术事业发展的经验教训,并运用历史唯物主义原理阐明科技的巨大作用,提出了"科学技术是第一生产力"这一中国化马克思主义科学技术思想,由此促进了中国科技的全面发展,开创了中国科技事业的春天。1978年3月召开的全国科学大会展开了详细的论述。

2. "科学技术是第一生产力"的重要论述,最大限度肯定了科学技术在生产力中的发展潜力,进一步解放和发展了生产力。"科学技术是生产力"是马克思主义科学技术思想的核心观点。邓小平同志的现代科技认识论深刻阐明了科学技术与发展生产力的必然联系和内在规律,由此丰富发展了马克思主义关于科技的学说。

3. 学生可列举"863计划""火炬计划"等领域的例子。

第五章 中国马克思主义科学技术观

案例七:科教兴国战略:推动科技与教育跨越式发展①

【知识点】"三个代表"重要思想中的科学技术观

1995年5月,中共中央、国务院发布了《关于加速科学技术进步的决定》,首次提出在全国实施科教兴国战略。科教兴国战略,为推进科技和教育事业跨越式发展提供了科学指引,有力推动了我国科技和教育事业取得历史性成就、发生历史性变革,为民族的振兴和社会的进步做出了重大贡献。当前,经济发展和社会进步比过去任何时候都更加需要科技和教育作为强大的动力和支撑,持续推进科教兴国战略具有重要意义。

把科技和教育摆在经济社会发展的重要位置

党的十一届三中全会决定把全党和国家的工作重点转移到社会主义现代化建设上来,开创了我国社会主义现代化建设的新时期。科教兴国战略的提出和战略实施,是深刻分析世界科技革命发展进程和我国社会主义现代化建设实际做出的重大战略部署。

这一理论基础来源于邓小平同志关于"科学技术是第一生产力"的思想。1977年,邓小平提出:"我们要实现现代化,关键是科学技术要能上去。发展科学技术,不抓教育不行。靠空讲不能实现现代化,必须有知识,有人才。"1988年,他进一步指出,"科学技术是第一生产力",明确把科教发展作为发展经济、建设现代化强国的先导,摆在我国发展战略的首位。

1995年5月,中共中央、国务院在北京召开全国科学技术大会。江泽民同志在会上发表讲话指出:"科教兴国,是指全面落实科学技术是第一生产力的思想,坚持教育为本,把科技和教育摆在经济社会发展的重要位置,增强国家的科技实力及向现实生产力转化的能力,提高全民族的科技文化素质,把经济建设转到依靠科技进步和提高劳动者素质的轨道上来,加速实现国家繁荣强盛。"

1996年3月,第八届全国人大四次会议正式批准的《国民经济和社会发展"九五"计划和2010年远景目标纲要》,将科教兴国作为一条重要的指导方针和发展战略上升为国家意志。1997年,党的十五大进一步明确了将科教兴国战略作为我国经济发展的战略之一。

---

① 贾永飞.科教兴国战略:推动科技与教育跨越式发展[N].科技日报,2021-06-11(6).

▶▶▶ 自然辩证法新时代教学案例

保证国民经济持续、快速、健康发展

教育是立国之本,科技是强国之路。实践证明,科教兴国战略在社会主义现代化进程中发挥了不可替代的作用,保证国民经济持续、快速、健康发展,对实现跨越式发展和中华民族伟大复兴具有重要意义。

科教兴国战略的实施,有力支持了教育体制改革和教育事业的发展。1995年9月,《中华人民共和国教育法》正式实施,为教育事业的发展提供了法律保障。同年,国家正式启动"211工程",面向21世纪,重点建设100所左右的高等学校和一批重点学科。1999年,国家开始实施"985工程",重点支持若干所高校创建具有世界先进水平的一流大学和一批一流学科。国家合理调整高校布局结构,推动高等教育改革和多种形式联合办学,逐步改变高等教育长期存在的条块分割、重复建设状况,教育资源配置更加合理。在基础教育和职业技术教育方面,逐步形成了政府为主与社会参与相结合的办学新体制。国家大幅度增加对教育事业的投入,有力支持了教育体制改革和教育事业的发展。

科教兴国战略的实施,推动了一大批原创成果的出现。党中央提出科教兴国战略后,在继续实施"863"计划的同时,1997年组织实施了"973"计划,加强国家战略目标导向的基础研究工作。党中央还敏锐地认识到,信息化是一场带有深刻变革意义的科技创新,要积极推动工业化与信息化相结合,以信息化带动工业化,实现跨越式发展。一系列举措,让这一时期我国科技事业取得了巨大成就。1999年11月,第一艘无人实验飞船"神舟一号"成功发射,标志着我国在载人航天飞行技术上取得了重大突破;1999年,"神威"计算机问世,从而打破了西方国家在高性能计算机技术方面对我国的封锁。此外,党中央、国务院决定从2000年起设立国家最高科学技术奖,并于2002年2月19日召开了国家科学技术奖励大会。著名数学家吴文俊、"杂交水稻之父"袁隆平成为首届国家最高科学技术奖得主。

新形势下,持续深入实施科教兴国战略,是应对国际环境变化、把握发展主动权、提高核心竞争力的必然选择。进入21世纪以来,全球科技创新进入空前密集活跃的时期,新一轮科技革命和产业变革正在重构全球创新版图、重塑全球经济结构。科技创新成为国际竞争博弈的主战场,围绕科技制高点的竞争空前激烈。世界各国对科技和教育重视程度前所未有,纷纷加大对科技和教育的投入,以应对国际形势下出现的新问题新变化,从长远战略布局未来发展,力图在新一轮的国际竞争中抢占科技创新制高点,掌握未来科技与产业发展的主动权。

◀◀◀ 第五章 中国马克思主义科学技术观

新发展阶段持续推进科教兴国战略

当前,我国经济要从高速增长阶段转变为高质量发展阶段,从要素驱动转向创新驱动,科教兴国战略被不断赋予新的时代内涵。今天,站在"两个一百年"奋斗目标的历史交汇点上,我们要在新发展理念指导下,立足于新发展阶段,在新的层次上发现新问题,解决新问题,这对科教兴国战略提出了更高、更迫切的要求。

第一,准确把握新发展阶段,深入实施创新驱动发展战略。科教兴国战略与创新驱动战略是密切相关的,科教兴国在为创新驱动发展战略的实施奠定基础,创新驱动发展战略在科教兴国的基础上进一步完善和发展。当今世界百年未有之大变局加速演进,世界经济重心加快"自西向东"转移,我国日益走向世界舞台中央。要实现中华民族的伟大复兴,就一定要大力发展科学技术,在科教兴国战略的基础上继续推进创新驱动发展战略,也是应对发展环境变化、把握发展自主权、提高核心竞争力的必然选择。最大限度解放和激发科学与教育所蕴藏的巨大潜能,通过创新驱动抢占全球科技制高点,为支撑科技强国提供源源不竭的动力,推动经济发展方式向依靠创新、知识、技术及劳动力素质提升转变。

第二,要尊重知识和人才,崇尚科学。当今世界的竞争,从根本上说是人才的竞争。党的十九大报告指出,要"坚定实施科教兴国战略",并指出要"培养造就一大批具有国际水平的战略科技人才、科技领军人才、青年科技人才和高水平创新团队"。当前,我国亟须切实提高高等学校教育质量,着力夯实人才发展基础,加快形成有利于科技人才发展的培养机制、使用机制、激励机制和竞争机制,健全以创新能力、质量、实效、贡献为导向的科技人才评价体系,充分释放科技人才创新活力。习近平总书记指出"高等教育发展水平是一个国家发展水平和发展潜力的重要标志"。我们对高等教育的需要比以往任何时候都更加迫切、对科学知识和卓越人才的需求比以往任何时候都更加强烈。支持发展高水平研究型大学,加强基础研究人才培养。加强高校、科研院所及产业深度合作,推进目标导向研究和自由探索研究相互衔接、优势互补,形成教研相长、产研互补、协同育人的"科教产融合创新模式"。

第三,瞄准科技自立自强,完善科技创新治理体系。健全社会主义市场经济条件下新型举国体制,发挥集中力量办大事的政治优势和市场配置资源的效率优势,推动科研机构、高水平研究型大学、企业创新资源共享共用,形成多主体共同参与具有国家战略意图和保护国家战略安全的重大科技项目和重点工程,打好关键核心技术攻坚战,提高创新链整体效能。在我国经济高质量发展的同时,仍面临很多"卡脖子"技术问题。在此背景下,必须把提高原始创新能力摆在更加突出的位置,瞄准世界科技前沿,以关键共性技术、前沿引领技术、现代工程技术、颠覆性技术创新为突破口,努力实现更多"从 0 到 1"的突破,抢占科技竞争的制高点,努力实现关键核心技术自主可控。

第四,深化科技体制改革,激发创新发展动力。坚持问题与需求导向,以激发创新主体活力、完善科技治理机制为着力点,以科技创新体制机制改革的强劲"动能"大幅提升我国自主创新能力和水平的"势能",深化新一轮科技体制改革,探索构建多层次、立体联动式的关键核心技术攻关新型举国体制,围绕关键核心元器件、高端装备和基础软件等领域,探索构建梯度重点攻关计划,全方位、多层次加强关键核心技术攻关;推进重大科研项目管理改革,实施重大攻关项目"揭榜挂帅""赛马"等制度,组建多种形式的创新联合体,提升关键核心技术突破能力;建立以质量、绩效、贡献为核心的评价导向,健全科技成果分类评价体系。

【思考讨论】

1.科教兴国战略提出的背景是什么?
2.科教兴国战略如何丰富发展马克思主义关于科技的学说?
3.科教兴国战略指导下的重要科技实践成果有哪些?

【案例分析】

1.科教兴国战略思想是立足于 20 世纪 90 年代初至 21 世纪初国际国内不断发展变化的现实环境而形成的。1995 年 5 月,中共中央、国务院《关于加速科学技术进步的决定》首次正式提出实施科国战略,并明确地指出了科教兴国战略的内涵与意义。继该决定发布之后,全国科学技术大会召开,江泽民同志对贯彻落实科教兴国战略作出了全面部署。

2.科教兴国战略的提出是在社会主义现代化建设实践中继承发展、贯彻落实科学技术是第一生产力的结果,科教兴国战略的科学思想既概括适应了中国经济社会发展的内在要求,也适应了日趋激烈的国际科技竞争新趋势,它把中国化马克思主义科学技术思想推向了时代的新高度,是指导中国科技事业发展、实现中华民族伟大复兴的理论指南。

3.学生可列举"211 工程""985 工程""973 计划"等领域的例子。

第五章　中国马克思主义科学技术观

案例八：建设创新型国家 [1][2]

【知识点】科学发展观中的科学技术观

当今世界，创新已经成为推动经济社会发展的核心驱动力。党的十六大以来，我们党深刻认识到世界新科技革命带来的机遇和挑战，以高度的历史责任感、强烈的忧患意识和宽广的世界眼光，把创新作为推动经济社会发展的驱动力量。2006年1月，胡锦涛同志在全国科技大会上，首次明确提出了建设创新型国家的宏伟目标。同年，《国家中长期科学和技术发展规划纲要（2006—2020年）》（简称《纲要》）对我国科技发展作出全面规划与部署，明确提出走中国特色自主创新道路，把增强自主创新能力作为调整产业结构、转变发展方式的中心环节。2007年，党的十七大报告明确指出，提高自主创新能力，建设创新型国家，是国家发展战略的核心，是提高综合国力的关键。从此，我国创新体系建设进入新阶段。

自主创新成为国家的重要战略

2006年6月，中共中央作出《关于实施科技规划纲要增强自主创新能力的决定》（以下简称《决定》），提出把增强自主创新能力作为调整产业结构、转变增长方式的中心环节；把增强自主创新能力作为国家战略，贯穿到现代化建设各个方面。

进一步明确和完善国家创新体系

《决定》指出，增强自主创新能力的关键是强化企业在技术创新中的主体地位，建立以企业为主体、市场为导向、产学研相结合的技术创新体系。《纲要》明确从五个方面推进国家创新体系建设：一是强化企业在技术创新中的主体地位，建立以企业为主体、市场为导向、产学研相结合的技术创新体系。二是深化科研体制改革，形成开放、流动、竞争、协作，科学研究与高等教育有机结合的知识创新体系。三是要深化国防科研体制改革，建设军民结合、寓军于民的国防科技创新体系。四是促进中央与地方科技力量的有机结合，要建设各具特色和优势的

---

[1] 贺霞.建设创新型国家[N].人民日报，2012-11-04(7).
[2] 吕薇.建设创新型国家：30年创新体系演进[M].北京：中国发展出版社，2008.

区域创新体系。五是加强先进适用技术推广应用,建设社会化、网络化的科技中介服务体系。

从科技政策转向创新政策,跨部门构建创新政策体系

2003年6月,我国开始启动国家中长期科技规划的编制工作。在前期战略研究阶段,组织了2 000多名来自科技界、经济界和理论界的专家,分成20个专题组开展研究。在制定政策过程中,有科技部、发改委、财政部、人事部和中国人民银行5个部门牵头,根据职能分工,组织25个部门200多人,成立12个政策小组,开展纲要配套政策研究和制定。在集成和完善已有政策的基础上,《纲要》提出60条相关政策,从科技投入、税收激励、金融支持、政府采购、引进消化吸收再创新、创造和保护知识产权、科技人才队伍建设、教育与科普、科技创新基地与平台、统筹协调10个方面,加强对创新活动的支持,政策力度大,涉及范围广。为了落实这些政策,国务院各有关部门牵头制定了近100个实施细则,调动广大企业、大学、科研机构等各方面的创造性和创新积极性,促进产学研结合和科技成果转化,引导创新要素向企业集聚。

加强促进和保障创新的法律和制度建设

2007年12月全国人大常委会通过了修订的《中华人民共和国科学技术进步法》;2008年6月,国务院发布《国家知识产权战略纲要》;在两次修改的基础上,《中华人民共和国专利法》正在进行第三次修改。此外,2006年以来,颁布的《中华人民共和国物权法》《中华人民共和国企业所得税法》《中华人民共和国合伙企业法》《中华人民共和国政府采购法》《中华人民共和国反垄断法》等,也都有鼓励企业创新的措施。

建设创新型国家,是我们党综合分析世界发展大势和我国所处历史阶段提出的面向未来的重大战略。其核心是把增强自主创新能力作为发展科学技术的战略基点,走中国特色自主创新道路,推动科学技术的跨越式发展;把增强自主创新能力作为转变经济发展方式、调整产业结构的中心环节,建设资源节约型、环境友好型社会,推动国民经济又好又快发展;把增强自主创新能力作为国家战略,贯穿到现代化建设各个方面,激发全民族创新精神,培养高水平创新人才,形成有利于自主创新的体制机制,大力推进理论创新、制度创新、科技创新,不断巩固和发展中国特色社会主义伟大事业。实现建设创新型国家的奋斗目标,必须努力走中国特色自主创新道路。走中国特色自主创新道路,就必须坚持自主创

第五章 中国马克思主义科学技术观

新、重点跨越、支撑发展、引领未来的指导方针,把提高自主创新能力摆在突出位置,大幅度提高国家竞争力;深化体制改革,加快推进国家创新体系建设;创造良好环境,培养造就富有创新精神的人才队伍;发展创新文化,努力培育全社会的创新精神。

建设创新型国家战略实施以来,我国重大科技创新成果不断涌现,在生物技术研究、信息技术研究、载人航天技术等领域都取得了重大进展,科技创新在经济社会发展中的贡献率逐年提高。实践证明,建设创新型国家,对于推动我国经济社会又好又快发展,增强综合国力和核心竞争力,全面建成小康社会,实现中华民族伟大复兴,具有重大现实意义和深远历史意义。

【思考讨论】

1. 建设创新型国家提出的背景是什么?
2. 建设创新型国家如何丰富发展马克思主义关于科技的学说?
3. 建设创新型国家指导下的重要科技实践成果有哪些?

【案例分析】

1. 21世纪以来,一系列高新技术和产业破土而出,科学技术对一个国家的影响不断加深,综合国力竞争日益激烈。胡锦涛同志提出了科学发展观及一系列科学技术新主张,更加重视科学技术的动力功能,以自主创新思想为核心,大力推动创新型国家的建设。

胡锦涛同志多次强调,自主创新能力是国家竞争力的核心。必须把建设创新型国家作为面向未来的重大战略。科技创新是提高社会生产力和综合国力的战略支撑,必须摆在国家发展全局的核心位置。要坚持走中国特色自主创新道路,加快建设国家创新体系,把全社会智慧和力量凝聚到创新发展上来。

2. 胡锦涛同志进一步揭示了科学技术与生产力、科学技术与人类文明进步、科学技术与社会发展观的关系,更是认识到一个国家只有拥有强大的自主创新能力,才能在激烈的国际竞争中把握先机、赢得主动,并把增强自主创新能力作为科学技术发展的战略基点和调整经济结构、转变经济增长方式的中心环节,努力走出一条具有中国特色的科技创新之路,丰富发展了马克思主义关于科技的学说。

3. 学生可列举生物技术研究、信息技术研究、载人航天技术等领域的例子。

案例九：习近平的科技情怀[①]

【知识点】习近平新时代中国特色社会主义思想中的科学技术观

2018年1月8日，国家科学技术奖励大会隆重举行，雄壮的音乐声中，习近平总书记站在国家科学技术奖励大会的颁奖台上，将红彤彤的证书，亲手递交到王泽山、侯云德两位院士手中。隆重的礼节，崇高的荣誉，给予两位耄耋老人。郑重颁出的证书，不仅是肯定，更是理念的传达。一直以来，习近平总书记对科技工作者关怀有加。这背后，深蕴着总书记的科技情怀和科技强国梦。

2017年11月17日，全国精神文明建设表彰大会上，93岁的中船重工719研究所名誉所长黄旭华老人，被习近平总书记拉着坐到自己身边。两双手，紧紧握在一起，这表达的不仅是关心和尊重，更是发自内心的敬意。

2017年5月，习近平总书记对著名地球物理学家黄大年先进事迹作出重要指示，并强调，我们要学习黄大年同志心有大我、至诚报国的爱国情怀，学习他教书育人、敢为人先的敬业精神，学习他淡泊名利、甘于奉献的高尚情操。

2016年11月9日16时25分，习近平总书记同正在天宫二号执行任务的神舟十一号航天员景海鹏、陈冬亲切通话。"海鹏同志、陈冬同志，你们辛苦了。我代表党中央、国务院和中央军委，代表全国各族人民，向你们表示诚挚的问候！"总书记的问候，响彻太空。这一声诚挚的问候，对象不仅是两位英雄航天员，更是奋战在科技领域的千千万万科技工作者。

2014年11月18日，正在澳大利亚访问的习近平总书记到霍巴特港看望正在这里补给的"雪龙"号全体科考人员。在外出访，都不忘为科技工作者送去祖国的问候。不是一时一地，而是时时刻刻。这样的祝福，最温暖，最难忘。

2013年9月30日，十八届中央政治局第九次集体学习，习近平总书记把"课堂"搬到了中关村。这是一堂生动的"创新课"，更是一堂生动的"示范课"。

习近平总书记曾指出："一切科技创新活动都是人做出来的。我国要建设世界科技强国，关键是要建设一支规模宏大、结构合理、素质优良的创新人才队伍，激发各类人才创新活力和潜力。要极大调动和充分尊重广大科技人员的创造精神，激励他们争当创新的推动者和实践者，使谋划创新、推动创新、落实创新成为

[①] 新华网.习近平的科技情怀[EB/OL].[2018-01-29]. http://www.xinhuanet.com/politics/2018-01/09/c_1122230136.htm.

第五章　中国马克思主义科学技术观

自觉行动。"一字一句,铿锵有力,温暖了科技人的心,更为中国科技事业推进添了一把最旺的火!

扩展材料——习近平"典"燃科技强国引擎①

2018年5月28日上午,中国科学院第十九次院士大会、中国工程院第十四次院士大会在人民大会堂开幕,习近平总书记出席会议并发表重要讲话。"亦余心之所善兮,虽九死其犹未悔""穷则变,变则通,通则久""功以才成,业由才广"……讲话中,习近平引经据典谈人才、聊创新、讲信念、话改革,用一句句精辟的论述,点燃科技强国的动力引擎。

谈创新,习近平总书记强调"虽九死其犹未悔"的豪情

创新是党的重要发展理念,位于"五大发展理念"之首,也是习近平总书记在科技领域讲话中谈及最多的话题之一。关于科技创新,习近平在这次会议上用三个典故激励广大科技工作者勇于创新。

习近平总书记引用墨子的经典论述——"力,形之所以奋也",把"创新"比作我国现代化经济体系建设的"第一动力"。在科技领域,总书记指出要提供高质量科技供给,着力支撑现代化经济体系建设。以提高发展质量和效益为中心,以支撑供给侧结构性改革为主线,把提高供给体系质量作为主攻方向,推动经济发展质量变革、效率变革、动力变革,显著增强我国经济质量优势。"吾心信其可行,则移山填海之难,终有成功之日;吾心信其不可行,则反掌折枝之易,亦无收效之期。"此句出自孙中山的《建国方略·孙文学说》,此次两院院士大会,习近平总书记引用这个典故,号召广大科技工作者要矢志不移自主创新,坚定创新信心,着力增强自主创新能力。创新从来都是九死一生,总书记用屈原"亦余心之所善兮,虽九死其犹未悔"这句豪情万丈的自我表白激励广大科技工作者,要有强烈的创新信心和决心,既不妄自菲薄,也不妄自尊大,勇于攻坚克难、追求卓越、赢得胜利,积极抢占科技竞争和未来发展制高点。

讲信念,习近平总书记推崇爱国主义情怀

科技创新大潮澎湃,千帆竞发勇进者胜。习近平总书记将两院院士比作国家的财富、人民的骄傲、民族的光荣。荣誉意味着责任和担当,习近平对广大院

---

① 央视网.习近平"典"燃科技强国引擎[EB/OL].[2018-05-31]. http://hn.cnr.cn/hngd/20180531/t20180531_524253707.shtml.

士也寄予了殷切期望:希望广大院士"繁霜尽是心头血,洒向千峰秋叶丹",弘扬科学报国的光荣传统,追求真理、勇攀高峰的科学精神,勇于创新、严谨求实的学术风气,把个人理想自觉融入国家发展伟业,在科学前沿孜孜求索,在重大科技领域不断取得突破。

习近平总书记指出,长期以来,一代又一代科学家"先天下之忧而忧,后天下之乐而乐",怀着深厚的爱国主义情怀,凭借深厚的学术造诣、宽广的科学视角,为祖国和人民作出了彪炳史册的重大贡献。祖国大地上一座座科技创新的丰碑,凝结着广大院士的心血和汗水。

谈人才,习近平总书记号召"聚天下英才而用之"

习近平总书记引用《三国志》中"功以才成,业由才广"的话,旨在告诫我们,功绩是凭借才能而成就的,事业是由于才能而开拓的。只有"择天下英才而用之",才能不断开拓各项事业的新局面。青年是祖国的前途、民族的希望、创新的未来。

习近平总书记引用清代魏源《默觚下·治篇》中"人材者,求之则愈出,置之则愈匮",意指重视人才、求贤若渴,人才就会大量涌现;轻视人才、浪费人才,人才就会越来越匮乏。总书记指出,希望广大院士关心和爱护青年人才,把发现、培养青年人才作为一项重要责任,为青年人才施展才干提供更多机会和更大舞台。各级党委和政府要以识才的慧眼、爱才的诚意、用才的胆识、容才的雅量、聚才的良方,放手使用优秀青年人才,为青年人成才铺路搭桥,让他们成为有思想、有情怀、有责任、有担当的社会主义建设者和接班人。

话改革,习近平总书记坚持科技创新和制度创新"双轮驱动"

"穷则变,变则通,通则久"意思是事物发展到了极点,就要发生变化。发生变化,才会使事物的发展不受阻塞,事物才能不断发展。走进新时代,全面深化改革的决心不能动摇、勇气不能减弱。在科技领域,科技体制改革要敢于啃硬骨头,敢于涉险滩、闯难关,破除一切制约科技创新的思想障碍和制度藩篱。

习近平总书记指出,要坚持科技创新和制度创新"双轮驱动",以问题为导向,以需求为牵引,在实践载体、制度安排、政策保障、环境营造上下功夫,在创新主体、创新基础、创新资源、创新环境等方面持续用力,强化国家战略科技力量,提升国家创新体系整体效能。

第五章　中国马克思主义科学技术观

【思考讨论】

1. 结合案例阐述习近平新时代中国特色社会主义思想中的科学技术创新观。
2. 结合案例阐述习近平新时代中国特色社会主义思想中的科学技术人才观。
3. 结合案例论述习近平新时代中国特色社会主义思想中的科学技术观形成的时代背景。

【案例分析】

在党和国家进入全面建成小康社会决胜阶段、中国特色社会主义进入新时代的关键时期，习近平总书记提出了一系列治国理政的新理念、新思想、新战略，创立了习近平新时代中国特色社会主义思想。习近平新时代中国特色社会主义思想是马克思主义中国化的最新成果。习近平总书记面对新时代的国际和国内局势，立足于我国科学技术与社会发展的现实需要，提出了一系列关于科学技术发展的理论观点。

习近平总书记多次为国家科学技术奖获得者颁奖，这些难忘的瞬间，诠释着科技强国的伟大梦想；多次在各种会议上发表重要讲话，习近平总书记引经据典谈人才、聊创新、讲信念、话改革，用一句句精辟的论述点燃科技强国的动力引擎，体现了习近平新时代中国特色社会主义思想中的科学技术创新观、科学技术人才观、科学技术发展观。

1. 根据材料，学生可以从加快建设创新型国家，建设世界科技强国；创新是引领发展的第一动力；走中国特色自主创新道路；实施创新驱动发展战略，推进以科技创新为核心的全面创新；坚持融入全球科技创新网络，深度参与全球科技治理；加快科技体制改革步伐；加强科技文化建设，发展创新文化等方面展开论述。

2. 在各种人才中，科技人才至关重要，尤其在当今世界新一轮科技革命和产业革命正在孕育兴起的历史时期，科技创新人才是我国创新事业的根本支撑，是未来国家间竞争的核心资源。习近平总书记指出，"综合国力竞争归根到底是人才竞争，哪个国家拥有人才上的优势，哪个国家最后就会拥有实力上的优势"，"全部科技史都证明，谁拥有了一流创新人才、拥有了一流科学家，谁就能在科技创新中占据优势"。在世界综合国力竞争中，拥有高素质的科学技术人才数量已成为衡量一个国家科技实力、经济实力、综合国力的重要指标和依据。

3.习近平新时代中国特色社会主义思想中的科学技术观,是在中国特色社会主义进入新时代的历史条件下形成的。新时代之"新",一是在于我们进入了一个新的发展阶段,发展环境、发展条件都发生了新的变化,目标任务也发生了新的变化;二是在于我们面临着新的社会主要矛盾;三是在于我们迈向新的奋斗目标。正是基于这一新时代的"新"特征时代背景,习近平总书记立足于我国科学技术与社会发展的现实需要,提出了一系列关于科学技术发展的理论观点,形成了习近平新时代中国特色社会主义思想中的科学技术观。

案例十:技术预见的实践与思考[①]

【知识点】技术创新

随着新一轮科技革命和产业变革孕育兴起,技术发展的不确定性逐渐提高,科学和技术的现代化风险亟须加强规训和治理,公众参与技术决策的意识提高等对技术预见的组织和功能提出更高的要求。结合中国科协的职能定位和开展技术预见的历史经验,技术预见需要在传统的支撑科技政策制定的功能基础上,不断拓展功能范围,创新组织方式和流程,协调多部门对技术发展规律、竞争态势、影响因素、潜在风险等进行全面预测;同时,搭建社会各界参与技术决策的平台,引导社会公众参与未来社会愿景建构并提出技术发展诉求,为党和政府科学决策提供全面支撑,助力社会预见和前瞻性治理,助力供给侧改革和产业竞争力提升。

技术预见作为一种重要的战略规划工具,是连接现实和未来的桥梁,在世界各国的科技政策制定中发挥了重要作用。例如,为支撑我国面向2035年国家中长期科技发展规划研究编制工作,科技部于2019年6月启动了第六次国家技术预测。目前,技术创新周期和迭代周期不断缩短,技术的复杂性、潜在风险和不确定性也逐渐提高,以基因编辑、人工智能、纳米技术等为代表的新兴技术的未来发展,引发社会公众对于未来社会愿景的担忧。特别是"基因编辑婴儿事件",引发全球对于新兴基因编辑技术的研发支持、试验和应用的争论与反思。2020年9月,习近平总书记在科学家座谈会上提出"坚持面向世界科技前沿、面向经

[①] 赵立新,梁帅.新形势下中国科协开展技术预见的实践和思考[J].今日科苑,2020(8):12-18.

济主战场、面向国家重大需求、面向人民生命健康,不断向科学技术广度和深度进军",这是在原有"三个面向"基础上践行"以人民为中心"发展理念的重要体现。尤其在当前风险社会情境下,在我国面临的中美贸易摩擦及"科技脱钩"的形势下,如何有效预见和科学遴选技术,支撑"卡脖子"技术突破,规训和治理技术以规避风险,最大限度发挥科技正外部性成为技术预见的重要研究内容。如果将长期以来由科技部门主导的支撑科技政策制定和研发领域划分的技术预见称为1.0时代,那么基于当前科技趋势和未来愿景需求、依靠科技工作者、协调多部门参与组织、动员社会各界共同参与、综合考量技术两面性的社会愿景导向的技术预见可以视为技术预见2.0。

本文分析当前技术预见面临的新形势和挑战,结合中国科协开展技术预见的经验,提出具有中国科协特色的技术预见应该走出科技政策的藩篱,依靠广大科技工作者,联系动员广大社会公众,共同构建面向未来需求和社会愿景的技术预见,为后续的技术预见理论研究和实践操作提供参考。

技术预见面临的新形势

新一轮科技革命和产业变革孕育兴起。当前新一轮科技革命和产业变革正在孕育兴起,世界各国纷纷加强对未来新兴技术的探索、预见和支持,以掌握技术发展的主动权和话语权,支撑科技战略、相关技术标准的制定等。我国作为科技创新后发追赶型国家,经过几十年的科技投入和发展,目前已经步入从跟踪为主到跟跑、并跑和领跑并存的新阶段。《2020年全球创新指数报告》显示,我国处于世界第14名。当前,人工智能、区块链、云计算等新兴技术不断涌现,通过技术预见可以促使我国前瞻性地部署科技投入,优化技术体系和产业结构,是我国参与或主导制定新一轮技术范式,甚至牵头制定重要技术标准的机遇。同时,通过技术预见动员组织社会各界开展关键共性技术识别,凝聚共识,资源优化配置,有助于实现更多领域从"跟跑""并跑"向"领跑"转变和突破"卡脖子"技术短板。美国于2019年和2020年两次召开会议研讨掌握"未来产业"的发展,提出人工智能、量子信息科学、先进制造、无线通信和合成生物学共5个"未来产业"领域,以重塑未来的竞争优势。

科技的现代化风险亟须加强技术规训。随着技术负效应不断凸显,德国社会学家乌尔里希·贝克(Ulrich Beck)提出"风险社会"的概念,指出稀缺社会的财富分配逻辑正转向现代性的风险分配逻辑,技术风险被认为是风险社会的主要风险。当前,技术创新和社会化的周期大幅缩短,技术迅速发展并存在无序滥用的情况。对于新兴技术的预见,不仅要预测到其积极效应,还要预见其潜在风险和伦理争议。要充分考虑如何评估风险技术的潜在风险和长远影响?谁能够决定风险技术的运用和推广？如何通过负责任的研究和创新去应用这些技术以达成未来社会愿景？什么时间或者什么情景下才能运用这些技术？例如，基因编辑技术（CRISPR-Cas9）发明者之一珍妮弗·杜德娜指出，要思考科技突破可能带来的未知后果和可预见的冲击，如果没有深思熟虑其潜在风险，那是不负责任的表现。这也需要技术预见不断拓宽功能范围，对技术发展中的时间、因素、正负效应等进行全面预见。

社会公众参与技术决策的意识提高。社会公众是新技术、新产品的使用者，也是技术风险的承担者。近年来，社会公众对于部分新兴争议技术发展具有较高关注度，参与技术发展的决策意识增强。如脸书网站（Facebook）、推特网站（Twitter）、油管网站（YouTube）等社交媒体网站于2020年2月要求Clearview AI停止采集用户数据；欧洲部分国家也因为大规模民众抗议而推迟面部识别技术的使用。同时，国内公众对于国内新兴科技公司收集用户信息、侵犯隐私的技术应用也存在较大担忧。党的十九届四中全会指出，"社会治理是国家治理的重要方面。必须加强和创新社会治理，完善党委领导、政府负责、民主协商、社会协同、公众参与、法治保障、科技支撑的社会治理体系。"但是我国公众在参与技术决策方面所需要具备的科学素质亟待提高。根据《2018中国公民科学素质调查主要结果》，2018年我国具备科学素质的公民比例达到8.47%，其中，北京、上海公民具备科学素质的比例超过20%，相当于美国2004年24.5%的水平；天津公民具备科学素质的比例达14.13%，相当于欧洲27国2005年13.8%的水平，即我国公民科学素质水平与发达国家相比具有较大差距。

新形势下技术预见的新内涵

结合技术预见面临的新形势，技术预见2.0时代需要重点考虑：一是在新一轮科技革命孕育兴起和我国部分技术被"卡脖子"，以及技术风险和公众参与意识提高的形势下，对技术预见的功能提出哪些新的要求？二是区别于科技部门牵头的政策制定导向的技术预见，新形势下的技术预见还应该发挥哪些新作用？三是在新形势和新功能导向下，对技术预见的组织单位、参与人员、实施方法提出哪些要求？

对技术的预见离不开对技术发展逻辑和趋势的探讨。从科技哲学视角看，技术发展存在两方面制约因素，即在技术决定论和社会建构论的范式影响下共同实现技术的未来建构。技术决定论角度看，无论技术体系观还是技术组合观，技术发展存在轨迹性和路径依赖性，即现有技术知识结构使得某种前进轨迹成为可能，而核心技术也奠定了一系列后续技术研发和创新的轨迹；但是颠覆性技术因其革命性、突发性而难以预测。从社会建构论角度看，技术发展趋势受到社会需求的形塑。特别是当前技术的社会功能不断延伸,不仅从军事走向经济社会,还与之融合形成复杂体系,所以技术路径的选择和社会化需要社会各界参与和选择,受到当前科技基础制约,也受到未来愿景和需求的牵引。从应对风险社会的视角审视马汀(Martin)、浦根祥等对技术预见的权威定义,技术预见具有三个方面的内涵:技术未来愿景的预测、技术价值的系统判断、技术实现的最优方式,也就是如何评估未来技术的效益?如何形成技术发展的共识?选择哪些实现的路径?

价值理念上要注重技术价值的最大效益。几十年来,技术预见始终囿于科技领域并支撑科技政策的制定。近年来,技术预见的价值理念随着技术的社会功能不断丰富而演变,逐渐超出科技政策领域,而扩展到社会发展、公共利益等领域。日本作为开展技术预见规模最大、次数最多的国家,在1995—2015年开展的5次技术预见的创新点分别为技术预测比较、引导科技创新、与技术革命相结合、科技与经济发展相协同、构筑社会愿景并指导技术发展。例如,日本于2020年6月发布《2020科学技术白皮书》中提出面向未来的37项技术预测,为"超智能社会5.0"的愿景的实现提供支撑。所以,最大效益的评估要超越科技领域并且实现从社会系统角度出发进行整体性预测。

技术决策中要形成最大的技术共识。浦根祥等指出,目前大部分预见实践活动中将技术的预测和选择的权力完全或大部分委托于科学界的"精英专家"的做法,是技术预测意义上的"预测"和"选择",而不是技术预见意义上的。科技专家在技术和风险的未来认知、界定、预测方法等方面的局限,导致其建构"未来"的"社会性"不足,从而制约了技术预见的准确性。共识的广泛性是推动技术实现的重要力量,为吸纳多元化群体参与技术路径选择和技术决策,需要考虑如何让公众在未来愿景形成中表达诉求,提升公众参与度有助于提高公众对风险决策的接受程度,然而如何有效组织多元化群体和公众参与依旧是技术预见方法的难点。

技术实现中要选择最优的技术实现路径。最大效益包含了最优路径的选择。通过技术预见和预期管理,实现研发主体、政府、公众、伦理学家的参与,从而保证技术从研发、设计到市场化过程中都能在国内外竞合态势、伦理规范等框架下开展。在该框架下去进行预测、反思、协商和反馈,由于初始就分析潜在风险从而让"未来"可以被"描述",从而实现最大限度凝聚共识、最大效益设计、最低风险涉及等最优实现路径。在技术实现路径的预见中,需要区分专利、中试样品、市场产品等不同技术形态的基础上,调查技术各个阶段的影响因素,如人才、资金、产学研合作、国内外竞合关系等,为推动技术研发、市场推广等全方位预测提供支撑。

▶▶▶ 自然辩证法新时代教学案例

新形势下中国科协开展技术预见的实践

中国科协是国家推动科学技术事业发展的重要力量之一。2018年,中国科协围绕建设世界强国确定自身的新使命、新任务,以"1·9·6·1"战略思路打造科协系统改革发展,包括组织实施六项重点工程。其中,开展技术预见研究是智汇中国工程中的重要组成部分。当前我国开展技术预见的机构主要有三种类型:一是服务于国家科技政策和规划的制定,以中国科学院和中国科技发展战略研究院最具代表性。二是服务于区域和行业发展决策,例如上海市科学学研究所。三是技术预见方法研究,主要是各个高校的学者群体。在当前国内外形势以及"四个面向"要求下,我国亟须开展面向未来愿景、面向社会发展、面向民生需求的社会各界广泛参与的技术预见,以最大限度凝聚形成未来愿景的共识。

中国科协是科技工作者之家,包括全国学会、协会、研究会、地方科学技术协会及基层组织等,具有"一体两翼"的组织优势。特别是全国学会作为学术团体,囊括了学科内产业链上下游企业、产学研各类创新主体以及其中的广大科技工作者。例如,中国机械工程学会拥有铸造分会、焊接分会、机械设计分会等36个专业分会,会员达到18万人。《中国科协2019年度事业发展统计公报》统计显示,各级科协所属学会29 675个,其中中国科协所属全国学会210个,省级科协所属省级学会3 848个;两级学会个人会员1 302.6万人,团体会员56.2万人。更重要的是,科协在开放型、枢纽型、平台型组织的基础上,组织技术预见可以超脱职能部门和区域发展的局限,更好地聚焦于关系国家、社会、公众、行业发展的基础性技术、共性技术、公益性技术的预见,更能充分凝聚广大科技工作者对于未来社会愿景的共识,更好发挥科协为科技工作者服务、为创新驱动发展服务、为党和政府科学决策服务和为提高全民科学素质服务的"四服务"职能定位。

2019年,中国科协创新战略研究院开展具有科协特色的面向2035年技术预见,联合全国学会、国内优势单位,在集成电路、智能交通、网络安全、先进材料、生命健康、新能源等6个领域开展技术预见。新形势赋予技术预见更广阔的内涵和作用,通过技术预见调动社会各界参与未来社会愿景形塑,推动形成共识。在原有的技术实现时间的预测基础上,该次技术预见更加注重相关影响因素的调查和预测。根据技术基础、未来需求和社会保障三个方面将技术实现的影响因素总结为技术供给侧、社会需求侧、环境保障侧。

为充分预见技术的发展趋势和实现时间,本次技术预见借鉴日本技术预见经验,德尔菲调查问卷中将技术实现分为实验室实现和应用推广两个阶段,并注重对影响因素的调查,以充分了解技术实现的各个阶段对于人才、资金、产业链配套和产学研合作等因素的需求,为政府和企业决策提供全面支撑。

第五章　中国马克思主义科学技术观

新形势下技术预见2.0的功能范围

新形势下技术预见2.0框架的预见目的、预见方法和组织流程与技术预见1.0存在一定的差异，也具有更加丰富的内涵和功能。

一是技术预见要为决策咨询提供更全面支撑，助力社会预见和前瞻性治理。中国科协是党和政府联系科技工作者的桥梁和纽带，在当前新兴技术的潜在风险和不确定性形势下，科协主导的技术预见要协调多政府部门、多产业领域的科技专家和多区域的社会公众参与，发挥好全国科技工作者状况调查站点的积极作用，在形成共塑未来社会愿景的基础上，从科技、政治、经济和文化等领域进行科技价值和风险的系统探索，预测技术的实现路径、制约因素、实现模式、潜在风险的因素，为区域经济发展和社会进步、产业升级和企业创新战略、环境保护和公众利益、风险预测和应对等提供支撑。

二是技术预见要为创新驱动发展提供路径支撑，为产业发展提供预见和判断。企业是技术创新的主体，也是通过新技术形塑未来社会的关键主体。当前中美贸易摩擦凸显我国"卡脖子"技术短板的情况下，发挥"一体两翼"和"科创中国"平台的作用，在实现技术的实现时间预测基础上，充分调动高等院校、科研院所、产业链各环节企业、公众等主体能动性，对技术需求和发展态势、产业链配套能力、产业技术体系短板、国内外竞争合作关系等进行研究和预测，为企业技术创新战略、产业升级和结构优化、产业集群高质量发展提供路径指导。

三是技术预见要促进公众参与理解科学，提高公众参与技术决策意识。无论是未来社会的建设，还是应对风险社会，技术决策和科技治理需要政府、专家和公众的共同参与，这是我国实现治理能力现代化的要求，也对公民科学素质提出更高要求，即公众与科技专家对话、批判和质疑的能力。为促进公众参与理解科学，提高公众防范风险的能力，需要地方科协、地区学会、公益性组织等区域组织的参与，充分挖掘区域特色文化和特殊技术需求，促进符合区域发展需求的技术研发、成果转化和市场推广。

四是技术预见要提高社会各界参与积极性，实现社会愿景的多元化表达和共识凝聚。技术预见要凝聚社会各界的共识，为推动跨部门、跨行业、跨区域的利益相关者共同参与，需要"自上而下"和"自下而上"共同推动。不仅需要传统的科技专家作为科技未来发展趋势的代言人，政府官员等作为科技政策的代理人，在产业发展中还需要全产业链上的制造企业、供应商、配套企业等创新主体充分表达意见。不同区域的差异和技术需求则需要考虑倾听区域组织的声音。除了基于当前科技发展趋势而形成的愿景外，具有未来建构和现实批判能力的科幻作家的声音同样重要。同时，基于公众的各种需求和想象而形成的愿景则反映了社会公众对于未来社会形态的美好愿望，需要在一定范围进行科学有效的社会调查和大数据分析。

【思考讨论】

1. 技术预见面临哪些新形势？
2. 新形势下技术预见有哪些新内涵？

【案例分析】

1. 案例结合中国科协开展技术预见的经验，提出具有中国科协特色的技术预见应该走出科技政策的藩篱，依靠广大科技工作者，联系动员广大社会公众，共同构建面向未来需求和社会愿景的技术预见，为后续的技术预见理论研究和实践操作提供参考。

2. 结合技术预见面临的新形势，技术预见需要重点考虑：一是在新一轮科技革命孕育兴起和我国部分技术被"卡脖子"，以及技术风险和公众参与意识提高的形势下，对技术预见的功能提出的新要求。二是区别于科技部门牵头的政策制定导向的技术预见，新形势下的技术预见还应该发挥的新作用。三是在新形势和新功能导向下，对技术预见的组织单位、参与人员、实施方法提出的要求。

3. 对技术的预见离不开对技术发展逻辑和趋势的探讨。从科技哲学视角看，技术发展存在两方面制约因素，即在技术决定论和社会建构论的范式影响下共同实现技术的未来建构。从技术决定论角度看，无论技术体系观还是技术组合观，技术发展存在轨迹性和路径依赖性，即现有技术知识结构使得某种前进轨迹成为可能，而核心技术也奠定了一系列后续技术研发和创新的轨迹；但是颠覆性技术因其革命性、突发性而难以预测。从社会建构论角度看，技术发展趋势受到社会需求的形塑。特别是当前技术的社会功能不断延伸，不仅从军事走向经济社会，还与之融合形成复杂体系，所以技术路径的选择和社会化需要社会各界参与和选择，受到当前科技基础制约，也受到未来愿景和需求的牵引。

4. 技术预见要为创新驱动发展提供路径支撑，为产业发展提供预见和判断。企业是技术创新的主体，也是通过新技术形塑未来社会的关键主体。当前中美贸易摩擦凸显我国"卡脖子"技术短板的情况下，发挥"一体两翼"和"科创中国"平台的作用，在实现技术的实现时间预测基础上，充分调动高等院校、科研院所、产业链各环节企业、公众等主体能动性，对技术需求和发展态势、产业链配套能力、产业技术体系短板、国内外竞争合作关系等进行研究和预测，为企业技术创新战略、产业升级和结构优化、产业集群高质量发展提供路径指导。

参考文献

[1] 马克思,恩格斯.马克思恩格斯文集:第1卷[M].北京:人民出版社,2009.
[2] 马克思,恩格斯.马克思恩格斯文集:第2卷[M].北京:人民出版社,2009.
[3] 马克思,恩格斯.马克思恩格斯文集:第3卷[M].北京:人民出版社,2009.
[4] 马克思,恩格斯.马克思恩格斯文集:第4卷[M].北京:人民出版社,2009.
[5] 马克思,恩格斯.马克思恩格斯文集:第5卷[M].北京:人民出版社,2009.
[6] 马克思,恩格斯.马克思恩格斯文集:第6卷[M].北京:人民出版社,2009.
[7] 马克思,恩格斯.马克思恩格斯文集:第7卷[M].北京:人民出版社,2009.
[8] 马克思,恩格斯.马克思恩格斯文集:第8卷[M].北京:人民出版社,2009.
[9] 马克思,恩格斯.马克思恩格斯文集:第9卷[M].北京:人民出版社,2009.
[10] 马克思,恩格斯.马克思恩格斯文集:第10卷[M].北京:人民出版社,2009.
[11] 中共中央文献研究室.毛泽东文集:第1卷[M].北京:人民出版社,1993.
[12] 中共中央文献研究室.毛泽东文集:第5卷[M].北京:人民出版社,1996.
[13] 中共中央文献研究室.毛泽东文集:第6卷[M].北京:人民出版社,1999.
[14] 中共中央文献研究室.毛泽东文集:第7卷[M].北京:人民出版社,1999.
[15] 中共中央文献研究室.毛泽东文集:第8卷[M].北京:人民出版社,1999.
[16] 邓小平.邓小平文选:第2卷[M].北京:人民出版社,1994.
[17] 邓小平.邓小平文选:第3卷[M].北京:人民出版社,1993.
[18] 江泽民.江泽民文选:第1卷[M].北京:人民出版社,2006.
[19] 江泽民.江泽民文选:第3卷[M].北京:人民出版社,2006.
[20] 江泽民.论科学技术[M].北京:中央文献出版社,2001.
[21] 胡锦涛.在中国科学院第十五次院士大会、中国工程院第十次院士大会上的讲话.[M].北京:人民出版社,2010.
[22] 胡锦涛.坚持走中国特色自主创新道路 为建设创新型国家而努力奋斗:在全国科学技术大会上的讲话[M].北京:人民出版社,2006.
[23] 习近平.习近平关于社会主义经济建设论述摘编[M].北京:中央文献出版社,2017.
[24] 习近平.习近平关于科技创新论述摘编[M].北京:中央文献出版社,2016.
[25] 习近平.习近平关于全面深化改革论述摘编[M].北京:中央文献出版

社,2014.

[26] 习近平.决胜全面建成小康社会,夺取新时代中国特色社会主义伟大胜利:在中国共产党第十九次全国代表大会上的报告[M].北京:人民出版社,2017.

[27] 习近平.为建设世界科技强国而奋斗:在全国科技创新大会、两院院士大会、中国科协第九次全国代表大会上的讲话[M].北京:人民出版社,2016.

[28] 习近平.在哲学社会科学工作座谈会上的讲话[M].北京:人民出版社,2016.

[29] 习近平.让工程科技造福人类、创造未来[N].人民日报,2014-6-4(2).

[30] 习近平.在中国科学院第二十次院士大会、中国工程院第十五次院士大会、中国科协第十次全国代表大会上的讲话[M].北京:人民出版社,2021.

[31] 本书编写组.自然辩证法概论:2018年版[M].北京:高等教育出版社,2018.

[32] 国家教委社会科学研究与艺术教育司.自然辩证法概论[M].北京:高等教育出版社,1991.

[33] 教育部社会科学研究与思想政治工作司.自然辩证法概论[M].北京:高等教育出版社,2004.

[34] 《自然辩证法讲义》编写组.自然辩证法讲义[M].北京:人民教育出版社,1979.

[35] 肖前.马克思主义哲学原理[M].北京:中国人民大学出版社,1994.

[36] 于光远,孙小礼.马克思、恩格斯、列宁论自然辩证法与科学技术[M].北京:科学出版社,1988.

[37] 黄顺基,周济.自然辩证法发展史[M].北京:中国人民大学出版社,1988.

[38] 波普尔.猜想与反驳:科学知识的增长[M].傅季重,纪树立,周昌忠,等译.上海:上海译文出版社,1986.

[39] 奥斯特瓦尔德.自然哲学概论[M].李醒民,译.北京:商务印书馆,2012.

[40] 查尔默斯.科学究竟是什么[M].鲁旭东,译.北京:商务印书馆,2007.

[41] 马尔库塞.单向度的人:发达工业社会意识形态研究[M].刘继,译.上海:上海译文出版社,2006.

[42] 库恩.科学革命的结构[M].李宝恒,纪树立,译.上海:上海科学技术出版社,1980.

[43] 贝尔纳.科学的社会功能[M].五骏,译.北京:北京大学出版社,2021.

[44] 王君平."青蒿素":中医药献给世界的一份礼物[N].人民日报,2021-2-4(10).